高等职业教育学前教育专业"理实一体化"立

学前儿童语言教育

主　编　罗秋英　梁　珊
副主编　马玉荣
参　编　王立新　肖　阳
　　　　盖　爽　李　进

南京大学出版社

前言

"学前儿童语言教育"是面向学前教育专业学生开设的理论与实践相结合的专业核心课程,学生的学习效果直接影响着幼儿园岗位实践能力的形成及幼儿园语言教育活动的质量。

教材是课程实施的载体,是师生互动的媒介,直接关系着人才培养质量和规格。2019年教育部印发《全国职业院校教师教学创新团队建设方案》(以下简称《方案》),指出:"要深化职业院校教师、教材、教法改革。"根据《方案》精神,建设"学生中心""学习为中心""能力发展为中心",基于学前教育专业岗位实际需求的教材体系,是实现课程培养目标的必由之路。2020年教育部等九部门印发《职业教育提质培优行动计划(2020—2023年)》,要求:"根据职业学校学生特点创新教材形态,推行科学严谨、深入浅出、图文并茂、形式多样的活页式、工作手册式、融媒体教材。"本教材力图通过编写理念和结构体系的创新,更好地落实文件精神,服务学前教育专业学生对"学前儿童语言教育"的自主学习,指导高等职业院校学前教育专业的教师对"学前儿童语言教育"的教学活动。

在编写理念上,本教材围绕"教学是学习者的活动"设计"主题化"的学习内容,各主题以"任务"驱动学习活动的开展,提高学生自主学习活动的目的性,以及教师教育活动的针对性。

在结构体系上,本教材探索工作手册式的教材建设模式,尝试打破原有知识体系的束缚,从幼儿园语言教育的实际需要出发,按照儿童年龄特点组织语言教育活动,有利于师生准确把握幼儿园不同年龄阶段语言教育的任务。

教材采用"理论知识""实训活动"双目录形式设计,共分为八个主题。参加编写的人员有罗秋英(主题1、主题2、主题6)、梁珊(主题5)、马玉荣(主题8)、王立新(主题3)、盖爽(主题4)、肖阳(主题7),李进老师负责了部分内容的审核和校对。本教材在编写过程中,得到了徐州幼儿师范高等专科学校王清风院长的专业引领与悉心指导,在此表示衷心感谢。

由于时间仓促和编写水平的制约,本书还存在许多不足之处,恳请广大读者批评指正,我们的目的在于抛砖引玉,共同探讨更加科学、实用的《学前儿童语言教育》教材体系。

目录

主题一　学前儿童语言发展 / 001

第一节　学前儿童语言发展的内涵 / 002

第二节　学前儿童语言发展的特点 / 005

第三节　学前儿童语言发展中的问题 / 011

主题二　学前儿童语言教育 / 015

第一节　学前儿童语言教育概述 / 016

第二节　学前儿童语言教育目标的解读 / 018

第三节　学前儿童语言教育活动的开展 / 026

主题三　幼儿园讲述活动的设计与组织 / 034

理论部分

第一节　幼儿园讲述活动概述 / 035

第二节　幼儿园讲述活动的类型 / 036

第三节　幼儿园讲述活动的基本过程 / 038

第四节　幼儿园讲述活动的核心经验 / 040

实训活动

实训1　小班讲述活动的设计与组织 / 044

实训2　中班讲述活动的设计与组织 / 050

实训3　大班讲述活动的设计与组织 / 057

主题四　幼儿园谈话活动的设计与组织 / 065

理论部分

第一节　幼儿园谈话活动概述 / 066

第二节　幼儿园谈话活动的类型 / 067

第三节　幼儿园谈话活动的基本过程 / 068

第四节　幼儿园谈话活动的核心经验 / 069

实训活动

实训1　小班谈话活动的设计与组织 / 070

实训2　中班谈话活动的设计与组织 / 074

实训3　大班谈话活动的设计与组织 / 078

主题五　幼儿园文学作品活动的设计与组织 / 085

理论部分

第一节　幼儿园文学作品活动概述 / 086

第二节　幼儿园文学作品活动的类型 / 087

第三节　幼儿园文学作品活动的基本过程 / 089

第四节　幼儿园文学作品活动的核心经验 / 092

实训活动

实训1　小班文学作品活动的设计与组织 / 094

实训2　中班文学作品活动的设计与组织 / 097

实训3　大班文学作品活动的设计与组织 / 100

主题六　幼儿园听说游戏活动的设计与组织 / 104

理论部分

第一节　幼儿园听说游戏活动概述 / 105

第二节　幼儿园听说游戏活动的类型 / 106

第三节　幼儿园听说游戏活动的基本过程 / 108

第四节　幼儿园听说游戏活动的核心经验 / 112

实训活动

  实训 1 小班听说游戏活动的设计与组织 / 114

  实训 2 中班听说游戏活动的设计与组织 / 123

  实训 3 大班听说游戏活动的设计与组织 / 131

主题七 幼儿园早期阅读活动的设计与组织 / 138

理论部分

  第一节 幼儿园早期阅读活动概述 / 139

  第二节 幼儿园早期阅读活动的类型 / 142

  第三节 幼儿园早期阅读活动的基本过程 / 144

  第四节 幼儿园早期阅读活动的核心经验 / 147

  第五节 幼儿园早期阅读活动环境创设 / 149

实训活动

  实训 1 小班早期阅读活动的设计与组织 / 151

  实训 2 中班早期阅读活动的设计与组织 / 159

  实训 3 大班早期阅读活动的设计与组织 / 168

主题八 幼儿园语言教育环境的创设 / 177

理论部分

  第一节 幼儿园语言教育环境概述 / 178

  第二节 幼儿园语言教育环境创设的基本原则 / 188

  第三节 幼儿园语言教育环境创设的基本要求 / 190

  第四节 幼儿园语言教育环境中幼儿应获得的语言核心经验 / 197

实训活动

  实训 1 小班语言区的创设和活动的组织 / 200

  实训 2 中班语言区的创设和活动的组织 / 204

  实训 3 大班语言区的创设和活动的组织 / 208

主题一 学前儿童语言发展

学习目标

1. 情感目标：明确语言教育活动在儿童发展中的重要性，激发学习学前儿童语言教育活动的积极性和主动性。

2. 认知目标：了解语言的基本含义、种类及功能，理解不同年龄阶段儿童语言能力表现，掌握儿童语言发展的基本特点。

3. 技能目标：能够根据不同年龄阶段儿童语言发展的基本特点，判断儿童语言发展的水平。

学习任务单

1. 完成主题资源的阅读和观看

文本资源：

(1) 罗秋英主编，《学前儿童发展心理学》第八章"言语——能说会道的秘密"，复旦大学出版社，2019年版

(2)《0—6岁儿童语言的发展特点》

视频资源：

(1) 儿童语言发展的规律

(2) 如何促进儿童语言的发展

2. 完成主题一学习导图的绘制

学习资讯

> 要使人信服，一句语言常常比黄金更有效。
> ——[古希腊]德谟克利特

第一节　学前儿童语言发展的内涵

《人类简史》是以色列青年历史学家尤瓦尔·赫拉利的重磅作品。赫拉利的观点颠覆了中华民族都是北京猿人后代的共识，按照他的观点，现今地球上的人都是智人的后代。他认为：大约 200 万年前到 1 万年前之间，世界上同时存在过多个人种：智人、尼安德特人、梭罗人、弗洛里斯人、丹尼索瓦人，当然也包括我们的祖先北京猿人。但是，大约 7 万年前，意外出现了。一直在东非活动的智人突然迅速扩张到阿拉伯半岛，并很快席卷了整个欧亚大陆。智人在世界版图上的扩张伴随着血腥的屠戮，每当他们抵达一个新地点，当地的原生人种很快就会灭绝。这种残酷的种族屠杀一直持续到了大约 1 万年前，结局就是地球上终于只剩下智人了。那么，为什么智人突然就拥有了横扫全球的战斗力？赫拉利指出，智人之所以在 7 万年前突然脱胎换骨，是由于他们认知能力的一次基因突变，改变了大脑内部的连接方式，让他们拥有了全新的思考方式和沟通方式。赫拉利把 7 万年前发生在智人身上的这场巨变，称为"认知革命"。认知革命为智人的生活带来了巨大的变化，而这一变化最关键的因素在于新语言的诞生。

一、语言的概念

语言是以词为基本单位，按照一定语法规则约定俗成的符号系统，语言是人类表达思想感情，进行社会交际的重要工具，同时也是思维活动的物质载体。在社会生活中，每个人都与他人有着密切的联系，都有表达思想和情感的需要。语言是人类交流思想感情的媒介，通过语言，可以实现思想的沟通和情感的交流，也能够保存和传递人类在发展过程中的文明成果，从而实现对社会政治经济、科学文化的促进作用。

二、语言的功能

在马克思主义哲学的视野中，人与动物的本质区别是使用工具和语言的能力。语言的功能主要体现在：

（一）信息传递的功能

语言是约定俗成的符号系统，借助语言，人与人之间能够实现信息的传递，人类亘古长存的智慧结晶才得以存留，并通过纵横交错的互相传递，促进人类社会生存能力的提高、文化的进步和发展。

（二）人际交往的功能

人际交往功能是语言首要的、主导的社会功能。人类为了生存必须要拥有生活资料，要与各种各样的困难做斗争，这些任务依靠个人的能力是难以完成的，由此组成了人群联盟，逐渐形成了人类社会，而人类的联系是靠着语言来维持的，所以，语言是人类最重要的交际工具。

(三) 调节平衡的功能

作为人类最重要的交际工具,为了满足人类交际的需要,语言需要不断进行调整,如新事物出现了,语言就需要有新词去表达,新观念也需要语言去表述,语言就是在不断的重新组合的基础上不断自我调节,以实现与客观环境的平衡。

三、语言的种类

语言的种类极其丰富,根据个体语言的表达形式可以将语言分为如下三类:

(一) 外部语言

外部语言是与他人进行交际时所使用的语言,包括口头语言和书面语言。

1. 口头语言

口头语言简称口语,是指以听说为主的外部语言,主要包括对话语言和独白语言两种形式。

对话语言是指在两个或两个以上的人之间进行的语言形式,如座谈、问答、聊天、讨论、辩论等。对话语言的主要特点是具有"情境性",即在对话过程中,借助动作、表情等非语言手段辅助语言的表达。对话语言依赖于对话对象之间的相互配合,需要以对方的语言为谈话内容。

独白语言是以讲演、讲课、报告、诗歌朗诵等方式进行的语言形式。由于独白语言没有表情、动作等语言辅助手段的支持,在进行之前需要做好准备,使用完整、准确、连贯的语言进行表达,因此,独白语言是更为复杂的语言活动。

2. 书面语言

书面语言是指以读写为主的外部语言形式,如阅读、写作等。书面语言通常利用独白的形式开展,但并不直接面对听众,不能借助表情、动作等非语言手段来表达思想和情感。因此要求文字精确、结构严谨、符合逻辑性,并在充分考虑读者水平及可能产生问题的基础上,以适当的修辞手法准确地表达思想感情。

(二) 过渡语言

过渡语言是在外部语言向内部语言发展过程中,介于外部语言和内部语言之间的语言形式,也称为"出声的自言自语",体现了语言发展所经历的由外到内的过程。皮亚杰把这种过渡语言称为"自我中心语言",幼儿的自我中心语言是自我中心思维的表现。过渡语言是外部语言和内部语言相结合的方式,是儿童从社会化语言向个体内部语言转化的必要阶段和中心环节。

(三) 内部语言

内部语言是一种特殊的语言形式,即对自己的语言。外部语言是为了与他人交际而产生,内部语言则是为自己使用的语言。因此,内部语言比外部语言更加简略,且往往是不完整的。

四、学前儿童的语言发展

语言发展主要指个体在一定时期内掌握本族语言的过程。学前儿童的语言发展主要体现在语音、词汇、语义、语法、表达能力等方面的发展。

(一) 语音

语音是语言的声音。语音是人类发音器官发出的具有社会意义的声音,是语言符号系统的载体。语言依靠语音实现它的社会功能,语言虽是一种声音,但又与一般的声音有着本质的区别。人类的语言首先是以语音的形式出现,世界上有无文字的语言,但没有无语音的语言,语音在语言中起决定性的支撑作用,语音具有社会性和地域性。学前儿童语音的发展是口头语言发展的前提。

(二) 词汇

词汇是语言中所含有的词和固定短语的总和。如果把语言体系看作是一座富丽堂皇的建筑,那么词汇就是语言的各种建筑材料,其核心是具有时代特点的、常用的、有活力的词汇。词汇的发展包括旧词汇的消失、新词汇的产生和词义的演变。随着时代的发展,词汇体系越来越丰富,儿童语词的产生也是思维发生的标志。

(三) 语义

语言所蕴含的意义就是语义。语言是一种符号,但符号本身没有任何意义,只有被赋予含义的符号才能够被使用,这时语言就转化成了信息。语义具有概括性和民族性,儿童一旦掌握了一定的语义,即表明其语言具有了社会化的特征。

(四) 语法

语法是语言中词汇、短语和句子的组织、构造规律。语法具有概括性和稳定性的特点,规定了语言的基本意义和用词造句规律,如"我爱唱"这三个字可以排列成:我爱唱、我唱爱、爱唱我、爱我唱、唱爱我和唱我爱,但只有"我爱唱"符合我们民族语言构造的规律。

(五) 表达能力

表达能力是运用语言在特定情境下进行交际的能力,是对语音、词汇、语法具体运用的能力,既包括对语言的理解和表达,也包括对语言情境的认识和把握,如随着年龄的发展,儿童知道在对亲人或老师表达感情的时候可以说"我爱你",但是不好意思随便与小朋友说,因此,表达能力是语言能力的综合表现和高级要求。

五、学前儿童语言发展的价值

掌握语言前,儿童所表现出来的行为与动物具有相似性。语言形成后,儿童心理活动中低级的活动机能被改造,如儿童的感知活动由最初的借助于直接感知和实际操作实现,发展到借助于语词实现,由反映事物的外部特征,发展到反映事物的本质属性。同时,儿童也借助语言反映自己的心理活动,调节心理活动,使自己的心理与行为表现

出比较稳定的倾向,从而形成个性。总之,语言在学前儿童的心理发展中具有极为重要的意义,具体表现在:

(一)促进学前儿童认知能力的发展

按照皮亚杰的观点,学前儿童的思维处于前运算阶段,语言的产生是依靠情境的,只有儿童思维发展到具体运算阶段,出现了抽象逻辑思维,连贯性、抽象性的语词和语法才能进一步发展,这依赖于儿童认知水平的发展。同时,语言一旦被个体理解和掌握,就又能促进认知发展,提高认知的速度、广度和强度,学前儿童的语言与认知是相互促进、共同发展的。

(二)促进学前儿童社会性的发展

儿童的社会化是在一定条件下,掌握社会行为规范,正确处理人际关系,主动适应社会生活的发展过程,儿童在与成人和同伴的相互作用过程中,学习人际交往的规则,逐渐学会表达自己的感受和需要,让成人或同伴及时了解自己,从而获得情绪和情感的满足,这些都是需要通过语言的组织和运用来实现的。

(三)促进学前儿童心理的发展

学前期是儿童刚入社会的时期,各种心理活动都在这个阶段开始发生和发展,儿童通过与周围成人和同伴的交流,表达思想感情,获得社会的认同,形成尊重、被尊重的心理,树立自信与自尊;通过语言的使用,儿童体验交往、学习、游戏的乐趣,增强战胜困难的决心和勇气;通过语言的调节,对正确行为产生成就意识,对不良行为进一步反思,形成正确的自我意识;通过与他人的交流互动,分享交往的喜悦,表达内心的不满,从而保障各种心理活动健康发展。

第二节 学前儿童语言发展的特点

语言是人与人之间进行社会交际的工具,也是学前儿童社会发展的重要载体。学前儿童语言发展遵循一定的规律,具有阶段性的特点。

一、0—1岁幼儿语言发展特点

0—1岁是为幼儿语言发展做准备的阶段,主要表现在语音的发展和词汇的发展两个方面。

(一)语音的发展

1. 简单发音的阶段(1—3个月)

新生儿因呼吸而发出声音,哭是婴儿最初的发音。当新生儿的哭声稍停的时候,可以听到他发出 a、e、ou 的声音。2个月以后,婴儿不哭时也可以发音。当成人逗弄时,这种发音现象更明显,能发出 d、ei、nei、ai 等音。这一阶段的发音是本能行为,发出的音节不需要太多的唇舌运动,只要张嘴,气流从口腔冲出,音就发出来了,因此聋哑儿也能发出这些声音。

2. 连续音节阶段(4—8个月)

出生4个月以后,婴儿开始活跃起来,觉醒或感到舒适时,常常会自动发音。这一时期婴儿发出的音节中,不仅声母出现、韵母增多,而且会连续重复同一音节,如 ba—ba—ba、da—da—da 等,其中有些音节与词很相似,如 ba—ba(爸爸)、ma—ma(妈妈)、ge—ge(哥哥)等,所以父母常常以为这是孩子在呼唤他们。但这些音节在这个阶段还不具备符号意义。如果成人利用这些音与具体事物相联系,形成条件反射,发出的音节就具备了符号意义。

3. 模仿发音——学话萌芽阶段(9—12个月)

这一阶段,婴儿所发出的音节明显增加了连续重复音,音调也开始多样化,四声部都相继出现了,同时开始模仿成人的语音,如 mao—mao(帽帽)、deng—deng(灯灯)。这一进步,标志着婴儿学话的萌芽。虽然这一阶段婴儿所说的"话"仍然是没有意义的,能够发出的音节也只有几个,但为开口表达做了发音上的准备。在正确教育下,婴儿逐渐能够把语音和某个具体事物联系起来,用声音表示意愿或想法,因此人们通常把这段时间称为"牙牙学语"时期。

(二) 词汇的发展

一般来说,出生不到10天的婴儿就能够对语音表现出明显的"偏爱",这就是我们所说的语音偏好,婴儿所具备的这项能力为日后理解词义奠定了基础。8—9个月时,婴儿已经能够"听懂"成人的一些语言,并能够对听到的语言做出相应的反应。但需要注意的是,引起婴儿反应的是说话者的语调和整个情景,而不是词本身的含义。如果成人同样说这个词,但改变语调和语境,婴儿就不会反应,所以,这个阶段婴儿对词汇的理解具有情境性。

参考案例

给9个月的婴儿出示"老虎"与"兔子"图片。每当出示"兔子"时,就用温柔的声音说:"兔子,兔子,这是小兔子。"而出示"老虎"图片时,就用凶狠的声音说:"老虎,老虎,这是大老虎。"若干次呈现以后,再用温柔的声音说:"兔子,兔子在哪里?"婴儿就会指兔子的图片。如果改变语调,用凶狠的声音说:"兔子,兔子在哪里?"婴儿则毫不犹豫地指向老虎图片。这说明,引起儿童反应的不是词的本身,而是说话者的语调和情境。这时的婴儿还没有理解"老虎"与"兔子"的含义,还不能把词语从语音复合的情境中分离出来,作为独立的信号而产生反应。

婴儿在11个月左右,能够把词语从语调和情境中逐渐分离出来,语词成为引起反应的独立信号,婴儿逐渐明白词的意义。1岁左右,婴儿能理解几十个词汇,但能说出来的很少。所以,婴儿这一时期的语言又被称为"被动式语言",这种语言很难发挥交际作用。

二、1—3岁幼儿语言发展特点

从1岁开始,在短短两三年内,幼儿初步掌握了本民族的基本语音。1—1.5岁,幼儿理解语言的能力发展很快,在此基础上,开始主动说出一些词;2岁以后,语言表达能力迅速发展,幼儿逐渐能用句子表达自己的思想,进入正式学习语言的时期。

(一)语音的发展

1岁以后,幼儿模仿能力进一步增强,在成人引导下,可以发出多个音节,但是,具有单音重叠的现象,如发出 qiuqiu、maomao、dengdeng 等语音,而且某些音节还发不准,常把"妹妹"发成"miemie",把"奶奶"发成"nienie"。

(二)词汇的发展

2—3岁幼儿的词汇量增长非常迅速,由1岁前只能掌握几个词汇,到婴儿晚期掌握几百个词汇。而且儿童学习新词的积极性非常高,出现"词汇爆炸"的现象。词汇掌握的次序依次为实词中的名词、动词和形容词,也能理解某些介词,对动作和手势的依赖逐渐减少,幼儿在这个年龄阶段开始真正理解词汇的含义。

(三)句法的发展

1—3岁幼儿句法的发展主要经历两个阶段:

1. 不完整句阶段

(1)单词句阶段(1—1.5岁)

这一阶段儿童语言发展主要反映在语言理解方面,愿意倾听别人讲话,积极输入新的词汇,为开口说话做准备,也能说出一些简单的词汇,但能说出的词还不多,表达具有以下特点:

单音重叠。由于幼儿的大脑发育不成熟,加之发音器官缺乏锻炼,发一个相同的音节容易,发出两个或以上的音节较难,所以就常常发出叠音词,如"毛毛""饭饭""喝喝"等,还有些词发音太难,就出现了以"音"代"词"的现象,如把汽车叫作"呜呜"或"嘀嘀",把"狗"发作"汪汪"等。

一词多义。由于幼儿对词的理解还不够精确,说出的词往往带有多重含义。例如,说出的"鸟",可能指的是实际的鸟,也可能指的是会飞的物体或动物,如蜻蜓、蜜蜂等。

以词代句。由于这一时期幼儿词汇量不够丰富,所以表达时会出现用一个词代表一个句子的现象。例如,幼儿说出"皮球"这个词,可能代表"我的皮球",也可能是表达"我想要这个皮球"。

(2)双词句阶段(1.5—2岁)

这一时期幼儿语言发展主要表现在开始说由两个或者三个词组成的句子。例如:

"妈妈,抱。"意思可能是"妈妈抱抱我",也可能是"妈妈抱我出去玩"等。这种句子的表意功能明确,但其形式是断续的、简略的,而且结构不完整,类似成人的电报,因此也称作"电报句"或"电报式语言"。1岁半以后,幼儿说话的积极性逐渐高涨,从不愿意说话变得比较愿意说话,进入学说话的敏感期。

2. 完整句阶段

2岁以后,幼儿开始使用合乎语法规则的句子表达思想,能说出完整的简单句,并出现复合句,说出的句子逐渐加长,也日趋完整、复杂,构成句子的词类也比较丰富,逐渐能够通过语言将事物或经验描述出来,语言表达开始发生本质的变化。

(四) 语言表达能力的发展

2—3岁是幼儿初学说话的关键期,是幼儿基本掌握口语的阶段,幼儿能说出自己的全名,能用简单的句子表达自己的思想,而且表达的大部分内容都能被听懂。如果有良好的语言环境,幼儿在掌握语音、词汇、语法和口语表达能力等方面会迅速发展,为入学后学习书面语言奠定基础。

三、3—4岁幼儿语言的发展

(一) 语音的发展

随着生理的成熟、发音器官和听觉系统逐渐完善、语言知觉能力进一步提高,3—4岁幼儿的发音能力也迅速发展,进入语音的扩展阶段。这个年龄阶段的儿童,无论学习哪种语音都比较容易,当幼儿掌握母语的语音后,发音习惯逐渐稳定,语音发展进入收缩阶段,再学习新的语音就会产生一定的困难。尽管幼儿发音能力迅速提高,但对个别音节的辨别能力和发音器官的调节能力还不完全成熟,许多幼儿仍然不能区分近似音,在发音的时候,还会出现相互替代的现象,如把"兔子跑了"说成"肚子饱了",用"d"代替"t",用"b"代替"p"。同时,由于支配和运用发音器官某些部位的能力还不够熟练,发音方法掌握也不够正确,在发音过程中,常常出现发音不准的现象,如"姑姑"常说成"嘟嘟",把"姥姥"说成"咬咬"。

(二) 词汇的发展

3岁以后,幼儿词汇数量迅速增加,能掌握1 000—1 200个的词汇,词性以日常生活中能够直接感知的名词和动词为主,如"皮球""苹果""动画片""拍""打""抱抱"等。对形容词的运用能力初步发展,但是多以形容事物具体形态和性质的为主,例如形容事物的颜色、大小、形状等,如"红苹果""黄香蕉""甜的"等,在运用过程中也不够灵活,如形容皮球很大,会说成:"这皮球大小。"对数词和量词的掌握难度更大,常用某些习惯的量词代替所有的量词,如掌握了"个"以后,便把所有的量词都用"个"代替:一个苹果、一个火车、一个飞机等。也会出现词义缩小的现象,如动画片《大头儿子和小头爸爸》中,大头儿子认为妈妈是自己的妈妈,也是爸爸的妈妈,不理解为什么妈妈是表妹的姨妈。

(三) 句法的发展

幼儿掌握词汇后,必须按照一定的语法规则,把这些词合乎逻辑地组织成句子,才能表达明确的语言含义,实现交流目的。3岁以后,幼儿的语句由笼统的、混沌的,逐渐分化出句子的组成成分,出现语法意识,但幼儿掌握的句子还不完整,常出现使用没有主语的短语或用词颠倒的现象,如幼儿说"掉了,皮球,捡",意思是说:"球掉了,妈妈帮我捡起来。"此时幼儿对词的理解和运用,也往往不能区分出修饰词和被修饰词,如习惯了红苹果、黄香蕉,看到绿色的苹果就比较困惑;再如,对"动物"的理解就是鸡、鸭、猪、狗,难以理解为什么"人"也是动物。

(四)口语表达能力的发展

口语表达能力是指幼儿利用语音、词汇、语句完整正确表达自己的思想,真正发挥语言交际作用的能力。这种能力是建立在幼儿语言理解能力基础上的,在与他人的交往中不断提高。口语表达能力的提升是幼儿语言水平发展的重要指标,也是幼儿期进行语言教育的基本任务。3—4岁,幼儿语言对情境的依赖比较强,还需要成人的诱导,主要是对话语言,如一位小朋友正在吃面条,妈妈问:"你吃的面条像什么?"他说:"卡车。"妈妈说:"这个呢?"他说:"火车,长长的火车。"妈妈又问他:"现在这个呢?"他说:"围巾,戴围巾。"可见,此时幼儿的语言表达是在问答的过程中实现的。

这个阶段,独白语言刚刚形成,但发展水平还很低,独白语言的内容也往往没有内在联系,如某个幼儿边搭积木边说:"这个大,倒了,我和妈妈。"幼儿在同伴交往中有时会出现"集体独白"的现象,但即使是在"集体"中,也是各说各的,彼此的内容之间没有联系,或者由他人的谈话,联想到自己要说的内容,没有逻辑顺序。此时幼儿虽然有向别人表达自己思想或经验的愿望,但常常不敢或不善表达,说话断断续续,没有逻辑,主题也不明确。

参考案例

一位3岁的男孩讲述自己昨天做的事情:"看见猴子了,好多,在动物园,吃香蕉,坐秋千,爬树,太好玩了,还有老虎,好凶啊。爸爸带我去的,还有妈妈。"一边讲,一边模仿猴子、老虎的动作和表情。

四、4—5岁幼儿语言的发展

(一)语音的发展

4岁以后是幼儿语音发展的关键期,如果坚持练习,反复实践,幼儿能掌握本民族的全部语音,但个别幼儿对难发音节的掌握仍有难度,如翘舌音"zhi""chi""ri"等或某些相似的音节如"似乎""迟迟""事实"等,掌握起来依然困难,还需要在成人的正确指导下反复进行练习。但这个年龄阶段的幼儿语音意识明显发展了起来,当自己发音不准确的时候，能够意识到，表现出羞涩的心理，并能自觉调节修正，也能够发现并评价别人发音的不足。

（二）词汇的发展

4岁是幼儿词汇增长的活跃期，能掌握2 000个左右的词汇，词类的范围也逐步扩大，由名词、动词逐渐扩展到会使用副词、语气词、代词、数词等。词汇的内容也逐渐丰富，由与日常生活密切相关的具体词汇，发展到比较抽象的词汇，虽然幼儿并不完全理解，但能说出"思考""宇宙""勇敢"这样比较抽象的词汇。此时，幼儿会出现词义过度扩张的现象，扩大词汇的外延和使用范围，赋予某个单词很多不同的意义，如认识了两条腿带毛的是"鸡"，就把鸽子和麻雀也称为"鸡"。这一阶段对形容词的掌握从简单到复杂，逐渐能够分化出中心语和修饰语。

（三）句法的发展

4岁以后，幼儿能够正确运用句子说明自己的想法或描述自己的见闻，句子的各种成分由混沌到逐渐清晰，出现主谓宾语；句子的性质由简单句发展到复合句，而且复合句所占的比例进一步提高；句子的构成由短到长，由不完整到逐渐完整。但这个阶段，幼儿对关联词如"虽然""但是""既然……也……""因为……所以……"的运用还不够准确，常出现省略关联词语的现象，如"不喜欢、不给你"，是说："因为我不喜欢你，所以，不给你苹果。"

（四）口语表达能力的发展

4岁以后，幼儿能够就某一主题进行表达，并注意事物之间的联系，能够独立地讲故事或叙述各种事情，语言连贯完整性进一步提高；在叙述事物时，能够融入时间、地点、原因和经过；喜欢听文学作品，能够理解作品中的主要内容，并讲出主要情节；会复述故事，用替代词的方式续编故事。此时，独白语言进一步发展，内部语言开始萌芽，处于外部语言向内部语言过渡的阶段，表现为游戏语言和问题语言。语句叙述比较完整、详细，有丰富的情感和表现力，如幼儿一边搭积木一边说："这是一座大楼，这是楼梯，门在哪呢？"4—5岁是幼儿"问题语言"最为丰富的时期，皮亚杰将幼儿的这种自言自语称为"自我中心语言"。他认为幼儿"自我中心语言"的发展是儿童心理发展和社会性语言学习的必经之路，成人要积极提供支持和帮助。

五、5—6岁幼儿语言的发展

（一）语音的发展

5岁以后，幼儿在成人的正确教育下，能做到发音正确，吐字清楚，并能按照语句的内容和情感需要，调节音调，与成人或同伴进行交流，能清楚地分辨出普通话的四种基本音调。关注自己的发音是否准确，喜欢挑剔小朋友和成人发音的错误，并能给予纠正，在规范的语言环境下，基本上能准确掌握声母和韵母。许多研究表明：幼儿发音的准确与否，与环境有着密切的关联，在发音准确性上存在的差异，主要是受语言环境的影响。

(二) 词汇的发展

5—6岁是幼儿词汇数量增加最快的时期,大约能掌握3 000—4 000个词汇,同时,对词义的理解更加深刻,不仅能理解形容词、副词的词义,还能准确使用,如"像解放军叔叔一样勇敢"。但对量词的掌握仍然有困难,只有那些与具体事物相联系的,具有相关知识经验的量词,才会运用,如"一辆汽车""一个娃娃"是他们熟悉的、常用的,能够用对,而对"一艘轮船""两束鲜花"的理解还存在困难。对概念内涵的把握还存在一定问题,所掌握的概念多是日常概念,缺乏科学性。

(三) 句法的发展

5岁以后,随着幼儿知识经验的发展,抽象逻辑思维开始出现,句子的形式进一步丰富,能够掌握比较复杂的语言形式,能够根据不同的情境选择并使用陈述句、疑问句、感叹句、祈使句等句式表达自己的思想感情,但对被动句的理解还有难度,运用也不够灵活,如对"我被老师表扬了"与"老师被我表扬了"的主次关系还常常混淆。

(四) 口语表达能力的发展

5岁以后,幼儿连贯性语言的发展比较稳定。连贯性语言发展使儿童能够独立、清楚地表达自己的思想,同时也能逐渐掌握说话的技巧,在良好的教育条件下,能够比较清晰、系统地讲述所看到或听到的事情。在故事讲述时,能做到语句连贯、绘声绘色、活灵活现,也愿意重复自己感兴趣的语句,但依然存在逻辑性不严密的情况。如橙子小朋友在疫情期间,通过镜头给大家讲故事:"大家好,我喜欢这本《蚯蚓的日记》,是因为它里面有大家都见过的蚯蚓,它的头跟它的屁股一模一样,我觉得非常的好笑,它的头本来就是尖的,屁股也是尖的,我觉得非常好笑。"

第三节 学前儿童语言发展中的问题

一、影响学前儿童语言发展的因素

语言是人类特有的社会现象,但语言并不是与生俱来的,而且人类掌握和运用语言也不是轻而易举的,在语言掌握过程中也存在着诸多影响因素。

(一) 制约语言发展的生理基础

生理因素为学前儿童语言的学习和发展提供了可能性。

1. 发音器官

语言的发生和发展依赖发音器官,如口腔、鼻腔、咽腔、喉等的健全与成熟。发音器官不健全、不成熟,幼儿就不能发音或不能正确发音。为此,一方面要尊重幼儿身心发展规律,不操之过急、拔苗助长。另一方面,还要注意培养幼儿良好的卫生习惯,如不挖鼻孔;保持口腔、牙齿的清洁;注意对儿童说话、朗读以及唱歌时声带的保护,提醒他们说话的时候声音不要过大。同时，还要注意提高幼儿的身体素质，补充营养，加强身体锻炼，增强体质，预防感冒，如果发生疾病，当幼儿咽部有炎症的时候，应尽量减少发音，尤其是大声发音，从而促进发音器官的成熟和健康，为能够正常、准确发音奠定基础。

2. 听觉系统

人们常说"十聋九哑"，正常的语言表达，离不开健全的听觉系统。听觉系统由各级听觉器官及其连接网络组成。学前儿童听觉器官的成熟较快，其辨别声音细微差别的能力，随着年龄的增长不断提高，甚至听觉能力比成人还敏锐，为语言的发展提供了条件。但是，由于幼儿的外耳道比较狭窄，外耳道壁还未完全骨化和愈合，应该注意对耳部的保护，尤其要警惕中耳炎的发生，慎用一些药物，特别是对听力有影响的药物。在生活中注意不大声对幼儿说话，避免年龄小的幼儿在噪音大的地方久留。

3. 语言中枢

语言中枢是人类大脑皮质所特有的，语言中枢的成熟顺序决定了学前儿童听、说、读、写的先后顺序，所以，婴儿听音、辨音能力和对词的理解能力的发展早于发音能力和表达能力。语言中枢成熟水平的差异性是学前儿童语言能力发展差异的基础，直接导致了幼儿开口说话的年龄、语音的清晰程度、对周围语言刺激的敏感性、表达内容与表达方式等方面的差异。研究表明：语言中枢的发展遵循用进废退的原则，使用得越多，语言中枢的区域面积就越大，相应的语言技能越强。所以，在保护好大脑皮层的同时，经常进行听说练习，会起到既促进语言中枢的成熟，又提高语言能力的作用。

（二）制约语言发展的心理因素

1. 认知能力

语言能力是在对语言内容理解的基础上形成的，这意味着，语言能力受认知能力的制约。如果缺乏相应的感性认知能力和概念基础，幼儿就很难理解别人的语言，或理解错误，表达也就不能顺利进行。所以，注重对幼儿知识经验的积累，提高幼儿的认知能力，对提高幼儿的语言水平有积极的作用。

2. 心理素质

幼儿的心理素质也影响着幼儿的语言学习和语言发展。促进幼儿心理发展的根本动力是幼儿内部矛盾，即原有水平与新的需要之间的不平衡、不一致。幼儿对语言掌握的需要比较强烈，掌握语言的积极性就高，语言能力发展就快。同时，幼儿的个性差异也会影响到语言掌握的水平。个性外向的幼儿的语言发展比个性内向的幼儿快，因为外向的幼儿比较乐于交际，有较强的表达愿望，往往会主动观察和模仿周围人的言行举止，并敢于表现自己，拥有更多语言学习和表现的机会，从而促进语言的发展。

（三）制约语言发展的社会因素

幼儿语言对情境具有较强的依赖性，家庭是幼儿学习语言第一个环境，家长对待幼儿语言学习的态度、亲子关系的状态、家庭的生活氛围、教育理念及生存环境等都会影响幼儿的语言发展。所以，为了提高幼儿的语言发展水平，家长要创设宽松、愉悦的交流环境，鼓励幼儿大胆讲话，注意在孩子面前说普通话，尽量表述清楚，用词丰富，为幼儿语言健康发展提供良好的示范作用。

社会因素对于幼儿语言学习也有很大影响。比如，四川、湖南人爱吃辣椒，这两个地区的幼儿对"辣"的掌握就比其他地区早，这是因为生活环境不同，幼儿对某些词的意义体验不同。幼儿生活和习得语言的文化背景不同，会使幼儿在学习速度、方式、重点等方面出现差异，形成不同的语言特点。

教育差异也会导致幼儿语言发展的差异。许多研究发现，农村幼儿的语言发展落后于城市幼儿，现代幼儿语言发展水平要高于过去的儿童，这是教育在幼儿语言发展过程中所起到的主导作用。

参考案例

贵州地区语言研究表明：以前当地少数民族地区儿童，入小学后辍学率非常高，发现关键原因在于儿童听不懂学校中的普通话，难以理解学习内容。当地政府发现问题后，开始在这些地区开办学前班，把普通话作为学前班的重要学习内容。后来发现，凡是在学前班学习过普通话的儿童，入学后学习成绩提高迅速，没有接受学前班普通话训练的，学习比较困难。由此可见，创造普通话的语言环境对儿童学习的重要性。

二、儿童语言发展中的常见问题

（一）发音不标准

由于学前儿童生理发育不成熟、认知水平较低、没有掌握发音的正确方法等因素的影响，在发音的过程中出现韵母的正确率要高于声母的现象，而韵母在发音上也会出现困难，如难以发出或发准 zh、ch、sh、z、c、s 和 n、l 等音节。

（二）节律性障碍

节律性障碍是指语言表达中不正确的停顿或错误的停顿，俗称口吃或结巴。学前儿童口吃的现象常出现在 2—4 岁。造成幼儿口吃的原因主要有生理原因和心理原因两大类，更多的是心理原因。一方面，幼儿口语表达不够流畅，在急于表达自己的思想时，容易出现语言节奏的障碍，而父母或成人急躁、简单而又粗暴的处理方式又加剧了儿童的紧张；另一方面，幼儿模仿口吃患者，据统计，参加口吃矫治的人中，有近 2/3 的人有幼年模仿口吃的经历。

除生理原因外，教师和家长可以通过创设宽松愉快的说话氛围、解除孩子的紧张情绪、提醒孩子不要模仿口吃、引导孩子说话时不要急躁等方式，帮助幼儿逐渐摆脱口吃现象。

（三）语言发展迟缓

语言发育迟缓是由智力低下、听力障碍、构音器官疾病、中枢神经系统疾病、语言环境不良等因素引起的幼儿口语表达能力或语言理解能力明显落后于同龄幼儿正常发育水平的现象。由于学前期是幼儿语言发展的关键期,关键期内幼儿掌握语言的速度和能力都比较强,错过了关键期,就会出现事倍功半的情况,所以,无论什么原因引发的语言发育迟缓,都应引起成人足够的重视,及时查找原因并进行矫治,确保幼儿形成正常的语言能力。

爱因斯坦说:"一个人的智力发展和他形成概念的方法,在很大程度上是取决于语言的。"语言发展对儿童各方面的发展都具有重要意义。发展幼儿语言能力,是一项艰巨且细致的工作,需要教育者按照科学的方法,付出巨大的努力,这也正是语言教育的最终目标。

课后任务

自主学习任务:
1. 简述语言的种类。
2. 简述各年龄段学前儿童语言发展的特点。
3. 结合实例谈谈培养学前儿童语言能力需要注意哪些问题。

合作学习任务:
1. 一位14个月的孩子被成人抱着时,着急地往柜子的方向挣扎,嘴里叫着"ta,ta"。成人先给他拿出奶糕粉,他又摇头又摆手,说:"xi,xi。"成人于是给他拿糖罐,问:"是这个吗?"他用力喊:"xi,xi。"成人拿一块糖放在他嘴里,他脸上露出了笑容。

分析案例中的现象,回答如下问题:
(1)此案例反映出儿童语言发展中掌握语法的什么特点?
(2)老师和家长在教育过程中应注意什么?

2. 小强是一个出生在农村的孩子,父母文化水平不高,每天忙于工作,小强是由爷爷奶奶带大的,而且小强的家长基本不会讲普通话,会的也只有一两句,普遍都说方言。现在小强马上要上小学了,在学习普通话的过程中,小强感到很吃力。

请谈谈造成小强学习普通话吃力的原因有哪些,对于小强这样的孩子,可以通过哪些方法帮助他改进?

主题二 学前儿童语言教育

学习目标

1. 情感目标：形成对学前儿童语言教育活动的正确认识，树立做好学前儿童语言教育工作的信心。
2. 知识目标：了解学前儿童语言教育的基本含义和特点，掌握学前儿童语言教育的各级目标和基本结构。
3. 技能目标：初步学会根据学前儿童的年龄特点确定活动目标，制定活动方案。

学习任务单

1. 完成主题资源的阅读和观看

文本资源：
（1）《幼儿园教育指导纲要（试行）》语言部分
（2）《3—6岁儿童学习与发展指南》语言部分
（3）《今天我们应该怎样与孩子对话》
（4）华东师范大学周兢教授关于语言教育的讲座
（5）应彩云老师关于《指南》视角下对语言教学的新思考

2. 完成主题二学习导图的绘制

相关资源

学习资讯

> 理解语言发展对幼儿全面发展的重要价值，明确幼儿教育语言发展目标，掌握幼儿语言学习与发展的特点和要求，是每一个幼儿教育工作者必须获得的专业知识。
> ——周兢

第一节　学前儿童语言教育概述

一、学前儿童语言教育的基本含义

学前儿童语言教育是研究学前儿童语言发生、发展基本规律,有目的、有计划地引导学前儿童学习与获得语言的教育活动。语言是人类最重要的交际工具,语言教育在儿童身心发展中具有突出作用。

第一,学前儿童语言教育促进儿童语言发展。由于学前期是幼儿语言发展的关键时期,幼儿对语言学习有浓厚的兴趣和强烈的愿望,幼儿园开展的有目的、有计划的语言教育活动,可以提高幼儿语言学习的针对性,迅速提升幼儿语言表达能力。

第二,学前儿童语言教育促进幼儿认知发展。思维是认知的核心,语言是思维的载体,幼儿掌握和理解了语言,不仅能够扩大幼儿认知范围,推动认知深入发展,还能够促进创造性思维的产生和发展。

第三,学前儿童语言教育促进幼儿社会性发展。凭借语言,幼儿可以理解他人的想法,说出自己的感受,解决在游戏和生活中遇到的各种问题,加深对自己、对他人和对外部世界的认识,从而开展正常的人际交往,学习建立良好的社会关系。

第四,学前儿童语言教育促进幼儿个性的发展。语言的学习和发展会加速幼儿自我意识的萌芽,帮助幼儿在与物质和社会交往过程中展现自己独特的精神面貌,逐渐形成个性。

二、学前儿童语言教育的基本特征

(一)学前儿童语言教育具有社会性

语言是一种社会现象,是在社会生活中形成和发展起来的,离开了社会环境,就不会有个体的语言。狼孩卡马拉和阿玛拉,虽然回归了人类社会,但是由于在语言形成的关键期离开了人类的社会环境,所以至死也没再形成人类的语言。同时,语言是幼儿最重要的交际和思维工具,离开了语言,幼儿的交际和思维也会受到影响,难以发展成为社会化的人。因此,学前儿童语言教育是在一定的社会情境中进行的,脱离社会性的语言教育是无源之水、无本之木。

(二)学前儿童语言教育具有全面性

学前儿童语言教育是我国全面发展教育的重要组成部分,在培养目标上,既要激发学前儿童对倾听与表达、阅读与书写准备的热爱、向往的情感态度,又要注意对学前儿童倾听与表达、阅读与书写准备认知的积累和技能的培养;在学习内容上,既注重口头语言的掌握,也注意对书面语言兴趣的培养和阅读、书写习惯的养成。

(三) 学前儿童语言教育具有多样性

学前儿童语言教育是促进幼儿个体全面发展的有机组成部分，语言教育要立足幼儿发展多元化的需要，活动内容要体现社会知识、教育知识和语言知识的多重组合。活动过程强调语言教育与幼儿园活动情境、社会生活情境相互作用，在专门化的语言教育活动、幼儿园一日生活、幼儿园区角游戏活动中为幼儿展现丰富多彩的语言学习情境。

(四) 学前儿童语言教育具有活动性

儿童语言的发展是幼儿在与各种语言或非语言材料交互作用过程中逐步获得的，所以学前儿童语言教育要以活动作为教育的基本形式。在幼儿语言学习过程中，要提供充分操作语言的机会，提供动脑思考、动口表达、动手操作的生活与学习材料，通过多种形式促进幼儿语言发展。

三、学前儿童语言教育的基本原则

(一) 教育性原则

教育性原则是指借助语言教育活动对幼儿进行品德教育的原则。学前儿童虽然年龄小，但正处于道德萌芽阶段，要注重对道德品质的养成教育。学前儿童语言教育要结合语言教育活动内容的选择、活动过程的开展，不断渗透中华民族的传统美德、社会的道德要求和基本的行为规范，引导幼儿从小就明白哪些行为是道德的，是应该做的；哪些行为是不道德的，是不能做的。

(二) 循序渐进原则

循序渐进原则是要求学前儿童语言教育工作要按照学前儿童身心发展规律和《幼儿园教育指导纲要(试行)》(以下简称《纲要》)、《3—6岁儿童学习发展与指南(试行)》(以下简称《指南》)等文件精神的基本要求进行，要从学前儿童原有水平出发，遵循学前儿童身心发展的阶段性和顺序性特点，有目的、有计划地促进儿童养成良好的情感态度、学习习惯，为进一步学习和掌握语言知识技能奠定基础。

(三) 个别差异原则

学前儿童语言发展的突出特点是具有个别差异性。《纲要》中强调："幼儿的语言学习具有个别化的特点，教师与幼儿的个别交流、幼儿之间的自由交谈等，对幼儿语言发展具有特殊意义。"所以在语言教育过程中要正确认识和看待幼儿的不同表现，因人而异，因材施教。尤其是对有语言障碍的幼儿，要给予特别关注，与家长和有关方面密切配合，积极帮助他们提高语言能力，促进每一位幼儿在自己原有水平上的最大发展。

(四) 情境性原则

幼儿的语言是在情境中受到诱发逐渐产生的，而幼儿语言的发展也是在具体的语言交流中实现的。《纲要》明确要求："要创造一个自由、宽松的语言交往环境，支持、鼓励、吸引幼儿与教师、同伴或其他人交谈，体验语言交流的乐趣。"因此，在语言教育的过程中，教师要提供真实而丰富的语言情境，通过创设操作、运用多种语言的机会，扩展学前儿童语言学习的经验。

（五）渗透性原则

《纲要》明确指出："幼儿语言的发展与其情感、经验、思维、社会交往能力等其他方面的发展密切相关，因此，发展幼儿语言的重要途径是通过互相渗透的各领域教育，在丰富多彩的活动中发展幼儿的经验，提供促进语言发展的条件。"在组织语言教育活动时，应坚持渗透性原则，把语言教育与其他领域活动内容相互渗透。例如，在科学领域的活动中，教师也要提醒幼儿语言表达的规范性。同时，还可以把语言教育渗透到各种游戏和一日生活的各个环节中，帮助幼儿扩展自己的语言经验。

（六）发展性原则

发展性原则是指在开展学前儿童语言教育活动时，既要充分考虑幼儿语言发展的实际水平和现有经验，又要着眼于幼儿语言发展的长远目标，引导幼儿"跳一跳，摘桃子"，不断为幼儿语言发展创造新的潜力和发展空间，促进幼儿语言可持续性发展。

（七）主导作用与主体地位相结合原则

在语言教育过程中要把幼儿的主体地位与教师的主导作用有机结合起来。尊重幼儿的主体地位是指在设计与组织语言教育活动时，要从幼儿的年龄发展特点、身心发展规律和现有学习经验出发，激发幼儿学习动机、学习兴趣和主动参与活动、建构活动的精神，调动幼儿学习语言的积极性和主动性。

发挥教师的主导作用是指教师是幼儿语言学习活动的支持者、促进者，在语言教育活动前，教师要为幼儿语言活动的开展准备充分的活动材料，为幼儿语言活动的顺利进行创设良好的环境；在语言教育活动进行过程中，教师要通过示范、启发、点拨等方式，为幼儿语言学习活动的开展提供支持，对个别幼儿进行因材施教；在语言教育活动后，及时点评与延伸拓展，把幼儿语言教育引向更高的目标。

第二节　学前儿童语言教育目标的解读

教育是有目的、有计划、有组织的活动，学前儿童语言教育的目的是通过有目的、有计划的教育活动，丰富学前儿童语言认知，培养热爱语言学习的情感，提高语言运用的能力。

一、学前儿童语言教育目标制定的意义

第一，学前儿童语言教育目标是对语言教育目的和要求的归纳和总结。我国学前儿童语言教育的实践证明，只有符合社会发展要求、尊重学前儿童语言发展和学习规律以及语言学科性质的教育目标，才能使教育真正成为有意义的教育。因此，学前语言教育目标是学前教育总目标在语言领域的具体化，是语言教育活动的出发点，是实施语言

教育的方向和准则,它指出了学前儿童语言教育所要达到的预期效果,通过语言教育,学前儿童要获得什么发展,达到什么水平,最终实现什么目标。

第二,只有明确了学前儿童语言教育的目标,才能有的放矢地选择学前儿童语言教育的基本内容,有针对性地采取语言教育的基本方式和途径,通过开展有目的、有计划、有组织的活动,促进每一位幼儿在语言教育活动中有所收获、有所发展。所以,学前儿童语言教育目标是学前儿童语言教育的最终归宿,也是学前儿童语言教育效果的评价标准,更是实施语言教育要遵循的基本纲领。

二、学前儿童语言教育目标制定的依据

任何教育目标都不是凭空产生的,学前儿童语言教育目标是根据儿童保育与教育的总体要求确定的,是学前教育总目标的重要组成部分,目标的制定要依据以下几方面要求:

(一)依据学前教育总目标

《中华人民共和国教育法》规定,我国的教育目的是:"培养德、智、体、美、劳全面发展的社会主义事业的建设者和接班人。"在教育目的指导下,《幼儿园工作规程》规定,我国学前教育的目标是:"对幼儿实施体、智、德、美全面发展教育,促进其身心和谐发展。"这是学前教育的总目标,也是评价学前教育质量的根本依据。同时《幼儿园工作规程》也规定,要通过"发展幼儿智力,培养正确运用感官和运用语言交往的能力,增进儿童对环境的认识,培养有益的兴趣、求知欲望和初步的动手能力"。所以,对学前儿童进行语言教育是实现学前教育总目标不可或缺的组成部分,学前儿童语言教育目标的制定,离不开学前教育总目标的引领。

(二)依据中国特色社会主义建设的需要

学前儿童语言教育是具有中国特色的社会主义教育目标的重要组成部分,承载着"培养德、智、体、美、劳全面发展的社会主义事业的建设者和接班人"的重要使命。学前儿童只有形成了良好的语言运用能力,才能更好地进行人际交往和智力活动。语言教育为儿童终身发展奠定基础,并为传承中华民族优良传统提供保障。

(三)依据儿童身心发展的规律和年龄特点

学前儿童语言教育是以促进儿童身心和谐发展为根本目标的,因而必须遵循儿童身心发展的基本规律和年龄特点,关注儿童的兴趣与需要,明确儿童发展的普遍性和个体差异,按照儿童身心成长和发展的实际需要选择教育内容,设计和安排教育活动。

(四)依据语言学科的基本特点

任何一门学科都有其内在的逻辑结构和独特的学科特点,语言也不例外。学前儿童语言教育既要尊重学前儿童自身发展的年龄特点和身心发展规律,同时也要充分考虑语言学科的性质,充分发挥语言教育在儿童身心全面发展中的重要价值。

三、学前儿童语言教育目标的基本结构

（一）学前儿童语言教育的总目标

学前儿童语言教育总目标是语言教育所期望的最终结果，是学前阶段语言教育任务的总和，也是学前教育总目标的一部分。《纲要》中语言教育目标为：

1. 乐意与人交谈，讲话礼貌；
2. 注意倾听对方讲话，能理解日常用语；
3. 能清楚地说出自己想说的事；
4. 喜欢听故事、看图书；
5. 能听懂和会说普通话。

《指南》进一步明确了学前儿童语言发展的目标要求，把学前儿童语言学习与发展的目标分为两大类：口头语言学习与发展的目标和书面语言准备的学习与发展目标，两类目标有机结合形成六个模块，清晰地指出了学前期儿童语言学习和发展应该具有的水平，见表2-1。

表2-1　学前儿童语言学习与发展目标

	口头语言（倾听与表达）	书面语言（阅读与书写准备）
学前儿童语言学习与发展目标	认真听并能听懂常用语言	喜欢听故事，看图书
	愿意讲话，并能清楚表达	具有初步的阅读理解能力
	具有文明的语言习惯	具有书面表达的愿望和初步技能

学前儿童语言教育的总目标是对学前阶段语言教育任务要求的总结概括，属于学前儿童语言教育目标的第一个层次，是其他层次目标制定的依据和基础。

（二）学前儿童语言教育的年龄阶段目标

学前儿童语言发展具有阶段性，因而，每个年龄阶段，学前儿童语言教育目标不完全一致。年龄阶段目标在学前儿童语言教育总目标的基础上，根据每个年龄阶段儿童身心发展特点分解出每个年龄阶段要完成的语言学习的基本任务，所以语言教育的年龄阶段目标是总目标在具体年龄阶段上的体现。

1. 0—1岁幼儿语言教育目标

（1）喜欢听语音、乐音，尤其是母亲的或熟悉的声音；愿意模仿别人的发音。
（2）喜欢别人与自己说话，并能用声音、手势、表情等方式做出回应。
（3）能理解常用的简单词汇，能听懂常用的生活指令。
（4）能用单音、手势、表情等表达自己的要求。
（5）能对故事、儿歌等语言活动集中注意，并表现出愉悦的情绪。

2. 1—2岁幼儿语言教育目标

（1）喜欢听别人说话，喜欢听悦耳的音乐和歌曲。
（2）愿意与别人对话，能用简单句回答别人的问题。

(3) 能听懂日常生活中的基本用语,并愿意尝试用简单的句子表达自己的要求和愿望。

(4) 能说出自己的名字、自己身体的部位或常见的物体名称。

(5) 喜欢翻阅感兴趣的图书,并能安静地听儿歌或故事。

3. 2—3 岁幼儿语言教育目标

(1) 喜欢倾听各种美好的声音;愿意与别人对话,在游戏中喜欢与同伴进行交流。

(2) 能理解生活中常用的词汇,并愿意学习新词汇,有一定的词汇量。

(3) 能发出本民族的基本语音,并形成一定的语音意识。

(4) 能就自己感兴趣的问题与别人交流,语句基本完整,并愿意学习新句子。

(5) 喜欢阅读故事,并能独立地讲述简短的故事。

4. 3—4 岁幼儿语言教育目标

(1) 认真听并能听懂常用语言;别人对自己说话时能注意听并做出回应,能听懂日常会话。

(2) 愿意讲话并能清楚地表达;愿意在熟悉的人面前说话,能大方地与人打招呼;基本会说本民族或本地区的语言;愿意表达自己的需要和想法,必要时能配以手势动作;能口齿清楚地说儿歌、童谣或复述简短的故事。

(3) 具有文明的语言习惯;与别人讲话时知道眼睛要看着对方;说话自然,声音大小适中;能在成人的提醒下使用恰当的礼貌用语。

(4) 喜欢听故事、看图书;能听懂短小的儿歌或故事;会看画面,能根据画面说出图中有什么,发生了什么事等;能理解图书上的文字和画面是对应的,是用来表达画面意义的。

(5) 具有书面表达的愿望和初步技能,喜欢用涂涂画画表达一定的意思。

5. 4—5 岁幼儿语言教育目标

(1) 认真听并能听懂常用语言;在群体中能有意识地听与自己有关的信息;能结合情境感受到不同语气、语调所表达的不同意思;方言地区和少数民族聚居地区儿童能基本听懂普通话。

(2) 愿意讲话并能清楚地表达;愿意与他人交谈,喜欢谈论自己感兴趣的话题;会说本民族或本地区的语言,基本会说普通话;少数民族聚居地区儿童会用普通话进行日常会话;能基本完整地讲述自己的所见所闻和经历的事情,讲述比较连贯。

(3) 具有文明的语言习惯;别人对自己讲话时能回应;能根据场合调节自己说话声音的大小;能主动使用礼貌用语,不说脏话、粗话。

(4) 喜欢听故事、看图书;反复看自己喜欢的图书;喜欢把听过的故事或看过的图书讲给别人听;对生活中常见的标识、符号感兴趣,知道它们表示一定的意义。

(5) 具有书面表达的愿望和初步技能;能大体讲出所听故事的主要内容;能根据连续画面提供的信息,大致说出故事的情节;能随着作品的展开产生喜悦、担忧等相应的情绪反应,体会作品所表达的情绪情感。

6. 5—6岁幼儿语言教育目标

(1) 认真听并能听懂常用语言；在集体中能注意听老师或其他人讲话；听不懂或有疑问时能主动提问；能结合情境理解一些表示因果、假设等相对复杂的句子。

(2) 愿意讲话并能清楚地表达；愿意与他人讨论问题，敢在众人面前说话；会说本民族或本地区的语言和普通话，发音正确清晰；少数民族聚居地区儿童基本会说普通话；能有序、连贯、清楚地讲述一件事情；讲述时使用常见的形容词、同义词等，语言比较生动。

(3) 具有文明的语言习惯；别人讲话时能积极主动地回应；能根据谈话对象和需要，调整说话的语气；懂得按次序轮流讲话，不随意打断别人；能依据所处情境使用恰当的语言，如在别人难过时会用恰当的语言表示安慰。

(4) 喜欢听故事、看图书；专注地阅读图书；喜欢与他人一起谈论图书和故事的有关内容；对图书和生活情境中的文字符号感兴趣，知道文字表示一定的意义。

(5) 具有书面表达的愿望和初步技能；能说出所阅读的幼儿文学作品的主要内容；能根据故事的部分情节或图书画面的线索猜想故事情节的发展，或续编、创编故事；对看过的图书、听过的故事能说出自己的看法；能初步感受文学语言的美。

学前儿童语言教育的年龄阶段目标既具有连续性，又具有阶段性，前一年龄阶段的目标是后一年龄阶段目标的基础，后一级年龄阶段目标是前一级目标的进一步发展。

(三) 学前儿童语言教育的具体活动目标

学前教育的总目标和年龄阶段目标一般由专门的学前教育机构制定。例如：国家或地方以法律条文的形式规定语言教育的统一标准，科研部门和幼儿园也可以根据地方特点研究制定本地区或单位的语言教育总目标和年龄阶段目标。而学前儿童语言教育的活动目标是由教师自己制定的，在某一具体语言教育活动中要达到的目标。从结构上看，南京师范大学赵寄石等人把学前儿童语言教育目标划分为四大块，即倾听、表述、欣赏文学作品和早期阅读，而每一部分都包含情感、认知、能力三个维度。

1. 倾听行为的培养

倾听是幼儿感知和理解语言的行为表现，是学前儿童语言学习和发展的前提和基础。只有懂得倾听、乐于倾听并善于倾听的人，才能真正理解语言的内容、语言的形式和语言运用的方式，掌握与人进行语言交流的技巧。良好的倾听习惯是在学前期养成的，因而在学前期培养幼儿的倾听行为习惯非常重要。

学前阶段幼儿倾听行为的培养重点是对语音、语调的感知和对语义内容的理解，主要帮助幼儿形成以下几种倾听技能：

有意识倾听的能力：能够有意识地把注意集中在某个活动或事情上，认真倾听。

辨析性倾听的能力：能够分辨听到内容的不同之处。

理解性倾听的能力：能够理解主要内容，根据自己的经验，理解话语或文字的含义。

倾听行为的培养，体现在三维目标方面，可以表述为：

(1) 情感与态度目标：喜欢听好听的声音，愿意听别人与自己说话。

(2) 认知目标：知道不同事物发出的不同声音；懂得用适量的音量说话。

（3）能力与技能目标：能安静、礼貌、集中注意地倾听别人讲话；能听懂普通话，分辨不同的声音和音调，理解并执行别人的指令。

2. 表述行为的培养

表述是用一定的语言内容、语言运用方式表达和交流个人观点的行为，是学前儿童语言学习和语言发展的主要表现。只有懂得表述的作用，愿意向别人表达自己的见解，并具备表述能力的人，才能真正与人进行语言交际。因而，表述行为的培养是学前儿童语言教育目标的重要组成部分。

学前期是儿童逐步掌握口头语言并向书面语言过渡的时期，在这个特定时间内，幼儿表述行为发展的重点在于学习正确的口语表达方法，逐步从语音、语法、语义、语用等方面，掌握口语表达能力。表述行为的培养体现在三维目标方面，可以表述为：

（1）情感与态度目标：喜欢表达，愿意与他人交谈，有积极、主动、礼貌地与人交谈的愿望。

（2）认知目标：学习表达的基本要求；知道不同的场景、对象有不同的表达方式。

（3）能力与技能目标：会说普通话，发音清楚，语调准确，能用恰当的语句和语调表达想法、回答问题，能用完整和连贯的语句讲述图片和事件。

3. 欣赏文学作品行为的培养

文学作品是通过语言塑造形象、表现生活的艺术形式，是艺术与语言的有机结合，学前儿童在学习文学作品中可以培养综合语言能力，丰富语言建构的基本内容。欣赏文学作品行为的培养，体现在三维目标方面，可以表述为：

（1）情感与态度目标：喜欢聆听和阅读文学作品，积极参加文学作品学习活动。

（2）认知目标：理解文学作品的基本意义，知道通过学习文学作品增加知识，明白文学作品中包含的道理，初步感知不同类型文学作品的特点和构成。

（3）能力与技能目标：能够理解文学作品中的内容，体会文学作品中语言的规范性和艺术性，并能运用语言、动作、音乐、美术等手段初步展现对文学作品的理解；能对故事、诗歌、散文等文学作品进行仿编、续编和创编等活动。

4. 早期阅读行为培养

早期阅读行是为学前儿童从口头语言向书面语言过渡的前阅读和前书写做准备。尽管在学前阶段，幼儿还不需要具备真正意义上的阅读和书写能力，但在口头语言向书面语言过渡的时期，幼儿要懂得口头语言和文字的对应关系，掌握看懂图画书的基本技能，做好进入小学后学习书写姿势和书写技能的准备。早期阅读行为的培养，可以表述为：

（1）情感与态度目标：对图书和文字感兴趣，愿意阅读图书和辨认汉字，有阅读和书写的好习惯。

（2）认知目标：知道文字和图书是日常生活的组成部分，阅读对自己的成长有帮助。

（3）能力与技能目标：能认真倾听、理解图书内容；掌握阅读的基本方法；能认识生活中常见的简单汉字，并有正确的书写姿势，会写自己的名字和简单的独体汉字。

三层目标之间的关系：

语言教育活动中总目标、年龄阶段目标、具体活动目标三者是相辅相成的。语言教育的总目标是导向，年龄阶段目标是总目标在年龄段上的定位，活动目标是总目标和年龄阶段目标的具体落实，是总目标和年龄阶段目标在活动上的最终分解和具体化。语言教育正是通过每一个具体的语言教育活动，把总目标落实到学前儿童身上，每次具体活动目标的完成，都促进了年龄阶段目标和语言教育总目标的进一步实现。

四、学前儿童语言教育目标分析

（一）强调激发学前儿童语言学习的兴趣

《指南》强调："要重视幼儿的学习品质的培养，充分尊重和保护幼儿的好奇心和学习兴趣，帮助幼儿逐步养成积极主动、认真专注、不怕困难、敢于探究和尝试、乐于想象和创造等良好学习品质。"兴趣是最好的老师，目标中有"喜欢""愿意"等词，体现了对学前儿童学习兴趣的重视，只有调动了学前儿童语言学习的积极性，才能为幼儿语言终身学习提供保障。

（二）重视培养学前儿童语言运用能力

"好口才，铸就好人才"，由于语言在智力发展、信息交流中的重要地位，势必影响着人才的培养质量，《纲要》强调"幼儿的语言能力是在运用的过程中发展起来的"，因此，语言教育的关键，不再是记儿歌、听故事、学认字，而是"认真倾听对方讲话""讲话有礼貌""理解日常用语""能听懂普通话"……目标淡化了对幼儿语言学习内容的要求，强化了语言的交际功能，重视学前儿童在运用语言的过程中形成语言能力。

（三）关注早期阅读能力

书籍是人类进步的阶梯，古人说："立身以立学为先，立学以读书为本。"阅读是引领儿童精神成长的重要渠道，学前教育是儿童接受基础教育的初级阶段，同时也是学前儿童形成阅读意识，掌握阅读方法以及提高阅读技能的最佳时期。早期阅读能力是幼儿对书籍和阅读感兴趣的基础，不仅可以促进幼儿智力发展，更能提高表达能力和读写能力。所以目标中强调儿童要"主动要求成人讲故事、读图书"，"能大体讲出所听故事的主要内容"，要"专注地阅读图书"。为此，幼儿教师要以科学的形式开展阅读活动，为幼儿未来学习奠定基础。

（四）注重营造良好的语言教育环境

《指南》强调："幼儿的语言能力是在交流和运用的过程中发展起来的。应为幼儿创设自由、宽松的语言交往环境，鼓励和支持幼儿与成人、同伴交流，让幼儿想说、敢说、喜欢说并能得到积极回应。"所以，应为幼儿提供丰富、适宜的读物，经常和幼儿一起看图书、讲故事；应通过多种活动扩展幼儿的生活经验，在生活情境和阅读活动中引导幼儿自然而然地产生对文字的兴趣，丰富幼儿的语言内容，增强理解和表达能力，培养终身阅读的兴趣和习惯。

五、学前儿童语言教育目标实施的基本要求

（一）指导幼儿认真倾听

多给幼儿提供倾听和交谈的机会。经常和幼儿一起谈论感兴趣的话题，或一起看图书、讲故事。

引导幼儿学会认真倾听。成人要耐心倾听别人的讲话，等别人讲完再表达自己的观点。与幼儿交谈时，要用能听得懂的语言。对幼儿提要求和布置任务时要求他注意听，鼓励幼儿主动提问。

对幼儿讲话时，注意结合情境使用丰富的语言，以便于儿童理解。说话时注意语气、语调，让幼儿感受语气、语调的作用，如对幼儿的不合理要求，以比较坚定的语气表示不同意；讲故事时，尽量把故事人物高兴、悲伤的心情用不同的语气、语调表现出来；根据幼儿的理解水平有意识地使用一些反映因果、假设、条件等关系的句子。

（二）鼓励幼儿大胆讲话

为幼儿创造说话的机会并体验语言交往的乐趣。成人保证每天有足够的时间与幼儿交谈。如谈论他感兴趣的话题，询问和听取他对自己事情的意见等；尊重和接纳幼儿的说话方式，无论幼儿的表达水平如何，都应认真地倾听并给予积极的回应；鼓励和支持幼儿与同伴一起玩耍、交谈，相互讲述见闻、趣事或看过的图书、动画片等；方言和少数民族地区应积极为幼儿创设用普通话交流的语言环境。

引导儿童清楚地表达。和幼儿讲话时，成人自身的语言要清楚、简洁；当幼儿因为急于表达而说不清楚的时候，提醒他不要着急，慢慢说；同时要耐心倾听，给予必要的补充，帮助他理清思路并清晰地说出来。

（三）提供良好的语言学习环境

成人注意语言文明，为幼儿做出表率。与他人交谈时，认真倾听，使用礼貌用语。在公共场合不大声说话，不说脏话、粗话。幼儿表达意见时，成人可以蹲下来，眼睛平视幼儿，耐心听他把话说完。

帮助幼儿养成良好的语言行为习惯。结合情境提醒幼儿一些必要的交流礼节，对长辈说话要有礼貌，客人来访时要打招呼，得到帮助时要说谢谢；提醒幼儿遵守集体生活的语言规则，如轮流发言、不随意打断别人讲话等；提醒幼儿注意公共场所的语言文明，如不大声喧哗。

（四）帮助幼儿养成良好的阅读习惯

为儿童提供良好的阅读环境和条件。提供一定数量、符合幼儿年龄特点、富有童趣的图画书；提供相对安静的环境，尽量减少干扰，保证儿童自主阅读。

激发儿童阅读兴趣，培养阅读习惯。经常抽时间与幼儿一起看图书、讲故事；提供童谣、故事、诗歌等不同体裁的幼儿感兴趣的文学作品，让幼儿自主选择和阅读。当幼儿遇到感兴趣的事物或问题时，和他一起查阅图书资料，让他感受图书的作用，体会通过阅读获取信息的乐趣。

引导幼儿体会标识、文字符号的用途。向幼儿介绍医院、公用电话等生活中的常见标识,让他知道标识可以代表具体事物。结合生活实际,帮助幼儿体会文字的用途。如买来新玩具时,把说明书上的文字念给幼儿听,了解玩具的玩法。

(五) 注意儿童各方面能力的培养

经常和幼儿一起阅读,引导他们以自己的经验为基础理解图书的内容。引导幼儿仔细观察画面,结合画面讨论故事内容,学习建立画面与故事内容的联系;和幼儿一起讨论或回忆书中的故事情节,引导他有条理地说出故事的大致内容;鼓励幼儿自主阅读,并与他人讨论自己在阅读中的发现、体会和想法。

在阅读中发展幼儿的想象和创造能力。鼓励幼儿依据画面线索讲述故事,大胆推测、想象故事情节的发展,改编故事部分情节或续编故事结尾;鼓励幼儿用故事表演、绘画等不同的方式表达自己对图书和故事的理解;鼓励和支持幼儿自编故事,并为自编的故事配上图画,制成图画书。

引导幼儿感受文学作品的美。有意识地引导幼儿欣赏或模仿文学作品的语言节奏和韵律;给幼儿读书时,通过表情、动作和抑扬顿挫的声音传达故事中的情绪情感,让幼儿体会作品的感染力和表现力。

(六) 为幼儿终身发展奠定学习基础

鼓励儿童在写写画画的过程中体验文字符号的功能,培养书写兴趣。准备供幼儿随时取用的纸、笔等材料,也可利用沙地、树枝等自然材料,满足儿童自由涂画的需要。

鼓励幼儿将自己感兴趣的事情或故事画下来并讲给别人听,让幼儿体会用写写画画的方式表达自己的想法和情感。把幼儿讲过的事情用文字记录下来,并念给他听,使幼儿知道说的话可以用文字记录下来,从中体会文字的用途。

在绘画和游戏中做必要的书写准备。通过把虚线画出的图形轮廓连成实线等游戏,促进手眼协调,同时帮助幼儿学习由上至下、由左至右的运笔技能。鼓励幼儿学习书写自己的名字。提醒幼儿写画时保持正确姿势。

第三节　学前儿童语言教育活动的开展

学前儿童语言教育活动是有目的、有计划、有组织的教育活动,要围绕一定的目标,选择恰当的内容,按照一定的步骤开展。

一、学前儿童语言教育活动的基本内容

(一) 生活中的语言教育

学前儿童的语言运用能力是在日常生活中发展起来的,生活是幼儿语言学习的源泉。在幼儿园中,从幼儿早晨入园的问候、晨间谈话、盥洗、户外活动到幼儿离园时的道

别等各个环节都贯穿了语言教育内容。在宽松、愉悦的生活氛围中，幼儿能够注意倾听、理解和执行成人的指令性语言，学习运用礼貌性的语言与他人交往，明白怎样向他人表述自己的需求，怎样对他人提出的要求做出恰当的应答，这些内容都能够促进幼儿语言的发展。为此，教师要善于捕捉教育时机；注意自己文明、规范的语言示范；多为幼儿语言交流活动创造机会；给孩子提供展示自己语言能力的平台，充分发挥日常生活在幼儿语言教育中的作用。

（二）游戏中的语言教育

游戏是幼儿主要的活动方式，也是幼儿学习语言的重要途径，游戏为幼儿提供了相互交流的机会，蕴含着丰富的语言教育内容。在游戏中，幼儿可以借助于玩具自言自语，进行自娱或自我练习；游戏中，幼儿可以学习通过请求、协商等语言，解决与同伴在游戏内容、材料选择以及游戏规则制定方面出现的矛盾冲突。所以，教师要多为幼儿提供自主游戏的机会，使幼儿通过亲身体验，不仅练习、巩固、理解、运用已经习得的语言，而且积累创造性使用语言的经验。

（三）不同领域中的语言教育

语言不仅是幼儿重要的学习内容，也是幼儿开展学习的重要工具，在其他领域活动中，也发挥着重要的作用。在每个领域活动中，幼儿都要认真倾听教师布置的活动任务，理解活动要求，借助语言感知事物，理解事物之间的关系，才能完成活动内容，提高学习效率。因此，幼儿语言学习水平与各领域的学习效果是相辅相成的，教师要明确语言教育的重要性，随时结合不同领域活动，渗透语言教育的基本要求，增强幼儿语言学习的有意性和针对性，实现全语言教育的目的。

（四）专门性的语言教育

专门性的语言教育活动是遵循语言学习的基本规律和学前儿童学习的年龄特点，有目的、有计划开展的语言教育活动，主要包括以下内容：

1. 谈话活动

谈话活动是通过创设一定的口语交往情境，根据学前儿童已有的知识经验，围绕一定的主题，在教师的组织下，通过幼儿与教师、幼儿与幼儿之间相互交流想法和情感，形成一定认知，提升幼儿口头语言表达能力和理解能力的语言活动形式。

2. 讲述活动

讲述活动是儿童围绕一定内容，表达自己所见、所闻、所思、所想的语言活动，主要培养学前儿童语言表达的胆量，学习表达的方法和技巧，促进独白语言能力的发展。

3. 文学作品活动

文学作品活动是依托文学作品，为幼儿创设理解作品内容、体验作品思想情感、学习作品语言的活动气氛，从而促进幼儿对语言的全面学习。

4. 听说游戏活动

听说游戏活动是以游戏的方式进行的，以提高幼儿倾听与表达能力为目标的语言教育活动，具有游戏和活动的双重属性。

5. 早期阅读活动

早期阅读活动通过为幼儿创设学习书面语言的环境，鼓励幼儿阅读图书、画册，培养儿童阅读兴趣，初步理解书面语言，产生对阅读的敏感性，为学习书面语言打基础。

二、学前儿童语言教育活动实施的基本步骤

专门性的学前儿童语言教育活动是有目的、有计划、有组织地进行的，在实施之前要有周密的活动方案。学前儿童语言教育活动的基本步骤包括制定活动目标、确定活动内容、选择活动方法和组织形式、设计活动方案等几个步骤。

（一）制定活动目标

活动目标是活动的出发点，也是活动最后的归宿，还是衡量活动效果的基本标准。因此，目标制定得科学，才能保证语言教育活动沿着正确的方向，有的放矢地开展，才能收到良好的教育效果。语言教育活动目标的制定需要注意以下要求：

1. 活动目标的制定要着眼于学前儿童的发展

发展是幼儿身心有规律的量变和质变的过程，学前期是幼儿语言发展的关键期，抓住关键期进行科学的语言教育，会取得事半功倍的教育效果，这就是着眼于幼儿发展的目的所在。着眼于幼儿的发展要把握好儿童的两种水平，一是儿童现有的水平，二是幼儿即将达到的水平。着眼于现有的水平是指幼儿的语言教育要符合儿童的年龄特点、现有经验和实际水平，不能过低，也不能过高，否则就会影响幼儿语言学习的积极性。着眼于幼儿即将达到的水平是指语言教育活动要促进儿童语言能力的提高，通过语言教育活动的实施，帮助幼儿的语言发展到一个新的层次，否则就失去了语言教育的作用。

2. 活动目标的方向要与总目标、年龄阶段目标保持一致

语言教育的活动目标是语言教育总目标和年龄阶段目标的落脚点，活动目标要为总目标和年龄阶段目标服务，通过每个活动目标的落实，实现语言教育活动的年龄阶段目标和语言教育总目标。因此，活动目标既要以每一个年龄阶段幼儿语言教育目标为指引，还要有助于语言教育总目标的达成。

3. 活动目标的内容要包含情感、认知、能力三个维度

学前儿童语言教育活动目标在内容上要完整，应包含情感、认知、能力三个维度的要求。

情感目标反映的是幼儿在语言学习过程中所产生的相应的、积极的态度体验，这是学前期语言教育活动的重点，即引导幼儿愿意学习语言，乐于参加语言教育活动等。

认知目标反映的是幼儿在语言教育活动中对语言知识学习与经验收获的情况，即学到了哪些知识，有哪些方面的收获等。

能力目标反映的是幼儿通过参与语言教育活动所形成的语言理解能力和语言运用能力的情况，即学会了什么，能够做什么。

4. 活动目标的表述要具有专业性

活动目标的表述影响着活动方案设计的成败，也直接影响着活动效果的评价，因此活动目标的表述体现着教师从事学前教育工作的专业性。要表述好活动目标，应注意这几个问题：

第一,活动目标的表述要体现幼儿的主体地位,不是"通过语言教育活动让幼儿怎样了",而是"通过语言学习活动,幼儿自己学会了什么,明白了什么"。

第二,活动目标的表述要明确、具体,要陈述预期能够实现的效果,这样才便于观察和测量,在活动评价的时候有据可依。

第三,活动目标的表述要采用特定的术语,对不同维度的描述要符合维度内涵的基本要求,如表2-2所示。

表2-2 活动目标表述常用词汇

维度目标	表述用词
情感目标	喜欢、乐于、愿意、体验到、感受……
认知目标	知道、明白、懂得、了解、理解……
能力目标	能、能够、学会、掌握……

(二)确定活动内容

学前儿童语言教育的活动内容是实现语言教育目标的载体,是语言教育活动目标在活动中的具体化,恰当的语言教育活动内容,不仅有助于语言活动顺利开展,也是落实语言教育各层次目标的重要保障。活动内容的选择要以如下因素为依据:

1. 依据活动目标

活动内容是为实现活动目标服务的,所以活动内容的选择既要参照语言教育的总目标、各年龄阶段目标,更要紧扣具体活动目标,才能通过对活动内容的实施,实现各层次目标,最终收获良好的教学效果。

2. 依据幼儿经验

由于幼儿的年龄所限,生活和学习经验都比较匮乏,因此在学习内容的选择上要注意从儿童现有经验出发,难易适当。同时,注意与幼儿的日常生活紧密相连,才能保证幼儿语言学习的积极性和主动性。如小班幼儿不爱上幼儿园,教师围绕这个内容设计活动,幼儿不仅有相关的认识体验,还能获得相应的教育。

3. 依据社会资源

幼儿虽然年龄小,但也是社会的成员,对幼儿的教育不能脱离社会现实,所以,《纲要》明确要求:"活动内容的选择要善于从幼儿身边现有的教育资源入手",既反映幼儿生活地域的风土人情,也反映时代发展的基本需要。如2020年,一场突如其来的疫情闯入了我们的生活,幼儿的生活也受到影响,为此,徐州市某幼儿园老师创作了抗击新型冠状病毒的绘本故事《我是小战士》,用生动形象的内容,说明了在疫情严峻的情况下,为什么不能出家门,为什么不能去找小伙伴,到底发生了什么事情。通过学习,儿童不仅了解了病毒的相关知识,学会了日常防护的方法,也表达了对一线"抗病毒战士"的敬意,活动收到了意想不到的效果。

4. 依据幼儿兴趣

兴趣是学习之母,是学习的内在动力。幼儿年龄小,注意的稳定性比较弱,自我控制能力也较差,对感兴趣的事物,探索的积极性和主动性高,注意稳定的时间长。所以,活动内容的选择要新颖有趣,才能帮助幼儿在活动中积累学习体验,为发展终身学习兴趣奠定基础。

(三)选择活动方法和组织形式

俗话说:"工欲善其事,必先利其器。"确定好了活动内容,就要根据内容选择恰当的方式和方法,才能确保语言教育活动顺利实施。开展语言教育活动常用的方法有:榜样示范法、讲授法、谈话法、直观演示法、多媒体教学法、游戏法、练习法、观察法、实验法、表演法等。方法的选择要因不同幼儿、不同内容、不同情境而定,所谓"教育有法,教无定法,贵在得法",同时还要根据活动目标、活动内容、幼儿的能力特点与发展水平确定活动的组织形式,如集体活动、小组活动或是个别活动等形式。

(四)设计活动方案

活动方案就是为顺利而有效地开展语言教育活动,根据活动目标及幼儿的实际情况,对活动内容、活动方法、组织形式以及活动的各个环节,以书面语言的形式进行具体设计和安排。虽然活动方案体现了语言教育活动的指导思想和基本理念,包含了整个活动进行的基本思路,指引了活动实施的基本方向,但也要具有开放性,注意适当留白,以便为教育活动中创造性、生成性的活动留有余地。一个完整的活动方案一般包括如下部分:

1. 活动名称

活动名称就是给活动起的名字,要言简意赅,符合幼儿年龄特点和领域活动特点,主要由活动类型、年龄阶段、具体内容等部分构成,一般按顺序表述为:年龄班+活动类型+活动内容,如小班诗歌活动"快乐的小雨点"。

2. 活动目标

活动目标是指通过本次活动,要实现的基本要求。要从幼儿的角度,根据对活动目标阐述的基本要求,从情感、认知、能力三个维度撰写。

参考案例

小班诗歌活动:小风车

【活动目标】

情感目标:感受到玩风车的乐趣,愿意表达玩风车的体验。

认知目标:理解儿歌表达的含义,学会"跑""转""慢"等词的使用。

能力目标:能有节奏地朗诵儿歌,并对儿歌进行仿编。

附儿歌:小风车,真好玩。

我一跑,它就转。

跑得快,转得快,
跑得慢,转得慢。
转呀转,转呀转,
春风跟着风车转。

3. 活动准备

学前儿童语言教育活动是学前儿童在与教师、同伴、活动材料相互作用的过程中主动发展的过程,因而任何一次活动,都必须根据活动目标、活动内容的要求,认真做好准备。活动准备主要包括经验准备、物质准备和环境准备。活动准备是否完备,会影响活动的质量,活动材料可以由教师准备,也可以教师、幼儿、家长共同准备。

(1) 经验准备

经验是指学前儿童为了完成本次活动所应具备的知识储备和经验基础。幼儿的学习、发展是一个连续的、渐进的、螺旋上升的过程,因此,教师在组织活动前都要反复"思前""想后",使前行活动为后续活动的开展做好基础和铺垫,后续活动能够对前行活动进一步发展和升华。只有重视幼儿的经验准备,才能不断引导幼儿在原有基础上建构新的经验。如中班散文欣赏活动"春天的颜色",经验准备就是幼儿曾经观察过春天各种植物的颜色。

(2) 物质准备

物质准备是对本次活动所需要的教具、学具、操作材料等的准备,也包括出示时间、出示方式、出示方法的思考。物质准备做得好,可以保障活动目标的顺利达成。因此,物质准备要在面向全体的基础上,尊重每个幼儿的想法、经验和创造性的理念,给幼儿选择的权利,满足不同水平和兴趣的幼儿的需要,使活动更加生动。

(3) 环境准备

环境准备是指要根据活动的特点和要求,为活动的顺利开展营造有准备的语言活动环境。通过环境的创设、物品的摆放、多媒体手段的运用、教师充满激情的语言等,为语言活动的开展提供温馨的、开放的、宽松的学习环境,激发幼儿"愿意参加""乐于参加"语言活动的强烈愿望。

4. 活动过程

语言教育活动过程一般包括开始部分、基本部分和结束部分三个环节。

(1) 开始部分

良好的开端是成功的一半,头开得好,有助于幼儿迅速集中注意力,进入学习状态,因而开始部分是语言教育活动的重要环节。开始导入活动的方式有很多,教师可以采用儿歌、谜语、谈话、提出问题、设置悬念、情景表演、播放动画片等方式进行,但是无论采用哪种方式,都要有新意、有创意,有助于迅速调动幼儿参与活动的积极性和主动性,为活动的顺利开展做好铺垫。

(2) 基本部分

基本部分是教学活动的核心部分,是活动的主体,对基本部分的思考要全面,活动方案撰写要详细,力求内容科学丰富、步骤层次清晰、环节承上启下、时间分配合理。《纲要》指出:"语言教育活动是听、说、读、写、观察、表演、思维、想象、操作等行为的整合",因而组织形式也各具特色。不同类型的语言教育活动具有特定的结构和模式,如听说游戏活动要先交代游戏规则,再示范游戏的玩法,然后进行自主游戏。但无论哪种类型的活动,教师都要抓住活动的契机,挖掘儿童各方面的潜能,引导和支持幼儿从活动的不同角度进行探索,促使儿童获得丰富的活动体验,提升儿童语言运用的基本能力,实现活动的最终目标。

(3) 结束部分

结束部分是活动的最后环节。俗话说:"编筐编篓,全在收口。"良好的结尾可以起到画龙点睛的作用。或设置悬念,激发进一步探索的积极性;或总结活动内容,形成对活动美好的回忆;或自然而然地把幼儿带入新的学习情境⋯⋯总之,活动结尾也要体现艺术效果,引导幼儿在简洁明快、生动有趣的活动中,产生意犹未尽的学习效果。

5. 活动延伸

活动延伸是在语言教育活动结束后,教师把幼儿意犹未尽的感觉拓展到其他活动中,体现语言教育全面渗透的教育理念,促进语言教育目标更好地实现。活动延伸的角度有很多,教师可以结合具体的教育目标、幼儿的学习状态或实际需要灵活地把活动拓展到家庭生活、其他领域、一日生活、环境创设、区角活动、自主游戏当中。

参考案例

中班散文活动:春天的颜色

【活动延伸】

1. 延伸到艺术领域:用自己的画笔描绘出春天的颜色。
2. 延伸到阅读区域:阅读发生在春天的故事。
3. 延伸到科学领域:结合"美丽的春天""神秘的大自然"等主题开展活动,感知春天的天气特点,产生探索天气的兴趣。
4. 延伸到健康领域:学习春天应该怎样保护自己的身体,怎样进行体育锻炼。
5. 延伸到社会领域:寻找家乡春天美丽的景色,以及人们在春天愿意做的事情。

6. 活动反思

活动结束后,要对活动的整体效果进行反馈、诊断和评价,发现自己在活动中的闪光点,反思活动过程的不足之处,从而形成对所开展活动的完整认识。美国学者波斯纳提出教师成长的公式是"成长=经验+反思"。经验需要经历,不能走捷径,而把每一次经历都进行反思,无疑可以提高成长的效率。所以叶澜教授说:"一位教师写一辈子活动方案不一定成为名师,如果写三年活动反思可能成为名师。"因此,进行反思是语言教

育活动必不可少的环节,活动反思可以围绕以下内容进行:

(1)活动目标的定位是否正确?目标是否清晰、可操作?活动有没有达成预定目标?

(2)活动准备是否充分?活动材料是否有助于幼儿的学习?

(3)活动的内容、方式、过程、环境是否切实可行,行之有效?是否调动了幼儿学习的主动性?体现在哪些地方?

(4)教师的提问是否有效?是否关注了幼儿的个别差异?是否促进了每一位幼儿的发展?

(5)活动中有无教育机智的体现?幼儿的活动有无创新之处?

(6)活动成功之处在哪里?因为做了什么取得了成功?不足之处在哪?是什么原因导致的?如果再次组织这个活动应该怎样设计?

活动必须有反思,没有反思就没有成长,而反思贵在持之以恒,"不积跬步无以至千里",长期坚持,势必会使设计与组织活动的能力发生质的变化,逐渐成为一名优秀的学前教育工作者。

课后任务

自主学习任务:

1. 简述学前儿童语言教育遵循的基本原则。
2. 简述小、中、大班语言教育的年龄阶段目标。
3. 简述学前儿童语言教育活动目标确定的依据。
4. 简述专门性的语言教育活动的主要形式。
5. 论述学前儿童语言教育目标制定的基本要求。
6. 结合自己的认知谈谈如何理解学前儿童语言教育的总目标。

合作学习任务:

1. 以小组为单位,合作完成《指南》中语言领域活动目标的解读。
2. 以小组为单位,研读一份优秀的语言活动方案。

主题三 幼儿园讲述活动的设计与组织

学习目标

情感目标：明确讲述活动对促进幼儿语言表达能力的重要意义。

认知目标：理解幼儿园讲述活动的基本含义和特点，了解幼儿园讲述活动的不同类型并能灵活运用于不同的活动之中。

技能目标：能够针对不同年龄阶段幼儿身心发展特点设计并组织实施讲述活动。

学习任务单

1. 完成主题资源的阅读和观看

文本资源：

（1）《讲述活动的提问艺术》

（2）《在讲述活动中发展幼儿的独白语言》

（3）《中班幼儿看图讲述特点的个案研究》

视频资源：

（1）大班讲述活动"身体里的洞"

（2）中班讲述活动"房子"

（3）大班讲述活动"农味飘香"

2. 完成主题三学习导图的绘制

相关资源

学习资讯

> 你有一个苹果，我有一个苹果，我们相互交换苹果，每人仍然只有一个苹果。然而，你有一种思想，我有一种思想，我们彼此交换思想，那我们将同时拥有两种思想。
>
> ——萧伯纳

第一节 幼儿园讲述活动概述

3岁以前,幼儿多以口头语言的对话形式与成人交流,随着幼儿生活经验的积累、词汇量的增加、独立意识的增强,加之离开家庭走进幼儿园开始独立生活,其产生了与成人及同伴表达自己体验、想法的愿望,于是他们已经不满足于对话的零散表达,更希望能连续、完整、清晰地表达一件事情,讲述活动也正是迎合了幼儿身心发展的需求,不断给儿童创造表达的机会,促进其语言能力的发展。

一、幼儿园讲述活动的内涵

讲述活动是借助或运用命题性的材料,培养幼儿独立构思和表达能力的语言教育活动。命题性讲述的内容范围就是要按照题目的要求来讲,相当于中小学的命题作文。在讲述过程中,幼儿有机会学习在集体面前独立讲述自己的想法,把一件事、一个物体、一个人或一个道理讲清楚。因此,讲述活动以培养儿童独立构思和完整连贯表述一定内容的语言能力为基本目的,它给幼儿提供了一个"想说、敢说、喜欢说"的平台,以及参与命题性质的实践机会,培养了幼儿的观察、分析能力,促进幼儿语言组织能力、语言表达能力和调适能力的发展,使幼儿的语言表达水平从易到难、从简单到复杂、从单一到丰富,它是训练幼儿独白语言的最佳途径和主要活动方式,是发展儿童口头语言的一种重要组织形式,在幼儿园语言教育中占有重要地位。

二、幼儿园讲述活动的特点

(一)具有一定的凭借物

凭借物指讲述活动中教师为幼儿准备的或儿童自己参与准备的图片、实物、情境等,通过凭借物给儿童划定讲述的中心内容,使他们的讲述语言具有明显的指向性。学前儿童的经验和表象积累不足,不能完全凭借记忆进行讲述。凭借物对幼儿讲述有提示作用,且能让幼儿有明确的讲述范围,否则幼儿讲述过程中可能会因记忆中的经验不够而无法达到讲述要求,或因集中注意搜索记忆中的经验而忽视讲述内容的组织与表达。同时,讲述活动是一种集体参与的活动,明确的凭借物可以让所有参与的幼儿都能集中注意力,使活动中心明确。

(二)需要相对正式的语境

语境即语言的情境。讲述活动为幼儿提供了一种较正式的语言运用场合,它要求幼儿在正规的场合,用规范的语言大胆地表达自己的认识和观念。这种规范主要表现在两方面:一是语言规范。幼儿在语言表达上所用的词句,要尽量正确、准确,讲述的内容具有一定的逻辑性。二是环境规范。说话的环境影响说话的方式和内容,讲述活动旨在培养儿童在正式场合的语言表达能力,这是一种规范的语言训练。

(三) 运用独白语言

独白语言是在没有他人引导或帮助的情况下讲述某个事件、事物或看法时使用的语言,这种语言具有两个特点:一是在句子的使用上,会使用更长、更加书面化、逻辑性更强的句子;二是词汇的使用上,会使用更多形象、生动、准确的词汇。讲述过程通常是一个人讲给多个人听,不是通过回忆复述他人的话,而是根据自己对讲述对象的理解讲述自己的想法。对同一个讲述对象,幼儿的理解不同,讲出的故事不仅在内容上不完全相同,其讲述的方法、使用的语言也不一样,信息的交流具有单向性。幼儿在讲述活动中不能像谈话活动中那样自由地交谈,要慎重考虑所要讲述的内容,如需要先说什么、后说什么、怎么说。

(四) 需要调动多种能力

讲述活动不能有较大的随意性,在讲述之前幼儿需要完整仔细观察凭借物,根据生活经验联想、理解、记忆一些相关的情节和内容,利用思维进行构思和组织语言,然后用完整、连贯的语言将内心的感受和体验表达出来。所以,讲述活动需要幼儿动用自己的观察力、注意力、记忆力、思维力和想象力,对幼儿思维的独立性、条理性和逻辑性给予初步的培养和训练。成功的讲述需要经历"感知理解讲述对象——寻找连接不同内容之间的可能线索——按照确定的线索编构讲述的内容——选择合适的语言进行表达"等过程,中间的两个环节就是构思的过程,构思水平与儿童的思维发展直接相关。

第二节　幼儿园讲述活动的类型

幼儿园讲述活动有多种表现形式,依据不同的标准,可以划分为不同类型。

一、根据讲述对象分为四种类型

(一) 图片讲述

图片讲述是指教师启发幼儿在观察、理解图片的基础上,根据图片提供的线索,运用恰当的语句和完整、连贯、有条理的语言表达意图的一种教学活动。图片讲述可以重点发展幼儿的叙事性语言和描述性语言。教师提供的图片可以是印刷出版的,可以是自己绘制的,可以是半成品边讲边绘制的图画,可以由儿童画图后讲述,也可以是幼儿生活的照片、幼儿喜爱的漫画等。选择图片的内容应主题健康,符合时代要求,有助于促进幼儿健康成长。根据讲述中的不同应用,又可以分为看图讲述、排图讲述、拼图讲述和绘图讲述。图片是静止瞬间的平面的具体画面,在指导幼儿讲述时,需要帮助他们联想图片之外活动的形象和连续的情节,使讲述变得生动、形象、逼真。

（二）实物讲述

实物讲述是以生活中的实物作为讲述对象，包括真实的物品、玩具、教具、动植物、日常生活用品和外在的自然景物等。实物讲述重点发展幼儿两种类型的语言，即说明性语言和描述性语言。说明性语言是指在观察实物后，要求幼儿用简单明了的语言将实物的外形、基本特征、用途、使用方法等多方面内容清楚地描述出来，说明性的语言不必过多、过于花哨，但一定要清楚明了、重点突出。

（三）情境表演讲述

情境表演讲述是指幼儿在对现场某一情境表演（或录像）内容进行仔细观察和理解之后进行的讲述。表演可以是放的一段录像，可以是真人表演，也可以是木偶表演等。情境表演是通过不同角色的行为，连续地把事情发生发展的情节表现出来，给人一种真实感。它要求幼儿在观看表演时集中注意进行观察，记住事件中的人物和情节，并运用自己的思维和想象充分感受人物内心情绪情感的变化，然后用准确的语言把表演的情节、对话、发生发展和结果表述出来。情境表演具有现场效应和直观性强的特点，能够有效地吸引幼儿的注意和兴趣，刺激幼儿讲述的欲望，活跃教学活动的气氛，缺点是前期准备较为复杂。情境表演讲述重点发展幼儿的叙事性语言和描述性语言，也可发展议论性语言。

（四）生活经验讲述

生活经验讲述是幼儿根据已有的生活经验，讲述自己生活中所经历的或见过的、具有深刻印象或感兴趣的事情的一种语言教育活动。在生活经验讲述中，要求幼儿将零散、片段的生活感受组织成有条理的言语表述，能激发幼儿感受和理解社会生活、了解人与人之间关系的热情，同时也是对儿童记忆力、思维力和语言组织能力的检验，如"我高兴的一件事""我喜欢的六一儿童节"。因此，生活经验讲述一般适合在中班以上的年龄班进行。

二、根据讲述内容的体裁分为四种类型

（一）叙事性讲述

叙事性讲述是指用口头语言把人物的经历、行为或事情发生、发展和变化讲出来。一般需要讲清楚时间、地点、人物、事件和原因，在叙述的顺序上，幼儿可采用时间顺序和地点顺序；在叙述语言上，开篇可采用"从前""有一天"等表示时间的词汇；在叙述过程中，可采用"然后""后来"等连接词连接讲述内容；在叙述的结尾会用"终于""最后"等总结词。大班幼儿在讲述时往往会加入人物的情绪、心理状态或对话。

（二）说明性讲述

说明性讲述主要是指向静态的事物，说明和解释事物的形态、构造、特性、功能、关系等。简洁明了但又准确的语言使用是说明性讲述区别于叙事性讲述的重要特征。简洁明了意味着说明性讲述使用的语言简洁平实、通俗易懂；准确是指讲述使用的语言能

够如实地反映事物的特征、本质,准确无误地呈现时间、空间、数量、范围、程度、特征、性质等,保证语言内容的科学性。幼儿接触和使用最多的是日常对话和叙事性语言,但并不表明他们没有接触和使用说明性语言。当父母向幼儿介绍玩具的新玩法时,当教师带幼儿参观动物园、走访邮局时,当教师向儿童介绍游戏规则、折纸方法时,儿童其实已经在接触说明性语言了。

(三)描述性讲述

描述性讲述即通过语言描述,把人物的状态、动作或物体、景物的性质、特征等内容讲述清楚。重点让幼儿尝试使用具体、生动、形象的词语说话,同时学会抓住事物的主要特征进行描述。例如,讲述"春天的油菜花",要求幼儿描述春天田野里的一片油菜花,并把油菜花的形状、颜色、用途具体形象地表达出来,给人一种美的感受。如讲述"××的照片"时,要求幼儿具体描述照片上的人是什么样的、正在干什么、他们的表情如何、自己看了照片之后的感觉等。

(四)议论性讲述

议论性讲述即通过摆事实、讲道理来说明自己赞成什么或反对什么,并对问题进行分析和评价。议论性讲述需要学前儿童有一定的逻辑思维能力。逻辑思维是在感性认识的基础上,通过概念、判断、推理来揭示事物的内在联系和本质特征的过程。在学前阶段,幼儿受思维水平的限制,一般议论性的问题是通过谈话活动进行,很少进行议论性的讲述,例如,"男孩好还是女孩好""喜欢夏天还是冬天""当大人好还是小孩好"等。

虽然根据不同的标准将幼儿园的讲述活动分为不同的种类,但在现实生活中,不同种类的讲述活动可以概括为常用的两种形式——叙事性讲述和说明性讲述,幼儿园的讲述活动通常通过这样两种形式实施。

第三节 幼儿园讲述活动的基本过程

讲述活动的类型多种多样,但它们共同的目的都是让儿童学会有序、完整、连贯地讲述一件事情。因此,在设计和实施讲述活动时,教师往往用谈话、实物教具、语言描述、直接请儿童欣赏图片等方式引出讲述主题,激发儿童讲述的兴趣。讲述活动大致遵循一个相对稳定的结构程序。

一、感知、理解讲述对象

感知、理解讲述对象主要是通过观察进行。观察是指通过各种感官获取讲述对象的信息。不同类型的讲述活动,需要动用不同的感官对讲述对象进行直接的感知和理解,如进行实物讲述时,更多需要触觉的参与;讲述不同物体声音时,更多需要听觉参与。教师要引导幼儿学会观察讲述对象的顺序和方法,幼儿对讲述对象的观察越全面、越仔细,就会讲述得越准确、越生动。

二、运用已有经验进行讲述

在幼儿感知、理解讲述对象的基础上,教师可以调动幼儿的积极性,结合以往的经验进行讲述。这一阶段是幼儿自由发挥讲述能力的阶段,教师应为幼儿提供足够的时间和机会,让幼儿去感受独立构思、组织和表达语言的过程,从而训练和发展自己的语言表达能力。集体实施讲述活动时,讲述的形式可以多样化,例如:

分组讲述——小组成员轮流讲述,每个幼儿都有锻炼的机会。

个别讲述——请个别幼儿在集体面前大胆讲述。

自由讲述——幼儿各自按照自己的思路对着假想角色或邻座同伴进行讲述,在幼儿自由讲述过程中,教师只是一个倾听者和发现者,发现幼儿讲述的闪光点和存在的问题。

三、引进新的讲述经验

引进新的讲述经验是讲述活动最重要的环节。教师应根据教学活动目标,引导幼儿获取新的讲述经验。新的讲述经验即指讲述活动的核心经验,包括讲述语言、讲述内容、讲述结构和体验到的讲述语境,我们将在第四节进行学习。

四、巩固和迁移新的讲述经验

教师在引进新的讲述经验后,还需要给幼儿提供实际操作新经验的机会,使这些经验能够真正变成幼儿自己的经验。这一活动环节,教师要注意跟进幼儿的生活经验,捕捉他们感兴趣的话题进行迁移,也可以把这一环节作为活动的延伸。巩固和迁移新的讲述经验主要有三种方式:

1. 由 A 及 B

当幼儿学习了一种新的讲述经验 A 后,教师给儿童提供同类内容的讲述对象,让幼儿用这种新的讲述经验去讲述 B。

2. 由 A 及 A

在教师示范新的讲述经验并帮助幼儿厘清思路后,让幼儿尝试用新学习的讲述经验 A 来讲同一对象 A。

3. 由 A 及 A1

教师可以在原讲述内容 A 的基础上,提供一个扩展或延伸原内容 A 的讲述机会。

第四节 幼儿园讲述活动的核心经验

《纲要》将幼儿讲述发展的目标描述为"能清楚地说出自己想说的事",并在"内容与要求"中进行了更加具体的解释:"大胆、清楚地表达自己的想法和感受,尝试说明、描述简单的事物或过程。"《指南》在"倾听与表达"的目标2"愿意讲话并能清楚地表达"中对各年龄阶段幼儿讲述能力的发展提出了期望。

结合《纲要》和《指南》可以发现,对幼儿讲述能力发展的要求或期望主要体现在以下三个方面:一是讲述内容的复杂化和多样化,从开始说别人告诉自己的内容,逐渐发展到说自己的事,最后说清楚一件事;二是讲述的形式上要求更高,从清晰表达,发展到完整和连贯,最后发展到有序;三是讲述语言逐渐文学化和书面化,在大班的时候要求能够使用生动、形象的语言。

为了使不同年龄阶段的幼儿语言表达能力获得相应的发展,无论是叙事性讲述还是说明性讲述,无论是看图讲述还是实物讲述,教师在实施讲述活动时,都应针对不同年龄阶段儿童的特点给予相应的核心经验的侧重训练。讲述活动的核心经验概括为四个方面:讲述内容、讲述结构、讲述语言、讲述语境。

一、讲述内容

讲述内容指讲述的凭借物所包含的基本要素。《指南》中对幼儿讲述内容的要求是"完整",即讲述内容要素齐全。

叙事性讲述活动中,讲述内容要素包括时间、地点、人物(人物的动作、表情、心理状态,人物之间的关系、对话等),以及事件的起因、经过、结果和背景等要素。说明性讲述是以实物为对象的讲述,其要素包括实物的外形特征(颜色、形状、味道等)、功能和用途、构造、类别等;人物描述的说明性讲述要素包括人物的年龄、身高、职业、爱好、衣着服饰、外貌特征,尤其是面部特征等;想法、观点陈述的说明性讲述要素包括想法或观点的介绍、具体含义、原因等。

讲述内容是讲述活动中要求比较低的核心经验,涉及的是凭借物的显性的、直观的外在特征,适合小、中班幼儿的认知水平,所以对于小、中班幼儿,应重点发展他们观察讲述对象的能力,丰富讲述内容。随着幼儿年龄的增长,幼儿在讲述中逐渐关注凭借物的多方面因素,也关注一些隐性的、抽象的要素,如叙事性讲述中关注人物之间的关系、情绪、对话、想法等,在说明性讲述中关注爱好、个性、原因等内容要素。教师要让幼儿掌握这些要素,可以用提问或插问的方式引导儿童一起讨论新的讲述内容;可以从某一个幼儿的讲述内容入手,与幼儿一起分析他的讲述内容是否完整、全面,在讨论达成一致意见的同时,幼儿也学习了新的讲述经验。

二、讲述结构

讲述结构是指讲述内容的组织方式,这种组织形式是幼儿观察、思考了讲述对象后,组织讲述内容的顺序体现出来的。《指南》中对幼儿讲述结构的要求是4—5岁能"连贯"地讲述,5—6岁时能"有序"地讲述。"连贯"和"有序"就是对幼儿讲述结构的要求。

叙事性讲述的结构主要是关注不同画面或内容之间线索的变化,如人物线索、地点线索、时间线索和事件线索等,并根据这些线索的变化,按照一定的结构来组织不同画面之间的内容。

说明性讲述的内容之间一般情节性不强,甚至没有情节性,且讲述对象往往是单一的事物,如人、物体或想法等。说明性讲述内容的组织一般有三种顺序:一是空间顺序,包括从上到下、从近到远、从外到里等,主要用来说明对象的空间特征,如大小、形状、构造等;二是时间顺序,根据事物生长变化的顺序来组织内容,如讲述动物或植物的生长变化;三是逻辑顺序,主要根据观点或想法的逻辑关系来讲述,如先说观点,然后举例子,或者先举例子,再总结归纳。

讲述结构这一核心经验的发展特点主要表现为讲述结构意识性和稳定性的逐步发展。小、中班的幼儿还不具备讲述结构的意识,看到什么就说什么或者想到什么就说什么。随着年龄的增长或者通过教师的提示,幼儿逐渐能够意识到讲述的结构,但讲述过程中稳定性不够,有时会脱离讲述结构,导致逻辑性混乱。一般讲述要经历"感知理解讲述对象→在教师引导下进行讲述→分组边操作边练习讲述→拓展讲述经验(借助新情境讲出新的故事情节)"等阶段。

三、讲述语言

讲述语言是指幼儿在讲述活动中对词汇、句子的运用。词汇、句子非常重要,犹如作家冰心的比喻,她认为,占有词汇就是自己的"存款","存款折上的财富越多,手头就越宽裕,用起来就得心应手,非常方便"。讲述使用的是独白语言,要求句子长度、句式结构、使用的词汇等规范、准确。《指南》中对3—4幼儿讲述语言的要求是"口齿清楚",对5—6岁幼儿讲述语言的要求是"能使用常见的形容词、同义词,语言比较生动"。

叙事性讲述中,情节之间有对话、人物表情、心理状态等内容要素,因此讲述时会使用较多的动词、名词、形容词,同时也会使用大量的虚词,如连词、拟声词等。教师要特别注意分析某一叙事性讲述活动中最能凸显出来的词汇是哪一类,这类词汇在叙事过程中的具体表现内容是什么。如讲述活动"大象救小兔"中,大象施救的过程连续用了"伸长""翘起""架起"三个动词,教师可以通过讲述活动引导幼儿理解和掌握这些词的用法。叙事性讲述的不同情节之间有些会有相同的内容结构,在讲述时可以使用相同的句式,如"有的……有的……""因为……所以……"等关联词,有助于幼儿学习使用复合句。说明性讲述要求幼儿准确地描述所讲述的内容,使用的词汇要准确、规范、书面化,词汇的情感色彩不浓。在说明性讲述中,幼儿往往会使用并列复合句来全面地描述讲述对象,使用因果复句、假设复句等来陈述观点或想法。

在叙事性讲述中,幼儿在讲述语言这一核心经验的发展特点主要表现为:词汇从白描走向生动,句子从简单走向复杂。小、中班幼儿叙事的语言往往是白描式的,使用的句子很短,句子主要是动宾结构。大班幼儿不仅会使用大量的动词,还会加上副词来形容动作,并且开始使用多种类型的复合句,且句子结构完整。在说明性讲述中,儿童讲述语言这一核心经验的发展主要表现为从生活化逐渐走向规范化,从笼统发展到具体,逐渐使用恰当的复句形式辅助自己表达。

四、讲述语境

讲述语境就是讲述场合中的各种主客观因素。幼儿园的讲述活动为儿童提供了独立构思和清楚、完整表述的场所,幼儿需要一个人面对老师或众人连贯地将内容讲述完整、清楚,这就需要幼儿在讲述之前构思好自己的讲述内容,克服在众人面前讲述的羞怯或胆怯心理,并考虑听众的接受特点。《指南》中对讲述语境清晰度的要求随着幼儿年龄的增长逐渐提高,对 4—5 岁幼儿的期望是"能根据场合调节自己说话声音的大小";对 5—6 岁的幼儿的期望是"敢在众人面前说话""能依据所处情境使用恰当的语言""能根据谈话对象和需要,调整说话的语气",这些都是对儿童感知讲述情境、调整自身语言的要求。

在叙事性讲述活动中,讲述语境这一核心经验主要表现为幼儿能在叙事的时候通过语气把事件中人物的情绪、状态表现出来,同时还要学会根据听众的年龄特征来调节说话的内容和形式,使听众能理解、接受,如观察听众的表情是困惑、赞许还是喜欢等。由于各种场合下的语言表达方式是不同的,如开会的语境、教学的语境、演讲的语境等,也要求幼儿学会根据语言环境的变化来调节语言表达方式。说明性讲述活动中,讲述语境这一核心经验主要表现为儿童能够根据讲述对象的接受特点使用不同的词汇,并且使用一些辅助手段,丰富自己的讲述内容。

讲述的四个核心经验对幼儿认知能力的要求是不一样的。一般来说,讲述内容要求的认知水平较低;讲述结构和讲述语言所需要的认知能力稍高,需要幼儿更加有意识地归纳、总结和使用;讲述语境的要求最高,需要幼儿具备较好的心理准备能力、语言表达能力和逻辑组织能力。

不同核心经验对认知水平要求的高低构成了学前阶段对幼儿讲述能力发展要求的阶梯,符合《指南》中对不同年龄段幼儿语言表达水平的要求。因此,在开展讲述活动的过程中,教师要根据幼儿年龄和认知发展水平,确定在相应年龄段重点发展的讲述核心经验及其类型。如小班重点放在讲述内容这一核心经验上;大班则要求幼儿能够按照一定的结构,使用恰当的语言进行讲述,重点放在讲述结构和讲述语言上。当大班幼儿在讲述内容、讲述结构和讲述语言上都达到了较高水平后,教师就可以考虑促进幼儿讲述语境这一核心经验的发展了。

参考案例

中班看图讲述活动：小熊种萝卜

【活动目标】

1. 理解故事内容，知道萝卜的生长过程。

2. 能根据图片内容用自己的话大胆讲述，丰富词汇"黑乎乎""水灵灵""绿油油""红通通"。

3. 学习小熊乐于分享的好品质。

【活动准备】

物质准备：图片（小熊撒种子、嫩苗、叶子、小猫、小兔、萝卜），实物种子一包。

经验准备：幼儿在生活中认识萝卜，吃过萝卜。

环境准备：墙面上布置正在生长中的植物。

【活动过程】

一、谈话导入，引出主题

教师：今天，赵老师给中二班的小朋友带来了一个好听的故事，故事里有谁呢？里面有一只可爱的小熊，那我们一起来和小熊打个招呼吧！看，这又是什么呢？种子是什么样子的？（黑乎乎，拿出实物种子给小朋友看）小熊和种子之间发生了什么故事呢？

二、感知理解图片

1. 出示小熊撒种子的背景图片。

教师：看，小熊做了什么事情呢？（把种子撒在了菜园里）

教师：小熊撒完了种子心情怎么样？我们来学一学它的样子！

教师：小朋友还看到了什么呢？

教师：他想告诉小老鼠什么呢？

教师：原来呀，小熊捡到了一包种子，它把黑乎乎的种子撒在了菜园里，小熊真开心，他想，我要请小老鼠来看看！

2. 出示嫩苗图片。

教师：一个月过去了，谁来了？

教师：它看到了菜园里的什么呢？（嫩苗）哪来的嫩苗？我们用一个好听的词夸一夸它吧！（水灵灵）

教师：如果你是小老鼠，你会对小熊说什么呢？

教师：小熊听了很开心，他会想什么呢？他会请谁来看看呢？（幼儿先猜测，最后揭晓图片）

教师：那我们一起说一说这幅图吧！

3. 出示小猫图片。

教师:谁来了呢?

教师:它看到了菜园里的什么呢?(叶子)什么样的叶子?我们用一个好听的词夸一夸它吧!(绿油油)

教师:如果你是小猫,你会对小熊说什么呢?

教师:小熊听了很开心,它会想什么呢?它会请谁来看看呢?(幼儿先猜测,最后揭晓图片)

教师:谁来把这幅图说一说呢?

4. 出示小兔图片。

教师:谁又来了?

教师:它看到了菜园里的什么呢?(萝卜)什么样的萝卜?我们用一个好听的词夸一夸它吧!(红通通)

教师:如果你是小兔,你会对小熊说什么呢?

教师:原来小熊种的是萝卜呀!萝卜成熟了,它们会怎么做呢?

教师:那我们一起来拔萝卜吧!

5. 出示萝卜图片。

教师:看,最后怎么样了呢?萝卜拔起来啦,好开心啊!

三、幼儿运用已有经验进行讲述

教师:这个故事真好听,故事里的小熊种了很多萝卜,还请了好朋友一起分享,那我们给这个故事取一个好听的名字吧!

教师:好听的名字,好听的故事,让我们一起来讲给小熊听一听吧!

四、图片展示萝卜的生长过程,引进新的讲述经验

教师:原来啊,小熊种了这么多萝卜,萝卜是怎么长大的呢?谁来说一说?

五、活动延伸

教师:这只可爱的小熊真是太棒了,它有了好吃的,是怎么做的呢?那我们小朋友会怎么做呢?我们把这个好听的故事也分享给爸爸妈妈吧。

实训活动

实训1 小班讲述活动的设计与组织

实训目标:学会根据小班幼儿的年龄特点和语言发展规律,设计和组织小班讲述活动。

一、小班讲述活动内容的选择

小班幼儿的讲述活动主要以看图讲述和叙事性讲述为主。主题选择要求与幼儿在

时间和空间相近、关系直接、幼儿有切身体会、有话可说的凭借物。例如,周一讲周末的经历,讲自己喜欢的玩具或动物,讲爸爸妈妈或爷爷奶奶等。小班幼儿的看图讲述往往选用单幅图或最多不超过 4 幅图。图片和情境主题明确,线索单一,角色不宜太多。画面中角色的动作、神态、表情明显,背景简单,色彩鲜艳,主要突出人物和事件特征。实物讲述对象所隶属的概念范畴应考虑幼儿的概念掌握水平和分类水平。一般来说,小班幼儿所讲述的实物应是具体概念,如小鱼、小兔等。

参考案例

小班看图讲述活动:小动物联欢会

【活动目标】

1. 学习重点观察图片上动物的动作,理解图片的内容。
2. 初步学会用简略的句子讲述图片内容,丰富词汇。
3. 感受与同伴在一起开联欢会的热闹气氛,能愉快地进行讲述。

【活动准备】

1. 大森林背景图一幅,小动物小图片多幅。
2. 情景布置:树、花、草等背景板,大象、小鸭、蝴蝶、小狗头饰各 6 个。

【活动过程】

1. 激发幼儿兴趣,引出讲述内容。

教师:今天森林里开联欢会,许多小动物都来了,有谁? 它们在干什么? 请把你看到的告诉小朋友和老师。

幼儿自由结伴,一边听着音乐一边看图片,自由交谈。教师观察幼儿情况,聆听幼儿谈话,并做适当的辅导。

2. 感知理解图片内容。

(1) 看完整的大图片,学习讲述。

教师:刚才你们看见了哪些动物? (听音乐回座位,请个别幼儿回答)

教师:这是什么地方? (森林)

(2) 插入小动物图片,学习简略句。

教师:谁? 在干什么呢? 引导幼儿学习句子:谁在干什么。如小兔在跳舞,公鸡在拍皮球,小鸡在吃虫。

教师:大象在干什么呢? (丰富词汇:喷,大象在喷水)

教师:大象是怎样喷水的? (请个别幼儿示范)我们一起来学大象喷水。

教师:小熊在干什么? (小熊在打鼓)小熊是怎样打鼓的? 我们一起来学小熊打鼓。

教师:小动物们聚在一起,有的在跳舞,有的在打鼓,还有的在喷水表演,他们是在干什么呢? (丰富词汇:联欢会)

教师:今天这么多小动物在一起开联欢会,你们觉得森林里面怎么样呢?(丰富词汇:热闹)

教师:你们看,它们在一起玩得怎么样?(丰富词汇:兴奋、开心)

3. 教师描述性完整讲述一次,引进新经验。

【活动延伸】

教师:今天这么高兴,我们听音乐一起去表演区开联欢会吧!

幼儿戴上头饰,边听音乐边唱歌、跳舞,音乐停时,戴头饰的小朋友站在适合的地方,做一个固定动作。幼儿根据自己的动作学习用完整句子回答,如我在采花蜜,我在跳舞等。

二、小班讲述活动设计意图的表述

小班讲述活动的设计意图大致涉及以下几个方面:首先要介绍所讲述材料的大致内容或内容选择的背景及对于小班儿童讲述能力发展方面的意义,内容主要包括儿童对该活动有极大的好奇心、兴趣或关注度;其次要说出《纲要》或《指南》中对小班儿童讲述能力的相应要求;最后分析小班儿童对于所选材料的掌握情况,以确定小班儿童讲述能力所处的水平和需要学习的方面。

参考案例

小班看图讲述活动:小动物联欢会

【设计意图】

小动物是小班幼儿生活中最喜欢,也是最熟悉的角色,幼儿对于身边熟悉的事物有话可说。《指南》中指出,3—4岁幼儿愿意在熟人面前说话;愿意表达自己的需要和想法,必要时能配以手势动作。"小动物联欢会"的内容和情景符合小班幼儿的语言发展特点,训练幼儿用名词和动词组合成简单句子,讲述图片中的情景,有利于幼儿表达能力的发展。

三、小班讲述活动目标的确定

讲述活动主要是在讲述的过程中,实现幼儿倾听与表达能力的培养目标。《指南》对幼儿倾听与表达能力的发展做了具体、明确的要求,其中对小班讲述活动的要求如表3-1所示。

表 3-1 小班幼儿讲述能力目标

层次	目标	具 体 要 求
目标 1	认真听并能听懂讲述要求	1. 能有兴趣地运用各种感官,按照要求去感知讲述内容。 2. 理解内容简单、特征鲜明的实物、图片或情境。
目标 2	愿意讲话并能清楚地表达	1. 愿意在集体面前讲述自己感兴趣的事。 2. 基本会说本民族或本地区的语言。 3. 愿意表达自己的需要和想法,必要时能配以手势动作。 4. 能正确说出讲述内容的主要特征或主要事件。
目标 3	具有文明的语言习惯	1. 能安静地听教师或同伴讲述,并用眼睛注视讲述者。 2. 说话自然,声音大小适中。

根据《指南》要求,小班讲述活动的目标可以分解为:

1. 愿意在集体面前讲述自己感兴趣的事;安静地倾听教师或同伴讲述,并用眼睛注视讲述者。

2. 听懂并按照要求感知理解内容简单、特征鲜明的实物、图片、情境或主要事件。

3. 能用简短的语句正确地说出讲述内容的主要特征或主要事件;能用完整句零散罗列画面上的事物;简单讲述图画表面的、片段的联系。

参考案例

小班看图讲述活动:看图识天气

【活动目标】

1. 识别画面晴天、风天、雪天、雨天等不同天气的主要特点。

2. 能用短句讲述晴天、风天、雪天、雨天等不同天气的特点以及与人们生活的关系。

3. 喜欢讲述活动,能安静倾听老师、同伴讲述。

四、小班讲述活动重难点的确定

由于小班幼儿的思维仍带有一定的直观行动性,在集体面前讲话胆怯、害羞,叙事的语言往往是白描式的,使用的句子很短,主要是动宾结构。因此,小班幼儿讲述活动的重点是启发幼儿说出图中人物的名称以及角色的主要特征、动态和简短的对话。教师提问讲述内容要具体明确,比如"有什么(有谁)、在干什么",幼儿看了图片能够回答。难点是鼓励幼儿在集体面前用规范的语言积极主动地说出自己的想法,表述讲述内容。

五、小班讲述活动的准备

小班讲述活动多以看图讲述为主。小班幼儿往往只能看到图上突出的个别对象,看不到对象间的相互关系,他们还不能把图片之间的内容合理联系起来。因此,选图时一般选单幅图,画面大,内容简单,人物少,角色动作、神态、表情明显,色彩鲜艳协调,不需要背景或只需要简单的背景,幼儿易于观察到画面的主要内容。经验准备要求小班幼儿要具有接受和理解即将学习的活动内容的先前生活经验。

六、小班讲述活动的步骤

(一) 感知、理解讲述对象

小班幼儿思维处于动作思维和具体形象思维阶段,感知、理解停留在人或事物的具体的、突显的内容,他们很难把人、事物之间合理地联系起来。因此,需要教师以判断性问题启发儿童感知、理解讲述对象,如"你在图上看到了什么?""小朋友在做什么?"等。

(二) 运用已有经验进行讲述

小班幼儿由于生活经验欠缺,他们的讲述往往是片段的,他们不能很好地理解图片,词汇和语言连贯性水平低,语言表现能力差,使用单一的语调且未使用对话。因此小班儿童需要在成人帮助下才能讲述。讲述语言要求能使用规范的标志人、事、物的名词和动词,说清楚图画中的人物、在干什么(动作)等一两个行动事件或直观事物的外部特征。

(三) 引进新的讲述经验

小班幼儿讲述活动训练的重点是根据活动内容学习用恰当的语言讲述。教师可利用各种图谱或生动形象的示范,引导幼儿细致观察讲述对象中主要事物的突出特点和角色的动作、表情,并根据内容提出问题,使幼儿通过回答问题,学习讲述图中人或物的名称以及角色的主要特征、动态和简短的对话。小班新的讲述经验也可由教师先示范引出,幼儿再运用已有经验模仿讲述。

(四) 巩固和迁移新的讲述经验

小班幼儿讲述经验的迁移需要教师根据讲述的内容,在幼儿还意犹未尽的状态下,提供和讲述对象相近的讲述材料进行练习,或为幼儿提供讲述对象的表演性材料,让幼儿根据教师的要求进行行为表现练习。

七、小班讲述活动的延伸

小班幼儿由于受语言发展水平和生活范围的局限,加之活动的目的性不强,注意力容易转移到新鲜事物上,所以讲述活动中如果有需要及时强化的语言教育内容,可在幼儿园的语言区提供相关的活动材料进行延伸活动,或根据主题内容布置场景,带领幼儿进行表演游戏,也可提醒幼儿回家后把学到的内容讲给家里人听。如小班看图讲述活动"小鸡在哪里"的延伸活动,一是组织儿童布置"小鸡的家"场景,带领儿童进行表演游戏——"小鸡在哪里";二是将图片移至语言区,让小朋友发挥想象,继续自由讲述。

参考案例

小班看图讲述活动:小鸡在哪里

【活动目标】

1. 观察、理解图片,学习使用方位词"上""下""里边""旁边"。
2. 能用含有方位词的句子讲述画面中的内容,如"××上面(下面、前面、里面、旁边)有一只小鸡"。
3. 能在集体中安静地倾听他人讲述,不随便打断他人讲话。

【活动准备】

大背景图一张,插入小鸡图片五张;鸡妈妈头饰一个、小鸡头饰若干;手机、DVD播放器、背景音乐。

图3-1 活动背景图

【活动过程】

1. 音乐律动,吸引幼儿注意。
2. 创设情境,激发幼儿兴趣。

配班教师扮演鸡妈妈给主班教师打电话:我是鸡妈妈,我有许多小鸡宝宝。今天,我要到外面去买米,请小班小朋友照看一下我的小鸡宝宝,好吗?

在优美的背景音乐中,主班教师带领小朋友去"小鸡的家"。

3. 教师出示大背景图,引导幼儿观察、理解。

大背景图上有一棵大树、一幢漂亮的房子、红红的太阳、一个打开的空盒子、两块大石头、绿色的草地、美丽的花丛等场景。教师引导幼儿有条理地观察和讲述。

教师:小朋友们看一看,这张图片上有什么?知道这是什么地方吗?

教师:绿色的草地上有一幢漂亮的房子,这就是小鸡的家。小鸡家的旁边有一棵大树和一个打开的空盒子,房子的前面有两块大石头和美丽的花丛。

4. 教师逐一插入小鸡图片,引导幼儿观察理解。

教师:小鸡现在都不在自己家房子里,它们去哪里了呢?小朋友们帮鸡妈妈找一找,好吗?

加入背景音乐,引导幼儿学习使用方位词"上面""下面""前面""里面""旁边",并学说短句"××上面(下面、前面、里面、旁边)有一只小鸡"。

5. 幼儿运用已有经验自由讲述。

教师:和你的好朋友说一说,小鸡都在哪呢?(大树下面有一只小鸡,石头上面有一只小鸡,房子前面有一只小鸡,空盒子里面有一只小鸡,美丽的花丛旁边有一只小鸡等)

6. 引进新的讲述经验。

教师:老师给小朋友讲一遍图片上的内容,看看和小朋友讲的是不是一样。

7. 巩固和迁移新的讲述经验。

(1) 幼儿再一次自由利用新经验进行讲述。例如,"绿色的草地上有一幢漂亮的房子,里面住着小鸡一家。今天阳光灿烂,鸡妈妈外出买东西去了,小鸡们都从家里跑出来了。大树下面有一只小鸡……"

(2) 请1—2名幼儿到前面讲述,表扬他们讲得好的地方。

8. 结束活动,配班教师带着鸡妈妈头饰:谢谢小朋友们对小鸡宝宝的照顾,我们戴上小鸡头饰去户外草地上玩游戏吧。

【延伸活动】

1. 组织幼儿布置"小鸡的家"场景,带领幼儿进行表演游戏"小鸡在哪里"。

2. 将图片移至语言区,让幼儿发挥想象,继续自由讲述。

实训2　中班讲述活动的设计与组织

实训目标:学会根据中班幼儿的年龄特点和语言发展规律,设计和组织中班讲述活动。

一、中班幼儿讲述活动内容的选择

中班儿童在以看图讲述和叙事性讲述为主的基础上,增加实物讲述或说明性讲述。和小班相比,主题内容选择在时间、空间和关系上略有难度的材料。图片讲述和情境表演讲述中的人物有所增加,表情、动作、心理状态、人物之间的关系多样化,画面之间随故事发展有较为明显的变化。实物和生活经验讲述要选择幼儿熟悉和经历过的身边的事物。

参考案例

中班看图讲述活动:看看、讲讲幽默画《父与子》

【活动目标】

1. 初步接触幽默画,体验幽默画中所蕴含的趣味,对幽默画感兴趣。

2. 仔细观察画面人物的动态,根据人物动态推测情节的发展,想象出人物的心理活动和对话语言。

3. 能大胆猜测和表达,语言表述完整、连贯;能正确使用和画面相关的动词。

【活动准备】

1. 两组作品图片,一张备用图,一张父与子的形象,《父与子》的书。

2. 幼儿人手一份《救火》图。

【活动过程】

1. 介绍《父与子》的书,认识父与子的形象。

教师:你们有没有看过这本书?(调动经验)

教师:你觉得上面这两个人是什么关系?(出示"父与子头靠头"的图片,理解名称《父与子》是什么意思)

教师:爸爸长得怎么样?(认识形象)

(幼儿讲述实录:这么胖;头发也没有了;肚子很大;看上去有点像爷爷……)

教师:再看看宝贝儿子长得怎么样?

(幼儿讲述实录:哎呀,这么瘦;像面条一样瘦;长得一点也不像爸爸;爸爸的头发全给儿子长掉了;头发很乱……)

2. 感知、理解、讲《救火》。

教师:(出示图①)看懂了吗?屋子里怎么会有烟?

鼓励幼儿在观察图片的基础上大胆猜测。

(幼儿讲述实录:妈妈在烧饭;水开了;是着火了;有人抽烟,也会有烟的;好像是在家里放鞭炮吧;没有人在家里放鞭炮的,是在烧香吧……)

教师:谁知道这是什么时候?你怎么知道的?

提示幼儿关注画面的时间:放学后,因为图中儿子身上背着书包。

教师:(出示图②)这幅图和刚才那幅图有什么不一样的地方?你觉得儿子干什么去了?

(幼儿讲述实录:这张图上的烟更大了;儿子去找人救火、打电话报警、去找水……)

教师:(出示图③)儿子在干什么?这个动作叫什么?

(幼儿讲述实录:浇水,泼水)

教师:猜猜结果会怎么样?

(幼儿讲述实录:爸爸要骂他了,把家里弄得湿漉漉的;如果是真的着火了,爸爸还要谢谢他了;火会熄灭的;这下家里要变游泳池了……)

教师:(出示图④)(孩子们哄然大笑)你们在笑什么?

(幼儿讲述实录:原来是爸爸在抽烟呀;爸爸像个落汤鸡;儿子大吃一惊,嘴巴张得大大的……)

教师:儿子看到爸爸这个样子会怎么想?又会说什么?

(幼儿讲述实录:对不起,爸爸;误会了,谁知道是爸爸在抽烟呀;儿子会说:"啊噢,我的天呀";儿子想救火的,没想到把爸爸浇湿了;儿子吓得话都说不出来了……)

教师:谁可以把这几幅图的意思连起来说一说?(完整讲述图片内容)

3. 引进新的讲述经验,鼓励幼儿大胆想象、猜测和表述儿子的心情和父子之间可能发生的对话。

教师:(出示泡泡框,引导幼儿想象儿子的心情和语言)你们看这是什么?这个图片放在谁的上面,就表示他心里有想法和有想说出来的话。

教师:我把它放在第一幅图上的儿子头上,大家想想这个时候儿子是怎么想的?他会说什么呢?

鼓励幼儿大胆想象、猜测和表述图①中儿子的心情和想法,以此鼓励幼儿分别想象、猜测和表述图②至图④中人物心理和对话。

教师:谁能将四幅图片连起来,完整讲述图片内容?

请幼儿拿出自己的图片自由讲述图片内容,教师巡回指导。再请个别表述完整、词汇较丰富的幼儿在集体面前讲述。

4. 教师总结。

教师:画这本书的叔叔给这个故事取了一个名字"救火",真的是救火吗?

教师:有没有小朋友以前看过这样的图?你们喜欢这个故事吗?

教师:告诉你们,这个故事是一个德国的画家画的,他自己有一个儿子,他把自己和儿子的很多有趣的事都画了出来,后来出了一本书,这本书就叫作《父与子》。这个画家就叫作埃·奥·卜劳恩。等一会儿喜欢的小朋友可以去图书角看一看这本书,还可以让爸爸妈妈带你一起看。

图 3-2 《救火》

二、中班讲述活动设计意图的表述

中班讲述活动的设计意图应根据中班幼儿语言发展特点,联系幼儿的生活实际从三方面进行表述。首先对讲述的主题内容和幼儿生活的关系以及对幼儿语言进一步发展的作用进行概括分析;其次要指出《指南》中对中班幼儿讲述能力的具体要求;再次分析中班幼儿对本次讲述活动内容了解和掌握情况,以便确定通过实施讲述活动所应达成的具体目标。

参考案例

中班生活经验讲述活动:快乐的新年

【设计意图】

新年刚过,孩子们还意犹未尽。一说起过年时发生的事情,孩子们马上能主动而积极地投入活动中。《指南》中指出,"4—5岁幼儿能基本完整地讲述自己的所见所闻和经历的事情。"新年对孩子来说还是非常欢乐的,有的孩子得到了礼物,有的孩子跟着爸爸妈妈外出旅游或回家探亲,有各种各样和日常生活不一样的体验。因此,对于这个话题,孩子会比较感兴趣,也会有讲述的欲望。

三、中班讲述活动目标的确定

《指南》对中班幼儿讲述能力发展的要求如表3-2所示:

表3-2 中班幼儿讲述能力目标

层次	目标	具 体 要 求
目标1	认真听并能听懂讲述要求	1. 逐步学会理解图片或情境中展示的事件顺序。 2. 能结合情境感受到不同语气、语调所表达的不同意思。
目标2	愿意讲话并能清楚地表达	1. 学会按一定的顺序讲述图片、实物或情境内容。 2. 能主动地在集体面前讲述,声音洪亮,句式完整。 3. 能基本完整地讲述自己的所见所闻和经历的事情。
目标3	具有文明的语言习惯	1. 养成仔细观察后表达的讲述习惯。 2. 积极倾听别人的讲述内容,发现异同,并从中学习好的讲述方法。

结合讲述活动特点,中班讲述活动目标应围绕以下方面制定:

1. 有意识、耐心地倾听他人的讲述;在集体面前主动运用普通话自然大方地说出自己想说的事。

2. 学习结合情境感受讲述时不同语气、语调所表达的不同意思,从中学习好的讲述方法。

3. 能按照一定的顺序,完整连贯地讲述实物、图片、情境中的内容以及自己的所见所闻和经历的事情。

参考案例

中班看图讲述活动:兔子搬家

【活动目标】

1. 有意识、耐心听他人讲述。
2. 仔细观察理解图片内容,学习动词"抱""背""顶""抬"。
3. 能准确使用动词"抱""背""顶""抬"描述小兔搬家的情节。

四、中班讲述活动重难点的确定

中班是发展看图讲述贴切主题的重要时期。中班幼儿已经能正确理解、讲述图片内容,且能把图片之间的内容合理地联系起来。如在讲述过程中会使用"然后""接下来""已经"等时间顺序词,使所叙述的故事清楚、有条理,但有时不够准确。而对"后来""先""再"等次序时间词、"晚上""第二天"等非定位和定位时间词用得很少。因此讲述的重点是学习仔细观察,正确使用动词、形容词和副词,内容完整地讲述实物、图片和情境的内容;难点是学习使用次序时间词、非定位和定位时间词,引导他们对故事中的发生时间和人物心理进行细致讲述,增加讲述中的对话语言,丰富图画故事的关键情节,使讲述更加丰富、生动有趣。

讲述实物时根据实物的类别和特征的不同,侧重点是多方面的,如讲述对象为一般的物品,则重点讲述物品的外形特征、用途、材质、使用方法等;如讲述对象是动物,应侧重讲述该对象的外形特征和生活习性;如讲述对象是植物,应侧重讲述对象的外形和习性;如果讲述用品,在关注外形特征的同时,要让幼儿关注物品的功能和使用方法。在感官的使用上,除了通过视觉通道观察实物外,依据实物的不同特质可用嗅觉、触觉等多渠道进行感知。

五、中班讲述活动的准备

中班幼儿观察力进一步发展,已经能够观察图片的主要情节和部分细节,但由于以具象思维为主,所以图片讲述活动的准备要求连环图片一般不超过 4 幅;实物讲述题材要来源于幼儿生活,幼儿经过亲身操作体验,才有话可说,也可以穿插分类练习,如让幼儿按照物品的材料分类、按物品颜色分类、按物品形状分类、按物品用途分类。情境表演讲述活动在实施之前,教师可以组织排练或用手中的拍摄工具随时记录幼儿经历的事情,在讲述时为幼儿即时表演或回放,帮助儿童回忆当时的情景,有利于幼儿思路完整地讲述。幼儿生活经验讲述的内容来自他们的生活经验。生活经验越丰富,生活经验讲述就可能越生动形象。因此,在确定讲述主题前,要对幼儿的生活经验有一个基本了解。幼儿印象深刻、感兴趣的事情有节日活动、季节变化,如"六一""春节"等;还有日常和社会生活中的热点问题,如"吃点心""收拾玩具",以及2020年春节前后发生的"新型冠状病毒疫情"等。

六、中班讲述活动的步骤

(一)感知、理解讲述对象

在激发起幼儿讲述的热情之后,便是教师用问题引领幼儿感知、理解讲述对象。中班讲述侧重点是训练幼儿能够完整、连贯讲述的能力,所以教师要有意识地通过由易到难、由主要情节到次要情节、由具体到抽象的问题对幼儿这一能力进行训练,还要注意帮助中班幼儿掌握具有指称和描述事物的词汇,并会正确运用词汇讲述,从而提高幼儿思维的清晰度,促进幼儿语言能力的提高。

(二)运用已有经验进行讲述

中班幼儿可以自己独立地讲述,他们能比较好地理解讲述对象,词汇水平和语言连贯性水平处于快速发展的阶段,时间词汇的使用更多样化,但是表现能力仍然比较差,且主要使用单一的语调,很少使用对话。中班幼儿在自由讲述时,可采用小组、自由、个别讲述几种不同形式。在幼儿讲述故事情节时,应注意引导幼儿除了关注有趣的细致的情节,更要注意到一些事件发展的主要情节,培养幼儿对故事结构的把握能力。对于已经关注到主要情节的幼儿,引导他们对故事中的发生时间和人物心理进行细致讲述,使讲述更加丰富、生动有趣。看图讲述活动中,要关注到幼儿自身的理解,不能把自己的理解强加给他们,或者对他们在故事的道德性等方面的表现进行限制,而是强调一种日常的渗透和感染。

(三)引进新的讲述经验

中班讲述语言和内容要求能够运用一些生活中习得的形象的词句,借助简单的表情和动作,比较完整和合理连贯地讲出多幅图画之间的关系或概括事物的特征。教师可利用各种图谱引导幼儿细致观察讲述材料中主要角色的动作、表情,帮助幼儿厘清思路,把握讲述的重点,了解角色的心理活动,掌握角色之间的对话,用恰当的语词、语气、语调讲述图片的主要情节,使讲述更生动形象。例如,大班看图讲述活动"大象救兔子",教师在第1幅图小兔子旁边放一个对话框,问:"老虎在追赶兔子的时候,兔子会喊什么?都要被老虎吃掉了,慢慢地说行不行?应该怎样说?(着急、有力、快快地说)我们来试一试、学一学,大象在听到小兔子的求救声后会说什么。"儿童分角色练习几次,教师在第3幅图小动物旁边分别放对话框,提问:"这时候,老虎会说什么?大象会说什么?小兔子又会说什么?"

实物讲述活动引进新经验重点是把实物的突出特征有顺序、有条理地讲述清楚。

情境表演讲述引进新的讲述经验,教师可以围绕表演情节的线索再提出一些问题,引发幼儿的思考和联想,丰富并完善讲述内容。对于难点和重点情节,教师可以组织重复表演,让幼儿仔细观看后再进行讲述。教师也可以进行部分示范讲述,帮助幼儿学习新的讲述经验。

(四)巩固和迁移新的讲述经验

中班幼儿学习了一种新的讲述经验后,教师给幼儿提供同类的讲述对象,即由 A 及 B 的形式迁移讲述经验。也可以在教师示范新的讲述经验并帮助幼儿厘清思路后,让幼儿尝试用新学习的讲述经验来讲同一对象,即由 A 及 A1 的形式迁移新经验。

七、中班讲述活动的延伸

中班幼儿记忆和思维水平都有了一定的提高,讲述活动之后往往兴致还很高,根据讲述主题内容可以采用任何途径和形式延伸至和此次活动内容有关联的家庭、社区、语言活动区或户外某一区域的活动,为幼儿提供自由表达的时间和空间,如语言区域中不同内容相同形式的讲述,表演区域的故事表演,家庭、社区的强化讲述等。

参考案例

中班实物讲述活动:娃娃

【活动目标】

1. 能用描述性语言,完整、连贯地讲述"娃娃",丰富相应的形容词,如漂亮、可爱、胖嘟嘟等。
2. 学会对"娃娃"进行由整体到部分的有序感知。
3. 养成听清楚再回答的语言表达习惯。

【活动准备】

物质准备:每组一个神态、性别、衣饰各不相同的玩具娃娃。

经验准备:已经在"娃娃家"游戏中玩过娃娃。

【活动过程】

1. 运用游戏"猜猜谁不见了",引导幼儿感知理解"娃娃"。

教师将 6 个娃娃展示在幼儿面前,请幼儿闭上眼睛,然后拿走一个娃娃。

教师:哪只娃娃不见了?它长什么样?(启发幼儿从娃娃的特征到一般神态进行描述)

2. 传递娃娃并练习说一句夸奖娃娃的话。

教师:每一组小朋友传娃娃,传到谁的手里就抱一抱、亲一亲,并说一句夸奖娃娃的话,如,"我喜欢娃娃×××""我的娃娃长得像一朵花"。

教师以参与者的身份加入幼儿讲述中,以平行示范的方式引导幼儿用合适的形容词来形容娃娃。

3. 运用"改错"游戏，提供讲述思路。

（1）教师抱起娃娃：我的娃娃真乖，你看，它长着像苹果一样的鼻子、绿绿的嘴唇、两条大大的耳朵，我喜欢我的娃娃。

教师：刚才我对娃娃的描述哪里说得不合适？如果你来说，你觉得应该怎么说，让别人一下就找到你的娃娃？

（2）幼儿用集中讲述的方式，纠正老师不正确的讲述，同时说出正确的讲述方式和思路。

4. 从夸娃娃到夸同伴。

教师：哪位小朋友能像老师夸娃娃一样夸夸自己的同伴，让我们其他小朋友猜猜你夸的是谁。

【活动延伸】

教师：小朋友回到家里像夸娃娃一样也夸夸爸爸和妈妈。

实训3　大班讲述活动的设计与组织

实训目标：学会根据大班幼儿的年龄特点和语言发展规律，设计和组织大班讲述活动。

一、大班讲述活动内容的选择

大班幼儿在以看图叙事性讲述为主的基础上，说明性讲述增多，偶尔会有议论性讲述。讲述活动类型的多样化能够帮助幼儿发展语言的多样性，促进幼儿思维的发展。大班讲述主题的选择，在时间、空间和关系上逐渐扩展，可以讲述距离现在较长时间的事件，或者讲述自己对某个事物、事件的看法，如"我的暑假见闻""我长大了要当什么"。图片讲述有序完整，词汇运用丰富，还可以考虑多线索排图讲述；实物讲述可以考虑高一级抽象概念，如动物、交通工具等；情境表演讲述中的哑剧凭借动作、表情和道具等表现情节也适合在大班实施；生活经验讲述的主题可以是教师在了解幼儿生活经验的基础上事先拟定，也可以在感兴趣的话题中挖掘出具有教育价值的话题，生成讲述的主题。

参考案例

大班看图讲述活动：大象救小兔

【活动目标】

1. 能仔细观察图片中角色的表情、动作，根据图片提供的线索展开合理的想象。

2. 在符号标记的提示下尝试完整讲述故事内容。

3. 能大方地在集体面前表达自己的感受,并愉快地与同伴分享。

【活动准备】

1. 三张大图,第一张:老虎躲在大树后,露出凶恶的脑袋和锋利的爪子,三只兔子在奔跑;第二张:大象在河面上架起一座桥,三只兔子分别在大象的鼻尖上、背上和尾巴上;第三张:大象用鼻子喷老虎,三只兔子拍手笑。

2. 对话框、云朵和放大镜标记若干。

【活动过程】

1. 图片导入,引发幼儿对故事情节进行合理的推测。

教师:今天我给小朋友带来了一个有趣的故事,不过这个故事要请你们和我一起讲,听听谁讲得完整、讲得生动、讲得有趣。这是故事的开头,这是故事的结尾。(出示第一和第三张图)故事发生在什么地方?三只兔子在干什么?猜猜看可能发生了什么事情?

教师(揭去遮挡老虎的小图):原来有一只凶恶的老虎在追小兔子,结果怎样?猜猜看,兔子是怎样逃离虎口的?到底是谁救了小兔子?怎样救的?(出示第二幅图,请幼儿讲述大象救小兔的事情)

教师:老虎追到河边,大象会怎样对付老虎?(幼儿猜测后,教师揭去遮挡"大象用水喷老虎"画面的小图,引导幼儿完整讲述)

2. 尝试完整讲述故事。

教师:现在请你们把大象救小兔的事情讲清楚,每幅图都要讲到,看谁讲得完整。

幼儿自由讲述,教师到幼儿中间倾听,并请一名幼儿讲述。

教师:你们觉得他把大象救小兔子的事情说清楚了吗?

教师总结:三幅图都讲到了,大象救兔子的事情讲清楚了,这个故事就讲完了。

3. 出示对话框的符号,引导幼儿再次讲述。

教师(在第一幅图的小兔子旁边放一个对话框):老虎在追赶兔子的时候,兔子会喊什么?都要被老虎吃掉了,慢慢地说行不行?应该怎样说?(着急、有力、快快地说)我们来试一试、学一学,大象在听到小兔子的求救声后会说什么。(幼儿分角色练习几次)

教师(在第三幅图上的小动物旁边分别放对话框):这时候,老虎会说什么?大象会说什么?小兔子又会说什么?

教师:现在你们再来讲讲这个故事,这一次要把小动物说的话全部讲到故事里去,试一试吧。

幼儿自由讲述,教师到幼儿中间倾听,并请一名幼儿讲述。

教师:故事讲得好不好?好在哪里?

教师总结:原来讲故事时加入角色之间的对话,故事就会变得更加生动。

4. 出示放大镜和心里想的符号,引导幼儿再次讲述。

教师(在第一幅图老虎旁边出示放大镜标记):你们刚才都讲到了这只老虎,让我们仔细看看这只凶恶的老虎,它的眼睛怎么样?嘴巴和牙齿是怎样的?老虎看到兔子,心里会怎么想呢？（出示云朵符号标记）（啊！这三只兔子真肥呀，正好让我填填肚子！）

教师（在第三幅图老虎旁边出示放大镜标记）：刚才还很得意的老虎，现在是怎样的？（吓得用爪子挡住了脸）心里又会怎么想呢？（出示云朵标记）（今天真倒霉，兔子没吃到反而被大象喷得满脸是水。）

教师：现在你们再来讲讲这个故事，这一次要把放大镜看到的地方和老虎心里想的都讲到故事里去，看谁讲得生动，你们试试看。

幼儿自由讲述，教师到幼儿中间倾听，并请一名幼儿讲述。

教师：他讲得好吗？哪里好？

教师总结：原来讲故事时把小动物的样子、对话和心里想的都编到故事里去，故事就会讲得很精彩。

5. 给故事取名字。

教师：这么精彩的故事还没有名字呢，谁来取个名字？

二、大班讲述活动设计意图的表述

大班幼儿不但能够系统地叙述，而且能大胆、自然、生动和有感情地进行描述，讲述活动的内容也极其丰富。大班讲述活动设计意图首先要根据材料进行有针对性的分析，如选材的背景、选材对语言发展的价值、选材的意义、内容梗概等；其次要指出《纲要》或《指南》中对于大班幼儿语言发展要求的理论依据；最后结合主题对大班幼儿语言某方面发展现状进行分析及通过本次内容的实施可以使幼儿在原有语言水平基础上的提高和发展。

参考案例

大班看图讲述活动：大象救小兔

【设计意图】

看图讲述"大象救兔子"是一个老教材，它讲述了兔子遇险、大象相救、老虎受罚的惊险动人的故事，动物形象栩栩如生，情节生动有趣，堪称儿童故事的经典之作。《指南》中要求大班幼儿能生动、有序、完整、清楚地讲述一件事情。我在组织幼儿进行看图讲述的实践中发现，大班幼儿的初步自我讲述，往往更像一个个画面的内容简介，缺乏生动性、丰富性和立体性，从画面简介到精彩讲述之间需要一座桥梁，我为幼儿搭起的桥梁就是标记图，我采用了对话框、云朵和放大镜这三种标记来提示儿童进行细节观察，有了细致的观察，故事的讲述才能更加形象生动、内容丰富。

三、大班讲述活动目标的确定

《指南》对大班幼儿讲述能力发展的要求如表3-3所示：

表3-3 大班幼儿讲述能力目标

层次	目标	具 体 要 求
目标1	认真听并能听懂讲述要求	1. 学习观察理解图片、情境中蕴含的主要人物关系和思想情感。 2. 听不懂或有疑问时能主动提问。 3. 能结合情境理解一些表示因果、假设等相对复杂的句子。
目标2	愿意讲话并能清楚地表达	1. 在集体面前讲话态度自然大方，能根据场合需要调节自己讲话的音量和语速。 2. 能有序、连贯、清楚地讲述一件事情。 3. 能突出重点地讲述图片、实物和情境内容。 4. 讲述时能使用常见的词句等，语言比较生动。
目标3	具有文明的语言习惯	1. 能在集体中专注、长时间地听别人讲述，并能记忆讲述的内容。 2. 懂得按次序轮流讲话，不随意打断别人。

结合讲述活动特点，大班讲述活动目标应围绕以下方面制定：

1. 在集体中专注、长时间地倾听并理解他人讲述的故事；乐意说出自己的想法或做出相应的反应，讲话自然大方。

2. 积极主动、认真仔细地观察和理解讲述内容；正确地感知并理解实物、图片、情境中蕴含的主要人物关系和思想感情倾向。

3. 能有重点地讲述实物、图片和情境中的中心内容；讲述时能够做到有序、完整、连贯，用词用句较为准确；能根据场合需要调节自己讲话的音量、语速、语气和语调。

参考案例

大班情境表演讲述活动：会讲笑话的垃圾桶

【活动目标】

1. 仔细观察情境表演中角色的语言、情节的发展过程。

2. 能够有序、完整、连贯、生动形象地讲述角色对话和大象市长采用猫博士方案的过程。

3. 愿意在集体面前自然大方地表现。

四、大班讲述活动重难点的确定

大班幼儿能很好地理解图片，使用丰富的词句，自己独立地讲述。因此大班讲述的重点是要求幼儿能够按照一定的结构,使用恰当的语言进行讲述。讲述的结构有序、完整、连贯,讲述语言能使用常见的形容词、同义词和多种类型的复合句,而且句子结构完整。难点是当大班幼儿在讲述内容、讲述结构和讲述语言上都达到了较高水平后,对于讲述情境这一核心经验的调控和发展。

五、大班讲述活动的准备

图片既是教具,又是具体形象化的教材,也是幼儿讲述的依据。大班图片准备数量一般是 3—6 张,如果是几幅图片连成一个情节的,画面层次要清晰,每幅画反映一个意思,前一幅图能为后一幅图在情节开展上提供联想的线索,启发幼儿的思路,能够联想到图片之外的线索,使幼儿对图片的潜在意义展开具体的想象。

情境表演讲述要事先准备好演播的材料。如果是教师组织幼儿合演或指导幼儿表演,需要事先进行排练,做好表演前的各种道具、人物化妆、场景布置的准备。

幼儿生活经验讲述是在教师有目的、有计划地组织幼儿参加一些活动后进行的讲述。生活经验讲述活动要求幼儿能够观察生活,感受和理解社会生活,了解人们之间的关系。特别是讲述那些有意义的事件,可以对幼儿的情绪与情感、性格和道德品质产生潜移默化的影响。教师可以通过各种活动,如参观游览、教育活动、日常生活中的观察、游戏、观看电视等丰富幼儿的生活经验,这样,幼儿讲述的内容才会丰富而生动。

实物讲述不等于科学活动,实物讲述侧重描述实物,进行语言教育;科学活动侧重掌握实物特征,进行认识活动。因此,在选择实物时要注意选择幼儿熟悉的实物,以免幼儿对实物缺乏感性认识而无话可说,或造成教师把时间主要花在介绍实物上而偏离教学目标。教师对幼儿要讲述的内容要心中有数,以便于指导。

六、大班讲述活动的步骤

(一)感知、理解讲述对象

仔细观察是幼儿讲述的重要前提。根据大班儿童思维的发展水平及不同讲述内容的要求,大班讲述活动开始,教师可以用谈话、实物教具、语言描述激发幼儿观察的兴趣。感知、理解讲述对象的方法也是多种多样。

无论哪种图片形式的讲述,抑或实物讲述、情境表演讲述、生活经验讲述,教师要事先考虑讲述材料的出示策略,设计出符合大班要求的问题,帮助幼儿感知、理解讲述内容。如先问什么,再问什么,怎么问。大班幼儿讲述能力强,"怎么问"要求教师根据表达的需要,引导幼儿理解和运用新词新句,以促进儿童讲述内容丰满、生动形象、条理清晰。

(二)运用已有经验进行讲述

大班幼儿几乎都能自己独立地讲述,他们能很好地理解讲述对象,大多数能使用丰富的词汇,并用次序性时间词汇和因果关系连词来保证语言的连贯性,几乎有一半的幼儿会使用声音变化、动作或表情来辅助讲述,但是使用对话不够多,还需要更多的发展。

教师应调动幼儿积极性，为幼儿提供足够的时间和机会。根据实际情况，分别采用自由讲述、小组讲述和个别讲述，使每个幼儿都有机会训练自己的语言。具体讲述内容可以从"一句话→一个情节→多个情节→细节丰富的完整故事"循序渐进地练习，使幼儿逐渐获得有条理、有情节、内容丰富的讲述经验。

（三）引进新的讲述经验

大班幼儿讲述语言、讲述内容、讲述结构和讲述语境的新经验都上了一个新台阶，讲述语言重点是调动幼儿使用新的词汇和句法，尤其是更多因果关系复合句的使用，指导儿童准确表达图意；讲述内容和讲述结构要求有序、完整、连贯；讲述语境伴随其他讲述水平的提高，也相应地对大班幼儿提出要求，即在不同的情境中练习语言的运用。

（四）巩固和迁移新的讲述经验

巩固迁移新的讲述经验，教师可以根据讲述内容，更换材料或材料中的角色、场景或角色动作、神态、对话等，运用所学的新的讲述经验进行迁移讲述，即由 A 到 A1。大班幼儿也可以自行进行原讲述材料的操作、编构、合作讲述或表演，实现新经验的迁移。

七、大班讲述活动的延伸

大班幼儿抽象思维开始萌芽，对于能促进自己语言能力发展的各种活动有很高的热情，而且在活动中表现积极主动。因此大班延伸活动的形式更加多样化，内容更加丰富，如结合各个领域的相关活动进行；延伸至户外、家庭、社区、社会公共场所等与家人或朋友分享讲述的内容；也可引导幼儿自行组织在语言区、表演区进行听、说、讲、演等。

参考案例

大班排图讲述活动：太阳、花和小姑娘

【活动目标】

1. 尝试用恰当的词来描述图片中的事物。
2. 能用流畅的语言，有顺序地表述图画中的内容。
3. 愿意倾听同伴发言，敢于在集体面前表达。

【活动准备】

实物图片 2—3 张、场景图片 2 张、操作材料若干。

【活动过程】

1. 感知理解图片。

教师（出示相应的图片，幼儿用形容词来形容，以说得多为好）：我们玩过"说说看"的游戏，今天我又带来了两张图片，我们用开火车的方式来比比看，哪队说的好听的词多。

2. 看图讲述故事。

教师(出示完整的图画一张,请幼儿根据问题观察图画并回答):请你带四个问题去看这幅图:在什么地方?有谁?他在干什么?结果发生了什么?

教师根据幼儿的回答出示讲述顺序图,帮助幼儿整理讲述思路。

教师(提示幼儿用好听的词描述事物,并根据幼儿的回答示范讲述故事,请幼儿模仿讲述):下面我用你们刚才说的话组成一个故事,请你仔细听我是怎么说的。

教师:谁能来试试说说这幅图?注意要用上好听的词,并且注意顺序。

教师(出示第两幅图,由幼儿自己讲述故事内容):我还有一幅画,谁能用刚才我们学的讲述顺序也来说说这幅画?

3. 排图自编故事。

教师(请幼儿在操作材料中任意选择三张图片,自编成故事,要求用上形容词):我还给你们准备了很多图片,请你选择三张图片,用上好听的词,把它编成一个故事,谁愿意在大家面前说一说?

【活动延伸】

教师:我们的语言区还有好多这样的图片故事,小朋友可以自己试试排图并讲给朋友听。

课后任务

自主学习任务:

1. 简述讲述活动的类型。
2. 简述幼儿园讲述活动的特点。
3. 论述讲述活动的组织过程。
4. 谈谈小、中、大班看图讲述活动核心经验的不同。
5. 结合讲述活动的核心经验,分析下面案例是哪个年龄班的讲述活动,为什么?请你根据讲述活动的组织过程说说李老师三个环节的具体任务分别是什么。

李老师设计了叙事性讲述活动"飞起来"。活动的第一环节,李老师与幼儿玩"我来做,你来猜"的游戏,老师做吹气球、跳绳、跑步、飞翔等动作,请幼儿说出相应的动词:"吹、跳、跑、飞"。第二环节,李老师依次出示四幅图,通过提问引导幼儿讲述。出示第一幅图时,李老师问:"谁来了?"一位幼儿回答:"小姑娘。"李老师接着说:"哦,她叫乐乐。乐乐在做什么?"第二位幼儿回答:"在吹泡泡。"李老师继续追问:"泡泡怎么样了?"幼儿回答:"飞跑了。"李老师说:"谁能用一句完整的话来讲一讲?"第三位幼儿回答:"乐乐来了,乐乐在吹泡泡。"李老师肯定了幼儿的回答,接着示范性讲述:"乐乐吹泡泡,泡泡飞上了天。"接着出示第二幅和第三幅图,同样通过提问引导幼儿完整讲述"程程拍气球,气球飞上了天""东东放风筝,风筝飞上了天"等句式。

合作学习任务：
1. 以小组为单位，自选题目撰写小班看图讲述活动方案。
2. 以小组为单位，自选题目撰写中班看图、实物或生活经验讲述活动方案。
3. 以小组为单位，自选题目撰写大班图片、生活经验或情境表演讲述活动方案。

主题四
幼儿园谈话活动的设计与组织

学习目标

情感目标：明确谈话活动的重要性，树立组织好幼儿园谈话活动的信心。

认知目标：了解幼儿园谈话活动的概念、幼儿园谈话活动的类型；理解幼儿园谈话活动的特征及作用。

技能目标：能够根据幼儿的年龄特点和个性差异设计不同年龄阶段的谈话活动。

学习任务单

1. 完成主题资源的阅读和观看

文本资源：

(1)《幼儿园谈话活动的有效组织——以中班谈话活动"我的好朋友"为例》

(2)《幼儿园谈话活动问题及有效策略》

(3)《幼儿园开展谈话活动的有效指导策略》

视频资源：

(1) 小班谈话活动"小熊的感恩节"

(2) 大班谈话活动"我的弟弟妹妹"

(3) 应彩云关于"谈话活动中师幼互动"的讲座

2. 完成主题四的学习导图绘制

学习资讯

> 陶行知先生提出的通过"六大解放"来解放儿童的创造力，实际上就是要给儿童极大的自由，以便把焦虑心理降低到最低程度，从而使幼儿的巨大创造潜能释放出来。我们应为幼儿创设一个毫无压力的谈话和学习氛围，为幼儿提供最自然、最放松的交流机会，围绕自己感兴趣的中心话题，自由地表达个人见解。

第一节　幼儿园谈话活动概述

一、幼儿园谈话活动的内涵

谈话活动是指教师启发、引导幼儿围绕一定的话题，以交谈为主要形式展开的语言教育活动，可以帮助幼儿学习倾听他人谈话，学习与他人交流的方式、规则，培养幼儿的人际交往能力。幼儿园谈话活动为幼儿提供了语言交流的机会，是培养幼儿语言表达能力的重要手段，是幼儿园语言教育活动的重要方式。

二、幼儿园谈话活动的特点

（一）具体有趣的中心话题

幼儿园谈话活动的话题，一定要是贴合幼儿生活、幼儿喜闻乐见的话题，只有选择幼儿感兴趣、觉得有趣的话题，幼儿才会有话说、想去说。如：比较适合小班幼儿的谈话话题有"我最喜爱的玩具""我爱吃的水果"等；比较适合中班幼儿的谈话话题有"我的妈妈""我的爸爸""我的好朋友"等；比较适合大班幼儿的谈话话题有："我长大了""我最喜欢的动画片"等。

（二）丰富的谈话素材

为了使幼儿在谈话过程中，更加自如、丰富地表达，教师可为幼儿提供相关话题所涉及的图片、音频或视频，以帮助他们更好地表达。另外，丰富的生活经验也可以为幼儿在谈话时提供经验支持。

（三）多方的交流模式

谈话活动与其他语言教育活动最主要的区别就在于，谈话活动更注重幼儿谈话时的交往语言，侧重于师生之间、同伴之间的信息交流与补充。教师应鼓励幼儿在与教师谈话期间主动发起交谈；在与同伴交流时互相主导，注重发展幼儿的对白语言。

（四）轻松自由的谈话环境

幼儿园语言教育工作的具体内容与要求指出：创造一个自由、宽松的语言交往环境，支持、鼓励、吸引幼儿与教师、同伴或其他人交谈，体验语言交流的乐趣，学习使用适当的、礼貌的语言交往。这里所说的轻松自由的谈话环境表现在见解自由和语言自由两个方面。

（五）间接的谈话指导

间接指导即以参与者的身份参与谈话，教师与幼儿的对话是平等的。教师在参与谈话的过程中，要仔细倾听幼儿的谈话进程，在幼儿的谈话已经脱离中心话题时，则要引导他们回归主题;也可以用隐性示范的方式,表达自己的经验或感受,暗示幼儿谈话的内容和方式。

第二节　幼儿园谈话活动的类型

谈话活动主要包括日常生活中的谈话、有计划的谈话活动、开放性的谈话活动等多种类型。

一、日常生活中的谈话

日常生活中的谈话分为日常个别谈话和日常集体交谈两类。幼儿园日常个别谈话可融入幼儿入园后的各个环节和时段中,如入园时、游戏时、盥洗时、进餐后、散步时、起床后、离园前等环节;日常集体交谈相对个别谈话而言,参与者更多,谈话更自由、更生动,可以是师生之间,也可以是同伴之间。

二、有计划的谈话活动

有计划的谈话活动是幼儿园比较常见的谈话活动,相对日常生活中的谈话而言比较正式,是教师根据事先确定的话题,制定计划和活动方案,有目的地组织幼儿进行谈话的集体教学活动。

三、开放性的谈话活动

如果说有计划的谈话活动比较正式,那么,开放性的谈话则是随时随地可以开展的,具有更大的随机性。开放性的谈话活动以讨论谈话为主要形式。

参考案例

中班谈话活动:我从哪里来

【活动目标】
1. 了解自己的成长过程,懂得父母在养育自己的过程中所付出的艰辛劳动。
2. 在日常生活中能体谅、关心自己的父母。

大班谈话活动:我喜欢的书

【活动目标】
1. 知道书能增长见识,产生喜欢读书的情感。
2. 能比较清楚地说出自己喜欢一本书的理由。

第三节　幼儿园谈话活动的基本过程

谈话活动是幼儿语言教育活动的一种形式,其基本结构由活动名称、活动目标、活动重难点、活动准备、活动过程、活动延伸、活动反思等部分构成,其中活动过程是主体部分,一般包括四个环节:

一、创设谈话情境,引出话题

这是谈话活动的导入环节,主要是通过创设宽松愉快的氛围,引起幼儿的注意,用3—5分钟的时间让幼儿做好谈话的准备。创设谈话情境的方法很多,大致归纳为如下两种:

(一)营造精神环境——宽松自由的谈话氛围

对年龄比较小的孩子,特别是3—6岁的幼儿来说,一个宽松、自由的谈话氛围非常重要。在组织集体谈话活动之前,教师应为幼儿提供一个轻松、自然的气氛,使其情绪稳定、心情放松。因为只有在愉悦、放松的环境下,幼儿才能大胆地表达。

(二)创设谈话情境——生动丰富的导入方式

作为集体教学的开始,导入环节是非常重要的,一般幼儿园谈话活动的导入有三种:实物展示、语言解说、游戏或表演。教师应根据具体的谈话主题,选择适当的导入方式。最终目的当然是能最大限度地吸引幼儿迅速进入事先准备好的谈话主题。

二、运用已有经验,自由交谈

随着导入环节的结束,幼儿跟着教师进入话题中来,教师应为幼儿提供自由交谈的机会,这时,幼儿会根据自己的已有经验进行自由交谈。在这里有几点需要注意:

(一)围绕中心话题交谈

虽然我们说要为幼儿提供宽松、自由的谈话环境,但是这种宽松和自由不仅是相对的,也是有条件的,那就是一定要围绕中心话题去谈,不能漫无止境、天马行空。因此,教师在此环节要注意引导幼儿在一定的规则之上自由交谈,在幼儿出现跑题现象时及时提醒,并引导其重新回到中心话题上去。

(二)交谈的内容自由

只要儿童是围绕中心话题,教师可放手让幼儿展开自由交流,不要过多干涉。

(三)交谈的对象自由

在交谈中,教师应鼓励幼儿多向交谈,可以是同伴之间的交谈,可以是幼儿和教师之间的交谈;可以分组交谈,也可以集体交谈。

(四) 关注个别差异

由于幼儿在性格、经验、能力等方面存在差异,因此在开展集体谈话活动时,我们会发现性格外向、语言表达能力强的幼儿比较活跃,会占主导地位;相反,性格内向、语言表达能力弱的幼儿容易被忽视。教师要善于发现并引导不同层次的幼儿都参与到谈话中来,对不善于表达的幼儿要给予充分的鼓励和引导,激发他们开口表达的愿望。

三、围绕中心话题,适时拓展

在儿童围绕中心话题,运用已有经验进行充分的交谈之后,教师要适时地将幼儿集中起来,以提问和启发的方式帮助幼儿学习新的谈话技能和谈话规则,掌握正确的谈话思路和方法,使幼儿的谈话技能在原有的水平上得到提升。

第四节 幼儿园谈话活动的核心经验

谈话活动的核心经验主要体现在良好的倾听习惯和能力、掌握和运用交流和表达的规则、初步运用谈话策略。把活动目标融入谈话活动中,在轻松、愉悦的氛围中,实现语言教育目标,在组织活动的过程中注意把握以下几方面要点:

一、引导幼儿养成良好的倾听习惯和能力

倾听是沟通的基础,注意听并能听懂是进行谈话的第一步,也是谈话能够顺利进行的保证,良好的倾听习惯和能力,是幼儿谈话能力中的首要核心经验。《3—6岁儿童学习与发展指南》将"认真听并能听懂常用语言"列为幼儿语言能力发展的首要目标,重点是要发展幼儿主动倾听的经验,逐渐从有意识倾听和辨析性倾听发展到理解性倾听。有意识倾听,是指幼儿能区分谈话对象中的特定内容,能意识到谈话对象言语中的声调变化。理解性倾听,是指幼儿听懂了谈话对象的言语意义,对谈话对象的观点进行评价并形成自己的观点,会通过言语和动作来表达自己的理解。在组织谈话活动时,教师要适时引导幼儿在他人谈话的时候主动、安静、有礼貌地倾听,做到能安静地倾听他人讲话,能听懂别人谈话的内容,不插话、不抢话。良好的倾听习惯,让幼儿在谈话中"会听";良好的倾听能力,让幼儿在谈话活动中"听会(懂)"。

二、引导幼儿掌握和运用交流和表达的规则

谈话活动的推进,离不开谈话者对交流和表达规则的掌握和使用。谈话过程中的规则主要有:使用文明礼貌用语;注意倾听他人发言,及时给予应答和反馈;不随便插话和抢话,发言时先示意;注意谈话对象之间轮流;谈话双方围绕主题开展谈话。在组织谈话活动时,教师要适时引导幼儿遵循谈话规则,做到说话双方轮流说话,谈话时采用礼貌用语,发言时进行示意。

三、引导幼儿初步运用谈话策略

谈话是一个多向交流和沟通的过程,谈话双方能否良好地发起谈话关系到谈话能否开展;谈话双方能否通过多种方式帮助自己进行表达,是谈话得以顺利进行的基础;谈话双方能否通过提问、追问、分享等方式维持谈话是谈话能否持续并深入的关键。谈话中发起谈话、维持谈话、辅助表达等策略就是幼儿需要初步发展并运用的谈话策略。在组织谈话活动时,教师要适时引导幼儿采用多种辅助手段帮助交流和表达,能围绕主题发起、修补和维持谈话,做到主动发起谈话、维持谈话,会采用表情、语气、动作、眼神等辅助表达,围绕主题开展谈话。

实训活动

实训1 小班谈话活动的设计与组织

实训目标:学会根据小班幼儿的年龄特点和语言发展规律,设计和组织小班谈话活动。

一、小班谈话活动内容的选择

小班幼儿年龄较小,语言发展和心智发育都不成熟,积累的生活经验还不是很丰富,因此,教师应尽可能选择小班幼儿熟悉的话题开展集体谈话活动。另外在选择话题的时候要考虑到幼儿的兴趣点,激发幼儿表达的欲望。

参考案例

◆◆

小班谈话活动:我的家人

【活动目标】
1. 学会用简单的句子谈论自己父母的职业、家庭成员之间的关系。
2. 能围绕"我的家人"这一话题进行谈话。
3. 形成爱家人的情感,乐意参与个别交谈与集体谈话活动。

【活动准备】
1. 每个幼儿一张全家福照片、篮子。
2. 录音机、磁带。
3. 让幼儿回家了解父母的工作及家庭成员之间的关系。

【活动过程】
1. 创设谈话情境,引出谈话话题。

(1)放录音《世上只有妈妈好》,教师带领幼儿边唱边做动作。

(2)请两位幼儿讲一讲家里有谁,要求语句完整。请小朋友回答家里除了妈妈以外,还有谁。请幼儿自愿到前面来拿自己的照片讲给大家听,而且要把话说完整。教师可以让幼儿看着照片讲,同时教师要重复幼儿的话,训练幼儿说话的完整性。

(3)请其余小朋友拿着自己的照片,自由交谈照片上有谁。

2.引导幼儿围绕话题交谈,集体讨论,要求声音响亮地表述。

(1)请两位幼儿回答问题,起示范作用。请幼儿回答:你们的爸爸妈妈干的是什么工作?在家里妈妈经常做哪些事?爸爸干什么?你呢?

(2)请两名幼儿上台讲给大家听,对于讲得好的小朋友,可以给他拥抱作为奖励。

3.拓展谈话范围。

(1)收照片:请小朋友把照片放到老师这几个篓子里来,然后坐好。

(2)教师提问:刚才小朋友谈到了自己爸爸妈妈的工作以及在家经常做的一些事情,小朋友还说自己非常喜欢自己的爸爸妈妈,那其他小朋友喜欢爸爸妈妈吗?为什么?(幼儿讨论、回答)

(3)教师小结:小朋友都很喜欢爸爸妈妈,因为他们买东西给你们吃,买玩具给你们玩,帮你们做很多事情,爸爸妈妈很爱你们,小朋友也爱他们,那你们会帮他们做些什么事呢?(请幼儿议论回答)

4.总结评价,结束活动。

教师总结:小朋友都是能干听话的好孩子,知道爸爸妈妈每天上班很累,而且在家里要做许多事情,所以小朋友要好好表现,在家听爸爸妈妈的话,在幼儿园听老师的话,好吗?请小朋友轻轻地站起来,我们一边唱歌一边做游戏。

放录音《我上幼儿园》,教师带领幼儿边唱边做动作。

结术语:小朋友表现得很棒,现在老师请小朋友把自己的照片布置在我们的教室里,让我们的小朋友每天在幼儿园也能见到自己的爸爸妈妈,好不好?

二、小班谈话活动目标的确定

《指南》对小班幼儿倾听与表达能力发展的要求如表4-1所示:

表4-1 小班幼儿倾听与表达能力目标

层次	目标	具 体 要 求
目标1	认真并能听懂日常会话	1.能注意听别人对自己说的话并回应对方。 2.能听懂日常会话。
目标2	愿意讲话并能清楚地表达	1.愿意与熟悉的人交谈。 2.愿意说出自己的需要和想法。
目标3	具有文明的语言习惯	1.与别人讲话时知道眼睛要看着对方。 2.说话自然,音量适中。

根据《3—6岁儿童学习与发展指南》的要求,小班谈话活动的目标可以分解为:

1. 学会安静地听别人说话,不随便插嘴;在教师的引导下,围绕主题谈话。

2. 喜欢与同伴交谈,愿意在熟悉的人面前说话,能大方地与人打招呼,基本会说本民族或本地区的语言,愿意表达自己的需要和想法,必要时能配以手势动作,能口齿清楚地说儿歌、童谣或复述简短的故事。

3. 初步学习常见的交往语言和礼貌用语;与别人讲话时知道眼睛要看着对方,说话自然,声音大小适中,能在成人的提醒下使用恰当的礼貌用语。

结合总目标和活动目标的具体要求和表述方式,活动中教师可以制订每个活动具体目标。

三、小班谈话活动重难点的确定

小班谈话活动重难点是鼓励幼儿尝试用简单词汇表达自己的意思,能认真倾听别人的谈话,并能听懂别人想要表达的意思。

四、小班谈话活动的准备

小班幼儿完全处于具象思维阶段,教师需要为幼儿营造宽松的谈话氛围、与谈话主题相关的环境,以及相对应的物品,如准备生动形象、内容丰富的卡片、图片、模型,以帮助幼儿熟悉谈话的中心话题。

五、小班谈话活动的步骤

(一) 创设谈话情境,引出话题

由于小班幼儿的年龄小,活动的主动性较差,因而可以由教师创设谈话情境,选取幼儿熟悉和感兴趣的话题进行提问。如小班谈话活动"我最喜欢的玩具",谈话情境的创设是这样的:教师:"小朋友,你们家都有玩具吗?"这个话题的抛出,会迅速提起幼儿的兴趣,因为对于小班幼儿来说,玩具是最好的玩伴,因此会激发幼儿参与话题的积极性。

(二) 运用已有经验,自由交谈

根据小班幼儿的具象思维的特点,在开展谈话活动之前,应为幼儿的交谈准备丰富的材料,如实物、图片、多媒体动画等。例如:谈话活动"有趣的电话",教师可以提前准备一些电话的图片、各种电话铃声等,也可以请家长提前带孩子上网查找各种电话的图片。

(三) 围绕中心话题,适时拓展

适时地将幼儿集中起来,以提问和启发的方式帮助幼儿学习新的谈话技能和谈话规则,掌握正确的谈话思路和方法,使幼儿的谈话技能在原有水平上得到提升。

(四) 提供隐性示范,提升经验

在拓展话题的基础上,教师可以通过隐性示范向幼儿提供谈话范例,帮助幼儿掌握

新的谈话经验,使幼儿的谈话水平进一步提高。

六、小班谈话活动的延伸

活动延伸是为了保持教学活动的完整性、连贯性,从而更好地保证儿童发展的完整性和连贯性。对于小班的谈话活动,适当地加以延伸,会对幼儿语言的发展、思维的发展有很好的完善作用。在进行小班谈话活动的延伸时,要注意把握延伸的灵活性,可以考虑把游戏延伸到相对宽松、自由的空间,以实现对活动进一步拓展的目的。如把小班谈话活动"我最喜欢的玩具"延伸到家庭中,鼓励幼儿根据老师的引导向爸爸妈妈介绍自己的玩具,在这个谈话活动的延伸中,进一步巩固谈话活动的活动效果,也能够促进幼儿的语言发展。

参考案例

小班谈话活动:我会自己做

【活动目标】

1. 体验成长的自豪感,进一步激起自己做事情的愿望。
2. 围绕主题"我会自己做事情"进行谈话,较完整地讲述句子"我会自己……"。
3. 乐意参与个别交谈与集体谈话活动,大胆讲述自己的想法,倾听同伴的讲述。

【活动准备】

小贴画若干。

【活动过程】

1. 提出谈话主题,激发幼儿谈话的兴趣。

教师:现在我们小朋友越长越大、越来越能干了,会自己做很多事情。说说看,你都会做哪些事情呢?(鼓励幼儿大胆讲述自己会做的事情)

2. 引导幼儿进一步围绕主题"我会自己做事情"进行谈话。

(1)教师请个别幼儿在集体面前讲述自己会做的事情,帮助幼儿明确谈话的线索。

教师:请你选一件自己会做的事情来跟大家说一说,你会自己做什么事情?你是怎么做事情的?自己做事情的时候你觉得心情怎么样?

教师在引导幼儿讲述自己经验的过程中,注意运用追问的方式,指导幼儿围绕以上三个问题线索进行讲述。

(2)请幼儿两两结伴,互相说一说自己会做的事情。

教师:请你和你旁边的小朋友互相说一说你会自己做什么,你是怎么做事的,你的心情怎么样。

教师巡回指导时,注意观察、了解幼儿语言发展的个体差异,给予及时、适宜的帮助。

(3) 集体交流。

重点鼓励和引导幼儿围绕主题和谈话线索进行讲述,讲述时用较完整的语句表达自己的经验和想法,同时注意引导幼儿认真倾听同伴讲述。

【结束活动】

发放小贴画,引导幼儿体验成长的自豪感,进一步激起自己做事情的愿望。

教师:小朋友们会自己做这么多的事情,你们真是了不起!奖励你们小贴画!你们现在是能干的好孩子了,以后学会自己做更多的事情,好吗?

实训2　中班谈话活动的设计与组织

实训目标:学会根据中班幼儿的年龄特点和语言发展规律,设计和组织中班谈话活动。

一、中班谈话活动内容的选择

《指南》指出:"成人要善于发现和保护幼儿的好奇心,充分利用自然和实际生活机会,引导幼儿通过观察、比较、操作、实验等方法,学习发现问题、分析问题和解决问题。"随着年龄的增长,中班幼儿无论是在生活经验还是待人处事上都有了长足的发展,各方面能力也随之提高,因此,谈话活动的内容也可以更加丰富了。

参考案例

中班谈话活动:快乐

【活动目标】

1. 体验快乐的情感,愿意与同伴分享快乐,乐意参加谈话活动。
2. 能大胆、完整地在集体面前表达,并倾听别人说话。
3. 尝试小组形式的谈话,遵守一定的谈话规则。

【活动准备】

1. 引发幼儿感受、谈论快乐;高兴与不高兴的表情;动物园、游乐场、商店、玩具店等场景图片;不同颜色卡纸两张;笑脸卡若干;音乐《快乐拍手歌》。
2. 幼儿熟悉故事《小花籽找快乐》;有初步表达快乐的体验;玩过游戏"你快乐吗?我很快乐!"。

【活动过程】

1. 玩游戏"你快乐吗?我很快乐!",激发幼儿活动兴趣。
2. 回忆故事《小花籽找快乐》,出示高兴的表情,引出谈话主题。

（1）回忆故事。

（2）观察表情，讨论：这是什么表情？你是怎么知道的？猜猜是什么事情让他这么快乐？

3. 调动幼儿生活经验讨论。

话题：你快乐吗？你为什么快乐？

4. 观看各种场景的课件，拓展幼儿谈话范围。

（1）观察课件，思考：你在这些地方会快乐吗？什么事情让你快乐？分成两组自由交流。

（2）逐个展示场景图片，分组比赛"看谁说的快乐多"。

（3）小结：我们的身边到处都有很多的快乐，我们要向小花籽一样快乐，并且能寻找到快乐。感受快乐，并进行舞蹈表演《快乐拍手歌》。

5. 出示不高兴的表情，引导幼儿谈话。

（1）观察表情，讨论：这是什么表情？你猜发生了什么事情？怎样让他快乐起来呢？

（2）结合幼儿经验，谈话：你有不高兴的时候吗？是什么事情？你是怎么快乐起来的？谁帮助了你？

（3）思考、自由讨论：当别人不开心时，你是怎么做的？

（4）小结：我们不开心的时候，能自己想办法开心、快乐起来，别人的帮助让我们快乐；当别人不开心的时候，我们也能想办法让别人开心，自己也会很快乐的。

6. 幼儿获得"笑脸卡"，师幼共同玩游戏"你快乐吗？我很快乐！"，共同表演《快乐拍手歌》，结束活动。

二、中班谈话活动目标的确定

《指南》对中班幼儿倾听与表达能力发展的要求如表4－2所示：

表4－2　中班儿童倾听与表达能力目标

层次	目标	具　体　要　求
目标1	认真听并能听懂常用语言	1. 在群体中能有意识地听与自己有关的信息。 2. 能结合情境感受到不同语气、语调所表达的不同意思。 3. 方言地区和少数民族地区幼儿能基本听懂普通话。
目标2	愿意讲话并能清楚地表达	1. 愿意与他人交谈，喜欢谈论自己感兴趣的话题。 2. 会说本民族或本地区的语言，基本会说普通话。 3. 少数民族聚居地区幼儿会用普通话进行日常会话。 4. 能基本完整地讲述自己的所见所闻和经历的事情。 5. 讲述比较连贯。
目标3	具有文明的语言习惯	1. 别人对自己讲话时能回应。 2. 能根据场合调节自己说话声音的大小。 3. 能主动使用礼貌用语，不说脏话、粗话。

结合谈话活动的特点,中班谈话活动目标应围绕以下方面制定:

1. 喜欢参加谈话活动;认真倾听老师提出的中心话题;对词汇和句子的学习感兴趣;活动中积极表现自己,愿意回答别人的问题;不说脏话,讲话文明礼貌。

2. 明确老师提出的中心话题;了解不同词汇的基本意思和使用方法,根据自己已有经验进行谈话。

3. 能听懂别人的意见和观点;会用带修饰的词汇进行表达;能说连贯、完整的句子;能较完整地表达自己的观点;会使用简单的语气词。

三、中班谈话活动重难点的确定

中班谈话活动重难点是对较复杂的句式进行巩固练习;对形容词、动词、方位词、副词、量词等的准确运用;提高运用完整句子进行表达的能力。

四、中班谈话活动的准备

中班幼儿处于具象思维向抽象思维转变的阶段,教师需要为幼儿准备生动形象、内容丰富的卡片、图片、模型,尝试准备多媒体手段,如音频和视频等,以满足幼儿根据自己的需要和兴趣进行选择。活动之前要充分了解幼儿知识经验的差异性,以便准备的材料有所侧重,使活动的开展更有针对性。

五、中班谈话活动的步骤

(一)创设谈话情境,引出话题

中班是幼儿发展的过渡阶段,无论从语言能力还是心智的成熟都比小班有了长足的发展。根据中班幼儿的特点,在话题导入的环节,教师可以尝试从具象的图片和模型向音频和视频过渡,慢慢培养孩子从具象思维向抽象思维的转换。

(二)运用已有经验,自由交谈

中班幼儿相比较小班幼儿更加成熟,生活经验更加丰富,开始愿意主动表达自己的想法和意愿。因而教师可以适当选择和幼儿生活相接近的话题开展集体谈话活动,在集体谈话活动中鼓励幼儿大胆表达自己的观点。

(三)围绕中心话题,适时拓展

中班谈话活动的延伸可以更加深入和丰富,教师可根据中心话题拓展迁移到家园共育、艺术领域、社会领域等,让幼儿的思维更加开阔、视野更加丰富。

六、中班谈话活动的延伸

中班谈话活动可以延伸到不同的活动领域,如家庭、区角活动、相关领域、社区活动等,但无论延伸到哪个领域,都不能背离语言教育的总体目标,都是把幼儿在班级活动中的所看、所学、所说变为幼儿真正的所做、所用、所行,实现"知行统一"的最终目标,促进幼儿语言能力的提高。

参考案例

中班谈话活动：谁的本领大

【活动目标】

1. 喜欢谈话活动,知道基本的交谈规则。
2. 会围绕话题谈话,运用已有的经验,较连贯地表达个人见解。

【活动准备】

1. 木偶教具:马、牛卡通玩具各一件。
2. 平时向幼儿介绍各种动物的相关常识。

【活动过程】

1. 创设谈话情景,引出谈话话题。

教师以木偶表演的形式,激发幼儿对谈话的兴趣。

引出话题:出示木偶马、牛,教师边说边表演:有一天,一匹马和一头牛在一起散步,它们谈起谁的本领大,牛说:"我会帮助人们劳动。"马说:"我的本领大,我也能帮助人做事。"他们俩谁也说服不了谁,就想找个人来评评理。于是它们来找我们中班小朋友评理,你们说说看,牛和马谁的本领大?为什么?

教师用木偶牛和马讲述一段故事,以此引出话题的方式非常生动、有趣、有效。孩子们在这一过程中眼睛始终一眨不眨地注视着教师,很顺利地进入了谈话的情景。教师故意说错"马说,我会耕田,我的本领大"时,幼儿们纷纷举手,对老师的话提出质疑。瞧,孩子们在这一情景中不是学习了辨析性倾听了吗?因为中班幼儿已经初步认识了一般动物的功能,特别是常见的家禽、家畜,因此,在讨论"谁的本领大"时,幼儿有话可说。

2. 引导幼儿围绕话题自由交谈。

让幼儿自由结伴,3—4人一组进行交谈,要求说清楚自己认为哪个动物本领大的理由。

教师参与到幼儿中去,倾听幼儿交谈。提醒幼儿按座位的顺序依次发言,不抢着说话。注意那些不大开口说话的幼儿,主动关心他们,问问他们的想法,并鼓励他们说给小朋友听。引导幼儿说出自己的不同看法,与同伴进行交流。

在儿童"自由交谈"活动中,有的幼儿会说牛的本领大,因为牛粪可以肥田,牛皮可以做包和衣服,还有的幼儿根据在电影里得到的经验,说将牛拴在一起,尾巴上点上火,可以组成战场上的火牛阵杀伤敌人。这些说法都应给以肯定,因为他们是围绕着"谁的本领大"在交谈。因为讨论的热烈,幼儿们不免会在交谈中形成一种大家一起争着说的局面。这时教师可以运用平行谈话的方式引导幼儿,抢着说就会听不清别人说什么,无法继续与人交谈。平行谈话的方法是:教师以谈话者的身份与幼儿结成谈话的伙伴关系,谈给大家看。并在这一过程中,让幼儿理解"轮流说"的规则,及这一规则的运用对谈话过程的作用。

3. 引导幼儿拓展谈话范围。

(1) 在自由交谈的基础上,组织幼儿集中谈话。请几名看法不同的幼儿在集体面前表达自己的个人见解,教师将好的谈话内容反馈给全班幼儿。如有的幼儿说:"我认为牛的本领大,因为牛可以帮农民伯伯拉犁、耕田,还会拉车。"鼓励幼儿学习同伴的谈话经验。

(2) 教师用提问的方式和平行谈话的暗示作用,引导幼儿拓展谈话范围,为幼儿提供新的谈话经验,教师提问:你们还能说出谁的本领大?为什么?

教师提示:可以谈动物,也可以谈人或其他方面。

此时教师可用平行谈话的方式参与,引导幼儿的思路,幼儿在教师谈话的启发下,思考自己的谈话内容,并用完整的语句讲给大家听。幼儿谈话时,教师适当进行补充,使幼儿谈话符合要求。

(3) 引导幼儿讨论:谁的本领大。讨论中鼓励幼儿进行辩论,教师参与指导,统一认识"人的本领最大"。最后,教师小结幼儿的谈话,使幼儿体会到人的本领最大。

"拓展谈话范围"是培养幼儿能力的重要一环,这里教师向幼儿逐个提出问题,层层深入地引导幼儿谈论,马和牛谁的本领大→还有谁的本领大→人的本领最大。不仅帮助幼儿学习了围绕话题拓展和延伸谈话交流的方式方法,而且也帮助幼儿认识了自然界中动物与动物、动物与人类之间的依存关系。

实训3 大班谈话活动的设计与组织

实训目标:学会根据大班幼儿的年龄特点和语言发展规律,设计和组织大班谈话活动。

一、大班谈话活动内容的选择

为大班幼儿选择谈话中心话题,教师应充分考虑儿童的年龄特点和经验储备。大班幼儿处于向小学过渡的阶段,思想和心智都更加成熟,表达自身意愿的愿望也更加强烈,甚至具备了比较明显的思辨能力,会为证明自己的观点据理力争。因此,教师应在帮助幼儿选择中心话题的基础上,尝试让幼儿参与话题的选择,这样更能准确定位幼儿感兴趣的话题。

参考案例

大班谈话活动：我眼中的秋天

【活动目标】

1. 能用连贯的语言清楚地表述秋天的主要特征，加深对秋天的认识。
2. 在谈论感受中产生热爱大自然的情感。

【活动准备】

有关"秋天"的课件。

【活动过程】

1. 谈话导入活动。

教师：一年有几个季节？（春夏秋冬）那你们知道现在是什么季节了吗？（秋天）你是从那里看出来现在是秋天了？（此环节，我简单地运用了两个封闭式的提问，直接引出了"秋天"，为后面的谈话环节做好准备。）

2. 走进秋天，表述、感知秋天的特征。

（1）秋天的树林。

以游戏形式，带幼儿"走进"秋天的树林。

（一板一眼的谈话活动，显得枯燥、乏味，容易让幼儿失去兴趣，而游戏是最能引起孩子兴趣的"武器"，所以这里我用了一个"梦想秋游"的游戏开始活动，一是激发幼儿"说"的兴趣；二是让幼儿通过想象，有一些身临其境的感觉；三来是想创造情境，为幼儿创造认真倾听的环境。这里为幼儿创设了游戏情境，能激发幼儿活动的兴趣。但是这类"想象"游戏，需要孩子们在完全静下心来的时候才能顺利开展。活动开始我有些操之过急，有些孩子没能完全过渡到游戏中。）

教师：来到树林里，你看到了什么？

直接出示树林的图片，树林里的叶子有的变黄了，有的变红了，秋风轻轻一吹，落叶像……飘落下来，落在地上，像……（引导幼儿想象落叶可以像什么一样飘落下来，落在地上像什么，想象踩在上面会有什么感觉，用丰富的词汇表达，并用动作表现，让幼儿在说说、做做中感受秋天树林的美。提问为幼儿创设了一个宽松的氛围，让他们有话可说，所以孩子们能用很多美好的词来表达自己的想象，如：像蝴蝶一样飞下来；像小船飘下来；地上像铺了一层厚厚的地毯，踩在上面软软的等。）

（2）秋天的田野。

教师：踩着松软的树叶，我们往前走，来到了田野上，你在田野上看到了什么？（这里没有先出示图片，而是让幼儿根据已有经验，想象在田野上能看到什么，给幼儿创造一个积极动脑的机会，在谈论过以后，出示图片，验证田野上会看到哪些农作物，引导幼儿用"有……有……还有……"的句式来完整讲述秋天的田野。让孩子运用已有经验，激发了幼儿"说"的兴趣。但这里,我用"你看到了什么"来提问,孩子们就用"我看到……"来回答,所以,在幼儿刚能用简单的语句说一说看到的事物时,我就让他们用"有……有……还有……"的句式来完整讲述,孩子们被前面的提问所影响,说出的完整句式就是"我在田野上看到了……还有……",其实,这也是种句式,孩子们能说出,也是一种完整讲述的能力,但当时由于我自己紧张,一个劲地将孩子往"有……有……还有……"上面引,反而适得其反,场面一时混乱。)

（3）秋天的果园。

教师:来到果园里,你看到什么?水果像什么?尝一尝水果是什么味道的?(此环节中,添设了一个问题:"水果像什么",让幼儿充分发挥想象,感受秋天果园里的美和丰收。在用"有……有……还有……"句式完整讲述的时候,增加了难度,让幼儿尝试说"有像……一样的……有像……一样的……还有像……一样的……"此环节开始的时候,孩子们能完全融入游戏情节中,充分展开想象,表达自己在果园里看到的景象,特别是在让他们"尝"水果的时候,天真的天性得到充分的展现。但是由于上个环节出现的错误,一是我没能及时调整,二是又增加了难度,所以,完整讲述的目标仍然没能达成。)

（4）秋天的花园。

教师:你在秋天的花园里,看到了什么花?

（由孩子们想到的秋天的花展开话题,再出示图片让幼儿感受花朵的五彩缤纷,引导幼儿用"有像……一样的……有像……一样的……还有像……一样的……"的句式描述秋天的花园。既然要让孩子们能够跳一跳才能"摘"到,教师就应该先让孩子学会"跳",前面没有让孩子"跳"稳,是没能达到活动目的的主要原因。在活动中,我既纠结在丰富幼儿词汇上,又跟句式杠上了,所以最后"猴子掰玉米",什么也没捞着。应该让幼儿先从简单的"有……"到"有……有……还有……"的句式,此次活动是孩子们第一次接触句式,能够完整说出,已经是提高了能力。)

（5）秋天的小动物。

教师:刚才我们一起出去转了一圈,你们知道秋天这个时候,小动物们都在干什么吗?(运用各种动物过冬的方式引起幼儿的兴趣,丰富幼儿的知识面,让幼儿对秋天有更进一步的了解。此环节与前面的环节有很大的不同,这里并没有让幼儿用语言去表达什么。因为说得太多,像科学活动的认知。设计此环节的目的就是让幼儿感受秋天的"趣味性",对秋天有进一步的认识,所以我只是简单地让孩子们了解了一下各种动物过冬的方式。与设想的一样,孩子们对动物的各种过冬方式产生了极大的好奇心。可以引申出另一个科学活动"动物是怎样过冬的"。)

3. 小结提升:幼儿用连贯的语言表述对秋天的认识。

教师:你认为秋天是个什么样的季节?为什么?(幼儿具有善于挑战的心理,这就像跳一跳就能够得到的果实。此环节,让幼儿能够再学习完整讲述后,对秋天的认识进行总结,让幼儿的讲述能力得到进一步的提升。最后这个环节,让幼儿学习归纳经验,这对幼儿来说是个挑战,前面的活动是此环节的铺垫,但是我并没有在这个过程中对孩子进行引导。比如：在田野上感受"丰收"，在各种颜色上感受"金色"等，由于我对教案的把握不够深入，缺乏教学机智，对孩子的引导不够，致使孩子不能展开"谈"、深入"说"。）

【延伸活动】

画出秋天。

二、大班谈话活动目标的确定

《指南》对大班幼儿倾听与表达能力发展的要求如表4-3所示：

表4-3 大班儿童倾听与表达能力目标

层次	目标	具 体 要 求
目标1	认真听并能听懂常用语言	1. 在集体中能注意听老师或其他人讲话。 2. 听不懂或有疑问时能主动提问。 3. 能结合情境理解一些表示因果、假设等相对复杂的句子。
目标2	愿意讲话并能清楚地表达	1. 愿意与他人讨论问题，敢在众人面前说话。 2. 会说本民族或本地区的语言和普通话，发音正确清晰。 3. 少数民族聚居地区幼儿基本会说普通话。 4. 能有序、连贯、清楚地讲述一件事情。 5. 讲述时能使用常见的形容词、同义词等，语言比较生动。
目标3	具有文明的语言习惯	1. 别人讲话时能积极主动地回应。 2. 能根据谈话对象和需要，调整说话的语气。 3. 懂得按次序轮流讲话，不随意打断别人。 4. 能依据所处情境使用恰当的语言，如在别人难过时会用恰当的语言表示安慰。

所以，大班的谈话活动目标可以围绕以下几方面制定：

1. 愿意参加集体活动，喜欢与同伴交流、讨论问题，敢于在班级或他人面前表达自己的见解。

2. 能明确把握中心话题，在谈话中学习正确运用量词、连词、反义词等比较复杂的词汇，学习用完整句和复合句进行表达。

3. 能够整理并完整表达自己的观点和意见，对复杂的信息进行条理化的分析和筛选，能用合适的语气和音调，流畅、完整地表达比较复杂的内容。

三、大班谈话活动重难点的确定

大班谈话活动重难点要围绕这些内容而定：普通话使用的情况，能完整、准确表达自己的观点和意见，使用相对比较复杂的词语和句式，思辨能力的培养等。

四、大班谈话活动的准备

大班在准备谈话活动的时候要根据大班幼儿的年龄特点、心理特点和心智成熟的程度来选择合适的话题。这个年龄段的幼儿开始出现"看不上"比自己小的孩子,"崇拜"比自己大的孩子的现象,因此话题的选择不宜过于简单,要有一定的启发性,让幼儿觉得有意思,值得讨论。在准备物质材料时,可以尝试用音频和视频代替具体的图片和模型。鼓励幼儿积极参与谈话活动前的准备工作,让他们与教师一同参与活动的准备和环境的创设。

五、大班谈话活动的步骤

创设谈话情境,引出话题。根据大班幼儿的特点,教师可以尝试使用音频、视频和情境表演等方式导入,既可以促进幼儿的记忆能力,又可以充分激发幼儿的想象力和创造力。

运用已有经验,自由交谈。对于大班幼儿来说,已经积累了较丰富的生活经验的知识储备,眼界更宽了,思想更成熟了,因而教师可以选择有难度的话题开展集体谈话活动,在集体谈话活动中给予幼儿更大的自由度,鼓励他们开展分组讨论、辩论,用自己的语言表达小组的意见和观点。

围绕中心话题,适时拓展。大班谈话活动的延伸可以更加深入和丰富,教师可根据中心话题拓展迁移到家园共育、艺术领域、社会领域等,让幼儿的思维更加开阔,视野更加丰富。

六、大班谈话活动的延伸

大班谈话活动延伸的领域更加宽泛,教师可以根据集体谈话活动的内容,将谈话活动延伸到更多的领域,全方位、多层次地引导幼儿深入对话题的讨论和研究。在延伸的过程中,为幼儿提供更多元的活动领域,使活动延伸具有灵活性、启发性、探索性、合作性的特点,为进一步巩固语言活动的活动效果,促进幼儿相互之间的语言交流,形成幼儿对语言学习的兴趣而服务。

参考案例

大班谈话活动:我喜欢的动画片《喜羊羊与灰太狼》

【活动目标】

1. 学会用连贯的语言,围绕《喜羊羊与灰太狼》进行谈话。

2. 能从不同的角度谈论人物角色,学习用轮流、补充的方式进行自由、有序的交谈。

3. 能较耐心地倾听别人说话,并能大方地向同伴、老师表达自己的想法。

【活动准备】

1. 看过动画片《喜羊羊与灰太狼》。

2. 布置动画片主要人物的图片展。

3. 歌曲《别看我只是一只羊》《羊羊顶呱呱》、录音机。

【活动过程】

1. 欣赏歌曲,通过提问引出谈话话题。

播放歌曲《别看我只是一只羊》,教师谈话,激发幼儿对谈论《喜羊羊与灰太狼》的兴趣。

(1) 小朋友知道这是什么歌吗？它是哪部动画片里的歌？

(2) 你在哪里看过《喜羊羊与灰太狼》？和谁在一起看的？你们看《喜羊羊与灰太狼》心情是怎么样的？你觉得最精彩的是哪一集？

2. 围绕《喜羊羊与灰太狼》与同伴自由交谈。

让幼儿自由组合,与身边的同伴自由交谈,教师巡视了解幼儿谈论的情况。

3. 引导幼儿集体谈论《喜羊羊与灰太狼》。

教师请个别幼儿在集体面前说说自己的想法。要求围绕以上问题,大方地向同伴、老师表达自己对喜羊羊与灰太狼的认识。教师对幼儿的谈话给予赞许和鼓励,对耐心听同伴讲话的幼儿,也给予鼓励。

4. 引导幼儿进一步拓展话题。

(1) 教师提问：这部动画片里有很多人物,你最喜欢的人物是谁呢？为什么？

教师在活动前周围布置动画片主要角色的图片展,让喜欢同一个人物的幼儿聚在一起相互说说自己喜欢的理由。

请个别幼儿在集体面前说说自己喜欢的人物及理由,鼓励其他幼儿进行补充,将人物的特点说得比较全面完整。

(2) 引导幼儿从不同角度谈论人物角色,进一步拓展话题。

① 教师提出问题：喜欢羊的小朋友比较多,喜欢狼的比较少,因为很多小朋友觉得狼很坏,有很多缺点,小朋友想想：灰太狼有没有优点？有哪些优点？喜羊羊有没有缺点？有哪些缺点？

② 在与幼儿谈话过程中,教师用平行谈话的方式,为幼儿提供新的谈话经验。如喜羊羊是族群里跑得最快的羊,乐观、好动,永远带着微笑。由于他每次都识破灰太狼的阴谋诡计,拯救了羊族群的生命,是羊氏部落的小英雄,但他办事性子急,常常慢羊羊刚说完前面一句,后一句还没来得及说,他已经抢在前面把事情干完了,可多数情况,由于话没听全,做出来的事常常弄出笑话。

5. 欣赏歌曲《羊羊顶呱呱》,结束活动。

【活动延伸】

谈谈我和我身边的人像这部动画片中的哪个人物。

课后任务

自主学习任务：

1. 简述谈话活动的特点。
2. 简述谈话活动的基本类型。
3. 简述谈话活动情境创设的方法。
4. 论述谈话活动组织的基本过程。

合作学习任务：

1. 以小组为单位，自选题目撰写小班谈话活动方案。
2. 以小组为单位，自选题目撰写中班谈话活动方案。
3. 以小组为单位，自选题目撰写大班谈话活动方案。

主题五
幼儿园文学作品活动的设计与组织

学习目标

情感目标:喜欢文学作品活动,明确文学作品活动对幼儿学习生活的重要作用。

认知目标:了解幼儿园文学作品活动的任务和特点,理解幼儿园文学作品活动的核心经验。

能力目标:掌握幼儿园文学作品活动的设计与组织流程及实施要点,能够根据幼儿的年龄特点和个性差异设计与组织不同年龄阶段的文学作品活动。

学习任务单

1. 完成主题资源的阅读与观看

文本资源:
(1)《优秀儿童文学作品的特点》
(2) 儿歌《我》

视频资源:
(1) 小班故事活动"小蓝和小黄"
(2) 中班诗歌活动"美丽的祖国"

2. 完成主题五学习导图的绘制

相关资源

学习资讯

> 幼儿园语言教育的机会很多,有一日生活的语言教育、不同领域的语言教育、区域活动的语言教育,还有集体语言教育活动。幼儿园惯常的工作思路是把大部分的精力放在对集体语言教育活动的关注上,而对其他类型的活动关注不足。从创设无所不在的幼儿园语言教育环境来看,集体语言教育活动固然重要,但并非研究的全部,我们幼教工作者需要考虑所有类型活动之间的关系。
>
> ——周兢

第一节 幼儿园文学作品活动概述

一、幼儿园文学作品活动的内涵

幼儿园文学作品活动是以文学作品为基本教育内容而设计组织的语言教育活动。其中,幼儿文学作品包含故事、童话、儿歌、儿童诗、散文等多种体裁。幼儿对于文学作品的学习不是一个简单的听说学习过程,它是成人引导幼儿围绕文学作品而展开的一系列丰富多彩的活动。通过视觉、听觉、动觉的参与,幼儿理解文学作品中包含的丰富内涵,体验文学作品所蕴含的情感和语言艺术之美,并发展其语言能力。

二、幼儿园文学作品活动的特点

(一)在活动内容上,围绕文学作品开展

幼儿园文学作品活动的主要特点就是从文学作品入手,围绕作品开展系列活动。幼儿园文学作品活动是从文学作品本身出发,整合其他学科领域的知识,使幼儿在学习文学作品的同时,能理解作品所涉及的语言领域外其他领域的知识,促进幼儿对作品的进一步感知和理解。

幼儿园文学作品活动的主要目的不是通过文学作品进行知识教育和道德教育,而更侧重于文学审美能力、文学理解能力、文学想象能力的培养。如儿童诗《小雨伞》通过优美的语言和拟人化的手法向幼儿展示了一幅生动有趣的雨天场景。围绕这个作品,可以开展一系列活动:

活动一:欣赏诗歌,感受诗歌表现的美,体会诗歌的意境,初步朗诵诗歌。

活动二:通过"寻找小雨滴"的活动,探寻雨的原理,了解大自然的变化。

活动三:通过绘画"小雨伞"的活动,把自己对雨滴、雨伞的认识和感性经验表现出来。

活动四:运用已有的感性经验,对诗歌幼儿进行仿编、创编活动。

在这一系列的活动中,幼儿不仅获得了关于"雨"的科学认知,还感受到了诗歌本身的优美意境。

(二)在活动方式上,注重幼儿多感官参与

幼儿园文学作品活动为幼儿提供了与文学作品相互作用的多种途径。根据皮亚杰的建构主义理论,幼儿的发展是在与外界环境相互作用的过程中构建起来的,并且需要通过自身的操作活动与外界环境进行互动,幼儿的语言学习也不例外。幼儿园文学作品活动着重引导幼儿积极地与文学作品进行交互作用,在这一过程中,通过丰富多样的操作、体验,幼儿调动身体的各个感官参与文学作品活动,从动作表征、形象表征、概念

表征出发，在听一听、看一看、摸一摸、问一问，甚至尝一尝中亲身体验，从而获得对文学作品更深刻、更全面的理解与感受。

(三) 在活动价值上，促进幼儿语言完整发展

文学作品本身是语言知识、社会知识、科学知识等多领域知识的结合体，所以文学活动不仅仅是帮助幼儿获得语言知识，还能获得其他领域的知识。在组织文学活动时，要根据具体的文学作品整合多领域学习内容，使幼儿有更多的机会认识某一个文学作品中表现出来的自然、社会生活内容，促进他们对作品的感性认识，实现活动目标的整合。

文学作品活动从文学作品的教学出发，常常要结合多个领域的活动，使文学作品活动不是单一的语言活动，而是语言活动、科学活动、艺术活动等的结合。在文学作品活动中，幼儿往往有较大的活动自主性，能在教师引导下自由地进行表演、绘画、讨论、创作等，以此获得多种与文学作品相关的交互作用的机会。多种途径的学习，可以促使幼儿更有兴趣、更积极主动地投入学习过程中，给幼儿提供更大的发展空间。

第二节 幼儿园文学作品活动的类型

幼儿园文学作品活动从一个具体的文学作品教学入手，围绕这个作品展开系列相关的主题活动，有助于幼儿理解体验作品生动有趣的主题，学习形象的语言。幼儿通过开展经验迁移活动和创造性运用语言活动走出文学作品，实现与现实生活的结合，从而发展语言运用能力。幼儿文学作品是个笼统的概念，根据文学样式和体裁的不同，主要可以分为儿童故事和儿童诗歌两种。

一、儿童故事

(一) 儿童故事概述

儿童故事是学前儿童文学作品的重要组成部分，它主题鲜明，内容浅显，情节与人物形象鲜明，结构完整，语言口语化，容易被幼儿理解和接受，是幼儿喜闻乐见的文学形式。儿童故事有广义和狭义之分。广义的儿童故事泛指神话、传说、童话、寓言等体裁的作品；狭义的儿童故事是以叙事为中心，适合幼儿阅读和欣赏的篇幅短小的各类故事。儿童故事多以拟人化的叙事风格出现，这符合幼儿思维具体形象性的特点。

(二) 儿童故事选材

文学作品具有文学性、教育性等特点，在儿童故事的选材方面需要考虑以下几点：

1. 主题鲜明，有教育意义

儿童故事题材广泛，反映社会生活的各个领域，但在表现这些知识和思想时，儿童

故事往往只截取其中某个片段或情节进行加工,通过鲜明的主题来反映深刻而复杂的内容。所以,儿童故事往往集中于某一个主题,并调动所有人物围绕这个主题展开情节。

2. 情节具体,生动有趣

儿童故事的情节是故事的主要组成部分,它是故事人物思想和行为的载体。鉴于学前儿童自身的特点,儿童故事应简单生动、富有趣味。例如,故事《会动的房子》的情节大致分为三个部分:第一部分讲述了小松鼠找地方盖房子的过程,对这部分的阅读,可重点引导幼儿通过观察画面中小松鼠的动作,猜测小松鼠想干什么;第二部分讲述小松鼠随着会动的房子到处游历的经过,可引导幼儿观察环境的变化,感受和体验小松鼠见到不同自然景象时产生的惊奇、喜悦、紧张等情绪;第三部分谜底揭开,惊恐不安的小松鼠变得开心了,故事在此处达到了高潮。整个故事只有三个情节,没有过多的描述,简单、生动而富有趣味。儿童故事结构紧凑,用短小的篇幅反映丰富的社会生活,它一般"开门见山",直接进入主题,层层递进,叙事完整。

3. 叙事为主,语言口语化

儿童故事以叙事为中心,着重于情节的构思,能够完整叙述故事的发生、发展及结局,不刻意塑造人物的形象和性格。故事结构简单,清晰反映一个明确而深刻的主题。儿童故事在叙述时,所用语言力求口语化、简练、浅显、形象生动,符合人物的性格特点,难度适宜,有利于幼儿语言的学习。

4. 故事选择有针对性,体现幼儿年龄特征

小班故事选择要以帮助幼儿养成良好的生活卫生习惯、文明礼貌的行为习惯为主,如《小乌龟上幼儿园》《龟兔赛跑》等;中班要以巩固幼儿良好行为习惯,增加知识性要求为主,如《小马过河》《想飞的小象》等;大班故事选择要既要注重对幼儿良好个性品质、创新思维的培养,又注重丰富幼儿的知识和经验,如《动物职业介绍所》《春天的色彩》等。

二、儿童诗歌

儿童诗歌是儿童文学作品中韵体作品的统称,包括儿歌、儿童诗、儿童散文等。它们的共同之处是语言精练、想象丰富、内容生动,有优美的韵律和节奏,易懂易记,适合幼儿学习。

儿童诗歌在幼儿语言教育方面有着特殊的作用,它适于朗诵,便于幼儿练习发音,有利于幼儿说好普通话,能够提高幼儿语言的艺术性和表现力。同时,儿童诗歌可以陶冶幼儿情操,进行美感教育,潜移默化地影响幼儿的思想,有利于促进幼儿想象力的发展。

(一) 儿歌

儿歌是儿童歌谣的简称。它运用一定的艺术形式和表现手法反映现实社会生活,是最富韵律感的儿童诗歌形式。儿歌可以分为多种形式,常见的有摇篮曲、游戏歌、数数歌、问答歌、连锁调、绕口令、字头歌和颠倒歌等。它符合幼儿的特点和需要,为幼儿

所喜爱,对幼儿语言等各方面的发展起着十分重要的作用。儿歌是幼儿最早接触的文学作品类型之一,它有着优美的旋律和节奏,给人们以美的享受。

(二) 儿童诗

儿童诗是儿童诗歌的一个分支,具有鲜明的特点,能反映时代的主流和作家对现实的思想感情。儿童诗语言凝练、形象生动、富含意境。从内容来分,儿童诗又可以分为故事诗、童语诗、科学诗、讽刺诗等形式。

(三) 儿童散文

儿童散文是用散文体的形式抒发一定的思想、情感。儿童散文语言优美、富有韵律,符合幼儿认知水平和心理特点,对发展儿童语言、陶冶儿童情操起着重要的作用。

儿童故事和儿童诗歌这两种幼儿园最常见的儿童文学形式,能够让幼儿感受到生活中的真、善、美,满足幼儿发展的多种需要。

第三节 幼儿园文学作品活动的基本过程

教师要在文学作品活动中组织好活动环节,才能帮助幼儿在生动、活泼的氛围中习得核心经验,确保学习活动的效率,具体来说,文学作品学习活动的组织通常有以下环节。

一、感知、欣赏文学作品

组织幼儿开展文学作品活动时,教师首先要把文学作品介绍给幼儿,让幼儿感知文学作品。目的是让幼儿初步接触文学作品,欣赏文学作品的语言美和意境美,调动幼儿学习作品的兴趣,并帮助幼儿初步理解作品内容。这是文学作品学习的首要环节。教师根据作品的难易程度采用有感情地讲述或朗诵作品、演示教具、提问等多种方法组织教学,使幼儿对文学作品有一个完整印象并帮助幼儿初步理解文学作品的情节内容、人物性格和主题思想。此处,故事学习可以讲述两遍,诗歌因为比较短小,可以讲述三遍,均可以选用配乐朗诵,教师讲述与音频、视频相结合的方式开展。此环节目的在于让幼儿初步理解文学作品的内容。如小班故事活动"香香的被子",教师在开展故事教学时,首先配合音乐完整讲述故事,并通过提问的方式吸引幼儿,激发幼儿去探索故事内容,初步了解故事。紧接着教师出示"被子"的实物,帮助小班幼儿通过动作体验掌握"抱""摸""闻"等词汇,符合小班幼儿直觉行动思维向具体形象思维发展的特点。

二、理解、体验文学作品

在幼儿感知、欣赏文学作品的基础上,教师要进一步组织儿童围绕作品开展一些能让幼儿亲身操作、体验的活动。主要目的是让幼儿通过活动进一步理解作品的内容、主题，以及作品的主要特色和作品的语言美，尤其要让幼儿切身地感受作品所展现的情感心理和精神世界，并且为下一步的扩展想象和语言表达打下基础。在操作、体验作品这一层次上，教师可以根据每一个作品的具体内容来设计、组织一些相关的活动，最好开展一些可操作的或带游戏性质的活动，也可以采用观察等方式，让幼儿走进与作品内容相关的自然和生活情景，丰富幼儿的感性经验；还可以采用绘画、手工制作、表演、唱歌等方式，让幼儿用艺术表现作品内容，这样既能满足幼儿的兴趣，又让幼儿有想象和表达的空间；甚至可以组织一次相关内容的主题谈话和讨论活动，既能帮助幼儿丰富作品内容，又能发展幼儿的口语表达能力。值得注意的是，所有这些活动的重点要放在理解、体验作品上，必须紧紧围绕作品内容引导幼儿理解与思考。例如，小班故事活动"香香的被子"，在活动开展的第二个环节，教师结合教具、图片分段讲述故事，让幼儿通过多感官通道的使用，更深入地理解故事内容。

三、创造、表现文学作品

通过前面两个层次的活动，幼儿对文学作品内容有了深入的理解和体验，对作品的语言特色和情感特色有了较全面的认识。在这个基础上，教师可为幼儿提供文学创作的机会，拓展幼儿的想象，挖掘幼儿的语言能力。其目的是让幼儿根据已有的知识经验，运用文学作品的语言和结构，发挥幼儿的想象力和创造力，进行创造性的文学创作。在这一层次活动中，幼儿的文学创作比较多地立足于已学的文学作品基础上。教师可以组织儿童开展续编故事活动，如让幼儿根据《会动的房子》的情节内容续编小松鼠又在乌龟的背上去了哪些地方，见到了哪些景色；也可以让幼儿仿编诗歌，如让幼儿根据《摇篮》的语言特点和内容结构，仿编出还有哪些摇篮，摇着××宝宝；甚至还可以组织儿童独立创编故事和诗歌，如让幼儿看图片编故事、编诗歌，或者根据教师提供的角色编故事，或者根据教师提供的词语编故事等。无论是哪种类型的文学创作活动，教师都要鼓励幼儿积极动脑思考，大胆地想象和表达，要与别人表达的不同，并以此作为评价的重点，鼓励儿童有自己的独特见解和想法。

总体来说，文学活动包括上述三个层次的活动，但又不限于这三个层次的活动，从而实现从理解到表达、从模仿到创新、从接受到运用的整合过程。如小班故事活动"香香的被子"，在活动开展的第三个环节，教师通过游戏活动"晒被子"，激发幼儿的兴趣，并掌握故事中的一些对话语言。小班幼儿在创造性表现语言这一部分，能够做到复述故事主要情节，大胆表述就可以了。中、大班幼儿则需要在续编、创编和角色扮演等方面有更高的要求。

参考案例

小班故事活动:香香的被子

【设计意图】

进入深秋,天气逐步变冷了。《香香的被子》正是一个发生在秋天里温暖的故事。聪明的小动物们忙着为严寒的冬天做准备,晒晒被子,把暖和的阳光留在被子里。通过这个故事的欣赏可以拓展小班幼儿的生活经验,感知晒过的被子是"热热的、软软的、香香的",可以抵抗严寒的冬天。小动物们有趣的对话都是重复的简单句,适合小班幼儿的认知发展水平。幼儿可以在教师的引导下,结合表情、动作学说故事里的对话,进一步提高幼儿的语言表达能力,达到《纲要》提出的"引导幼儿接触优秀儿童文学作品,并鼓励幼儿大胆、清楚表达自己想法"的要求。

【活动目标】

1. 理解故事内容,把握词汇"热热的""软软的""香香的",知道晒被子的好处。
2. 能在教师引导下初步学会说故事中角色的对话。
3. 在游戏的情形中,体验晒被子带来的暖和和乐趣。

【活动准备】

1. 故事背景图一幅,背景音乐。
2. 教具准备:小猪、小猫、小山羊纸偶各一个,小狗指偶一个,实物小被子一床。
3. 接触过晒过的被子。

【活动过程】

1. 导入。

教师:一个秋天的早上,太阳公公出来啦,照得大地暖洋洋的。这时候,胖小猪和他的好朋友小花猫、小山羊来到草地上,你们猜他们在干什么呀?小动物们究竟是在做什么呢?我们来听一个故事,故事的名字叫作《香香的被子》。

2. 结合背景音乐,完整讲述一遍,提问并根据幼儿回答出示背景图及动物形象。

(1) 故事的名字叫作什么?
(2) 小动物们都在做什么?
(3) 有哪些小动物在晒被子呢?
(4) 你们觉得晒过的被子是怎样的?

出示被子实物,幼儿在教师的引导下,通过"抱、摸、闻"感受晒过的被子"热热的,香香的,软软的",从而把握词汇"热热的""软软的""香香的"。

3. 结合教具,分段讲述故事,帮助幼儿理解故事内容。

(1) 讲述故事,从开头到"晒过的被子是怎样的",提问:小狗看见小动物都来晒被子是怎样问的呀?

（2）继续讲述故事，从"小猪说"到"晒过的被子闻起来香香的"，提问：胖小猪是怎样回答的？小猫是怎样回答的？小山羊是怎样回答的？

幼儿在教师引导下，结合表情、动作学说："晒过的被子盖起来热热的"，"晒过的被子摸起来软软的"，"晒过的被子闻起来香香的"。

（3）继续讲述故事，从"小狗听了大家的话"到结束，提问：假如你是小狗，盖着晒过的被子，你觉得怎么样呀？

（4）教师小结晒被子带给我们的好处。

3. 游戏：晒被子。

在游戏的情境下，教师带领幼儿边晒被子边说"晒过的被子……"。

4. 活动总结：小朋友们回家以后，跟爸爸妈妈一起，晒晒自己的小被子，闻一闻是否也是香香的，有一股太阳的味道。

故事《香香的被子》

第四节　幼儿园文学作品活动的核心经验

一、儿童故事活动的核心经验

1. 词汇

故事因为其叙事性和情节性，在内容长度上比儿歌更长，包括了更多类型的词汇，所以学前儿童在故事学习中能够获得许多新词汇，增进对词汇含义的理解。

2. 结构

结构是指表述、叙述或描述的模式，在儿童故事中，结构多出现于故事段落中相似的叙述方式，类似于诗歌中的句子结构。例如故事《会动的房子》中，小松鼠来到了大树下、大海边、山脚下等。

3. 情节

在儿童文学作品中，儿童故事在情节这一核心经验上体现得最为明显和独特，所有的儿童故事都必须有情节，而且生动的故事情节是优秀的儿童故事必备的文学特征。在分析儿童故事的情节时，常常采用"三步法"来概括故事情节。学前儿童学习故事的过程中，不仅要理解故事内容，掌握故事中的词汇含义，还要逐步学会概括故事。学前儿童获得了这样的核心经验，今后在倾听或阅读某个故事后，才能用准确、概括的语句向他人讲述故事大意。

4. 运用与表现

儿童故事活动中的运用与表现的核心经验与诗歌中的核心经验基本相同，主要体现在再现故事中人物的动作、语言、表情，或者按照故事中的结构创编故事、表演故事等。

5. 人物形象

鲜明的人物形象是优秀的儿童故事必不可少的文学特征，在儿童故事活动中，鲜明的人物形象，有助于幼儿形成对类似角色形象的认识，还有助于幼儿通过人物形象理解故事的主题，通过故事中正面人物形象的示范习得相应的行为，养成相应的品格。如在故事《会动得房子》中，糊里糊涂的小松鼠和憨厚可爱的小乌龟的形象跃然纸上。

6. 评判性思维

幼儿不仅要知道故事的内容，还要对故事的主旨、人物的行为进行评价和判断，表达自己对某个故事的喜好并说明原因。对故事内容进行思考、质疑、分析与评价，从而形成自己的看法，这就是评判性思维的表现。例如：我喜欢小乌龟，因为它很善良。

故事《会动的房子》

二、儿童诗歌活动的核心经验

诗歌学习需要考虑核心经验的获得，这样诗歌活动才会有明确的指向性。根据诗歌学习的特点，幼儿在诗歌学习的过程中可以获得以下核心经验。

1. 词汇

词汇指所有词的总和，也指某一范围内所使用词的总和。词汇是构成句子的最小单位，分为实词和虚词两大类。在诗歌中，常用的词汇主要是实词，包括名词、动词、形容词、数词和量词等。例如诗歌《摇篮》，可以学习诗歌中的动词，如飘、翻、吹；形容词，如轻轻。

蓝天是摇篮，摇着星宝宝，白云轻轻飘，星宝宝睡着了。

大海是摇篮，摇着鱼宝宝，浪花轻轻翻，鱼宝宝睡着了。

花园是摇篮，摇着花宝宝，风儿轻轻吹，花宝宝睡着了。

妈妈的手是摇篮，摇着小宝宝，歌儿轻轻唱，宝宝睡着了。

2. 结构

结构是指表述、叙述或描述的模式，在诗歌的结构中，有整首诗歌的结构，也有诗歌中每首或每句的结构。将诗歌中的结构核心经验分析出来，不仅可以让幼儿习得这样的"结构"，还可以帮助幼儿更好地理解和记忆诗歌，并进行结构仿编。例如诗歌《摇篮》，幼儿仿编的部分：

大树是摇篮，摇着鸟宝宝，树叶沙沙响，鸟宝宝睡着了；

沙滩是摇篮，摇着龟宝宝，温度悄悄升，龟宝宝睡着了；

草地是摇篮，摇着兔宝宝，草儿轻轻动，兔宝宝睡着了；

花儿是摇篮，摇着蝴蝶宝宝，风儿轻轻吹，蝴蝶宝宝睡着了。

3. 情节

情节是指事件发生的脉络，常常表现为事件的起因、经过和结果。有些诗歌的内容是一个故事，教师可以通过讲故事的方式把诗歌的内容生动、形象地讲给幼儿听。对于有情节的诗歌，其分析方法是让幼儿尝试用一句话把儿歌中的故事情节概括出来，并保证这句话中出现故事的主要元素。

4. 运用与表现

运用与表现的核心经验是指幼儿在儿歌学习的过程中,通过再现儿歌中的人物、动作、表情、节奏等获得的经验。如何使幼儿在儿歌学习的过程中将自己的生活经验或想象用儿歌的方式表现出来,并在生活中运用和表现学习过的儿歌,是使幼儿获得这一核心经验的关键。再现的方式有多种,比如可以用绘画的方式来表达,可以根据原结构扩展仿编,也可以加入动作表演。

5. 韵律

韵律是指诗歌中的声韵和节律,具体指诗歌中的平仄格式和押韵规则。幼儿在诗歌的学习中,要逐步感受到这些相同的韵脚,尤其是在"字韵"中,要能够指出诗歌中的最后一个字都是一样的。这种对韵脚的意识是幼儿文字意识发展的重要基础。除了押韵外,教师还要教幼儿学会分析诗歌句子中的平仄变化。

6. 节奏

在诗歌中有规律地出现一定数量的音节,形成一定数量的节拍,念唱起来有短暂的停顿,这就形成了节奏。一般诗歌都会有符合自身内容和基调的节奏,但在绕口令中可以变换多种节奏。节奏越快,幼儿在发音过程中越容易出错。通过调整节奏可以锻炼幼儿的发音能力,同时能让其感受到绕口令的乐趣。

实训活动

实训1　小班文学作品活动的设计与组织

实训目标:学会根据小班幼儿年龄特点和语言发展规律,设计和组织小班文学作品活动。

一、小班文学作品活动目标的制定

(一)小班故事活动目标的制定

根据不同年龄阶段设定故事学习的目标,是故事活动成功开展的前提和保障。根据《指南》对于故事学习的目标要求,结合幼儿故事学习的核心经验,小班幼儿故事活动目标的制定,认知目标要突出对情节、词汇、句子、人物形象的理解;技能目标突出结构、运用与表现、评判性思维、复述的要求;情感目标强调人物形象、评判性思维等的形成。所以,小班幼儿故事活动目标可以落实到以下几方面,具体要根据故事自身特点来设计:

认知目标:了解故事大意,掌握词汇,感受人物形象。

技能目标:复述故事内容,能够表演故事,仿编一个故事情节。

情感目标:感受故事中的真善美,愿意在集体面前表演故事。

参考案例

小班故事活动：会说话的小手

【活动目标】

1. 理解故事内容，把握"推""拉""摸"等动词。
2. 能在教师引导下初步学会说故事中的角色对话。
3. 喜欢参加表演，感受用小手讲故事的乐趣。

（二）小班诗歌活动目标的制定

根据不同年龄阶段设定诗歌活动的目标，是诗歌活动成功开展的前提和保障。根据《指南》对于诗歌学习的目标要求，结合幼儿诗歌学习的核心经验，小班幼儿的诗歌活动目标的制定，在认知目标上注重情节、词汇等内容；技能目标要突出结构、运用与表现、幼儿对诗歌内容的复述等情感目标要体现韵律和节奏。小班诗歌活动目标可以落实到以下几方面，具体要结合诗歌自身特点来设计：

认知目标：了解诗歌大意，掌握词汇。

技能目标：复述诗歌内容，能够用动作表现诗歌，能够仿编诗歌。

情感目标：感受诗歌的韵律美，愿意在集体面前表演诗歌。

参考案例

小班诗歌活动：坐车子

【活动目标】

1. 了解诗歌内容，掌握安全乘车知识。
2. 能够复述诗歌并用相应的身体动作表现诗歌。
3. 愿意在集体面前参与表演诗歌。

坐车子

安全带，扣起来，
坐车子，去爬山，
向左弯，向右弯，
紧急刹车——向前弯。

二、小班文学作品活动过程的设计

（一）小班故事活动的组织要点

儿童故事活动是从理解到表达、从模仿到创新、从接受到运用的整合过程。"听、说（演）、编"是儿童故事活动的核心环节。

1. 欣赏故事环节的组织要点

创设良好的环境气氛，激发幼儿倾听故事的兴趣和愿望。实践表明，在讲故事的过程中适当配以相关的音乐效果，起到渲染气氛的作用，能够收到良好的学习效果。

教师充满感情地、生动流畅地讲述故事，引导幼儿充分感受作品的结构、主题。教师使用普通话讲述，用语调、表情、动作等渲染气氛，用提问的方式循序渐进推进故事理解。

2. 表现故事环节的组织要点

小班表现故事以故事复述为主。故事复述有全文复述、分段复述和细节复述三种形式。小班幼儿主要是概括故事大意。表现故事常用的方式是故事表演，故事表演有三种类型：整体表演、分段表演、角色表演。小班一般以角色表演形式为主。

3. 编构故事环节的组织要点

小班幼儿编构故事的主要形式为扩编。扩编主要是丰富故事中的一些环节，如故事《想飞的小象》，小象在学飞的过程中遇到了蛇、小鸟等动物，可以鼓励幼儿根据小象遇到小动物的情景展开扩编。

（二）小班诗歌活动的组织要点

儿童诗歌活动的组织通常有以下三个环节：感知、欣赏文学作品；理解、体验文学作品；围绕文学作品进行创造性想象。由于3—4岁幼儿的思维处在具体形象思维阶段，所以创造性想象这一环节是幼儿学习的难点。

1. 设置学习环境

此环节是诗歌学习的第一环节，教师要给小班幼儿设置良好的意境，激发幼儿倾听诗歌、散文的兴趣和愿望。可以用情景导入，在活动室中间的地面上铺满绿草或黄叶儿，营造春天的景色，使幼儿有如临其境的感觉，帮助幼儿感受、理解作品。

2. 教师朗诵诗歌

教师要声情并茂地朗诵诗歌或散文，引导幼儿充分感受作品。要注意普通话发音标准、感情充沛。同时，小班幼儿存在个别语音发音不准现象，因此，教师在示范朗诵时不宜速度太快，朗诵次数以三次左右为宜。一般情况下，第一至二遍注重完整欣赏，重点放在感受整体情绪，让幼儿记住诗歌的名称，初步感知诗歌的主要内容。

3. 理解、体验文学作品

在这个环节中，教师需使用多种方法帮助幼儿感受与理解诗歌作品。可以选用形象化的教具，如图片、视频来帮助幼儿理解，图片、视频是最为直观的形象化教具。在小班幼儿学习诗歌的过程中，教师可以通过提问帮助幼儿排除认知、语言、社会知识等方面的障碍。同时，教师还要有教学机智，能根据幼儿的反应灵活有效地运用追问、质疑等方法,引导幼儿在讨论中获得进一步的理解、体验,发挥作品应有的教育功能。

4. 诗歌仿编活动

(1) 仿编前的准备:幼儿再次熟悉和理解诗歌的仿编结构。教师应该提前给予幼儿知识经验的准备以及想象能力和语言表达能力的准备。

(2) 仿编中的讨论和示范:组织幼儿进行简单的讨论,引导儿童注意仿编活动中的关键问题。教师进行仿编示范,启发幼儿想象。

(3) 想象与仿编:教师给幼儿提供某一具体形象的图片或实物做支持,然后逐渐取消直观教具。

(4) 串联和总结:在原文的基础上加上幼儿的仿编段落。注意要有总结句,仿编结束仍以总结句来完成全文。

(5) 小班诗歌仿编活动要点:在原有诗歌结构、画面的基础上改换某个词。

参考案例

小班诗歌活动:春风

原作品:

春风一刮,
芽儿萌发,
吹绿了柳树,
吹红了山茶,
吹来了燕子,
吹醒了青蛙,
吹得小雨轻轻地下,
孩子们河边去种瓜。

仿偏:

春风一刮,
芽儿萌发,
吹绿了小草,
吹红了桃花,
吹来了蝴蝶,
吹醒了乌龟,
吹得小雨轻轻地下,
孩子们河边去种瓜。

实训 2　中班文学作品活动的设计与组织

实训目标:学会根据中班幼儿的年龄特点和语言发展规律,设计和组织中班文学作品活动。

一、中班文学作品活动目标的制定

(一) 中班故事活动目标的制定

中班故事活动目标可以落实到以下几方面,具体要根据故事自身特点来设计:

认知目标:了解故事大意,掌握词汇,掌握句子,感受人物形象。
技能目标:复述故事内容,能够表演故事,能够续编故事结尾。
情感目标:感受故事中的真善美,愿意在集体面前表演故事。

参考案例

中班故事活动:想飞的小象

【活动目标】
1. 理解故事大意,知道每个小动物都有自己的特长和本领。
2. 大胆想象小象会用自己的本领如何帮助朋友们,并续编结尾。
3. 喜欢读故事,勇于表达。

(二)中班诗歌活动目标的制定

中班诗歌活动目标的制定可以落实到以下几方面,具体也要根据诗歌自身特点来设计:

认知目标:了解诗歌大意,掌握词汇,掌握句式结构。
技能目标:复述诗歌内容,能够用动作表现诗歌,能够仿编、创编诗歌。
情感目标:感受诗歌的韵律美,愿意在集体面前表演诗歌。

参考案例

中班诗歌活动:小雨伞

【活动目标】
1. 了解诗歌大意,理解"转""滴"等动词。
2. 仿编诗歌,并能够用身体动作来表现诗歌。
3. 能够感受到诗歌的韵律美。

二、中班文学作品活动过程的设计

(一)中班故事活动的组织要点

中班故事活动注重从理解到表达、从模仿到创新、从接受到运用的整合过程。"听、说(演)、编"是活动的核心环节。

1. 欣赏故事环节的组织要点

在中班幼儿欣赏故事的环节中,教师要注意:

(1)创设良好的环境气氛,激发幼儿倾听故事的兴趣和愿望。讲故事配乐效果佳。

(2)教师充满感情地、生动流畅地讲述故事,引导幼儿充分地感受作品的结构、主题。教师使用普通话讲述,用语调、表情、动作等渲染气氛,用提问的方式循序渐进推进故事理解。

2. 表现故事环节的组织要点

中班表现故事以故事复述为主,故事复述有全文复述、分段复述和细节复述三种形式。中班幼儿分段复述较多。表现故事还有一种常用的方式是故事表演。故事表演有三种类型:整体表演、分段表演、角色表演。中班幼儿分段表演和整体表演较多。

3. 编构故事环节的组织要点

中班幼儿编构故事主要是续编。续编一般是对故事结尾进行扩展,例如《想飞的小象》中,小象最后明白了道理:每个人都有自己的优点。故事到此戛然而止,我们可以引导幼儿想象力气很大的小象会用自己的优势如何帮助其他小动物。

(二)中班诗歌活动的组织要点

儿童诗歌活动的组织通常有以下三个环节:感知、欣赏文学作品;理解、体验文学作品;创造性的想象。4—5岁幼儿创造想象开始萌芽,所以围绕诗歌作品进行创造性想象这一环节,是中班幼儿诗歌学习的重点。

1. 设置学习环境

此环节是诗歌学习的第一环节,我们要给中班幼儿设置良好的意境,激发儿童倾听诗歌、散文的兴趣和愿望。可以用视听情景导入,可视的画面设计要美观,配上音乐,与诗歌内容相映成趣,帮助幼儿感受、理解作品。

2. 教师朗诵诗歌

教师要声情并茂地朗诵诗歌或散文,引导幼儿充分感受作品。具体要求:教师要用标准的普通话且有感情地朗诵。示范朗诵初次为教师朗诵,第二次可播放音频或视频,欣赏的次数通常以三遍为宜(可根据作品的长短和难易程度而定)。一般情况下,第一至二遍完整欣赏,重点放在感受整体情绪,让幼儿记住诗歌的名称,初步感知诗歌的主要内容。

3. 理解、体验文学作品

教师需提供多种形式帮助幼儿感受与理解诗歌作品。可以选用形象化的教具,如图片、视频来帮助儿童理解,图片、视频是最为直观的形象化教具。例如在中班诗歌活动中,教师可以制作简笔画的"图谱"(用多幅图对应诗歌的句式,形成图谱),帮助幼儿分句理解。同时要注意提问的层次性和针对性,层层递进地展现诗歌的内容。

4. 创造性仿编活动

(1)仿编前的准备:儿童再次熟悉和理解诗歌的仿编结构。教师应该提前给予幼儿知识经验的准备以及想象能力和语言表达能力的准备。

(2)仿编中的讨论和示范:组织幼儿进行简单的讨论,引导幼儿注意仿编的关键问题;教师做出一定的仿编示范,启发幼儿想象。

(3)想象与仿编活动:给幼儿提供某一具体形象的图片或实物做支持;逐渐取消直观教具。

(4)串联和总结:在原文加上幼儿的仿编段落;有总结句,仿编结束仍以总结句来完成全文。

(5)中班诗歌仿编活动要点:在原有诗歌结构、画面的基础上,改换系列对应关系的词汇、画面,实现创编过程中想象的变化与表现。

参考案例

中班诗歌活动:吹泡泡

原作品:
　　星星是月亮吹出的泡泡,
　　露珠是小草吹出的泡泡,
　　葡萄是藤儿吹出的泡泡,
　　我吹出的泡泡是一首首歌谣,
　　是一串串欢笑。

仿偏:
　　太阳是蓝天吹出的泡泡,
　　浪花是大海吹出的泡泡,
　　苹果是苹果树吹出的泡泡,
　　我吹出的泡泡是一首首歌谣,
　　是一串串欢笑。

实训3　大班文学作品活动的设计与组织

实训目标:学会根据大班儿童的年龄特点和语言发展规律,设计和组织大班文学作品活动。

一、大班文学活动目标的制定

(一)大班故事活动目标的制定

大班故事活动目标可以落实到以下几方面,具体也要根据故事自身特点来设计:

认知目标:了解故事大意,掌握词汇,掌握句子,感受人物形象。

技能目标:复述故事内容,表演故事,续编故事结尾,能够对故事发表自己的看法。

情感目标:感受故事中的真善美,愿意在集体面前表演故事。

参考案例

大班故事活动：猴子捞月亮

【活动目标】

1. 了解故事大意,知道故事中猴子捞不到月亮的原因。
2. 能够使用故事中的语言开展角色表演活动。
3. 敢于在集体面前大胆表述自己的猜测及想法。

(二) 大班诗歌活动目标的制定

大班诗歌活动目标可以落实到以下几方面,具体也要根据诗歌自身特点来设计:

认知目标:了解诗歌大意,掌握词汇,掌握句式结构。

技能目标:复述诗歌内容,能够用动作、绘画等多种形式表现诗歌;能够仿编、创编诗歌。

情感目标:感受诗歌的韵律美,愿意在集体面前表演诗歌。

参考案例

大班诗歌活动：假如我有翅膀

【活动目标】

1. 理解诗歌内容及诗歌中的排比句式。
2. 根据排比句式,大胆创编诗歌。
3. 感受诗歌中人与大自然的亲密融合,萌发对生活的憧憬与热爱。

二、大班文学作品活动过程的设计

(一) 大班故事活动的组织要点

故事活动是从理解到表达、从模仿到创新、从接受到运用的整合过程,所以"听、说(演)、编"是活动的核心环节。

1. 欣赏故事环节的组织要点

(1) 创设良好的环境气氛,激发幼儿倾听故事的兴趣和愿望。讲故事配乐效果佳。

(2) 教师充满感情地、生动流畅地讲述故事,引导幼儿充分感受作品的结构、主题。

教师使用普通话讲述,用语调、表情、动作等渲染气氛,用提问的方式循序渐进推进故事理解。

2. 表现故事环节的组织要点

大班表现故事以全文复述和细节复述较多。表现故事还有一种常用的方式是故事表演。故事表演有三种类型:整体表演、分段表演、角色表型。大班则是分段和整体表演较多。

3. 编构故事环节组织要点

大班幼儿编构故事主要为续编。续编一般是对故事结尾进行扩展,例如故事《果酱小房子》,熊哥哥的房又可以变成什么颜色,吸引来哪些小动物,发生哪些小故事呢?

(二)大班诗歌活动的组织要点

大班儿童的思维处在具体形象思维向抽象逻辑思维过渡的阶段,整体理解诗歌的意境,进行创造性想象是大班幼儿诗歌学习的重点。

1. 设置学习环境

此环节是诗歌学习的第一步,教师要给大班幼儿设置良好的意境,激发幼儿倾听诗歌、散文的兴趣和愿望。依然可以用视听情景导入、真实情景导入,也可以使用语言描述,激发幼儿的文学想象,使幼儿积极投入诗歌学习中。

2. 教师朗诵诗歌

教师要声情并茂地朗诵诗歌或散文,引导幼儿充分感受作品。具体要求:要用标准的普通话且有感情地朗诵。示范朗诵初次为教师朗诵,第二次可播放音频或视频,欣赏的次数至少三遍(可根据作品的长短和难易程度而定)。一般情况下,第一遍完整欣赏,重点放在感受整体情绪;第二、三遍让幼儿记住诗歌的名称,抓住诗歌中的重点词汇,初步感知诗歌的主要内容。

3. 理解、体验文学作品

本环节,教师需提供多种形式帮助幼儿感受与理解诗歌作品。可以选用形象化的教具,如图片、视频来帮助幼儿理解。在诗歌的学习过程中,教师可以制作简笔画的"图谱"(用多幅图对应诗歌的句式,形成图谱),或者为诗歌配插图,帮助幼儿分句理解。提问时要注意提问的层次性和针对性,层层递进地展现诗歌的内容。同时,教师还要使用多种教学方法,有效地运用追问、质疑等,引导幼儿在讨论中进一步理解、体验作品。

4. 创造性诗歌仿编活动

(1)仿编前的准备:幼儿再次对诗歌的仿编结构熟悉和理解;教师应该提前给予幼儿知识经验的准备以及想象能力和语言表达能力的准备。

(2)仿编中的讨论和示范:组织幼儿进行简单的讨论,引导幼儿注意仿编的关键问题;教师做出一定的仿编示范,启发幼儿想象。

(3)想象与仿编:给幼儿提供某一具体形象的图片或实物做支持;逐渐取消直观教具,借助于想象进行。

(4)串联和总结:在原文加上幼儿的仿编段落;有总结句,仿编结束仍以总结句来完成全文。

(5)大班诗歌仿编活动要点:在原有诗歌结构基础上改换画面,并能够有对新画面的理解。

参考案例

大班儿童诗歌活动《春天在哪里》

原作品:

春天在哪里
春天在哪里呀?
春天在哪里?
春天在那小朋友的眼睛里
看见红的花呀,看见绿的草,
还有那会唱歌的小黄鹂
嘀哩哩嘀哩嘀哩哩,
嘀哩哩嘀哩嘀哩哩
春天在小朋友的眼睛里!

仿编:

春天在哪里
春天在哪里呀?
春天在哪里?
春天在那小朋友的耳朵里
听见鸽子叫呀,听见喜鹊叫,
还有那会采蜜的小蜜蜂,
嘀哩哩嘀哩嘀哩哩,
嘀哩哩嘀哩嘀哩哩
春天在小朋友的耳朵里!

课后任务

自主学习任务:

1. 简述幼儿园文学作品活动的特点。
2. 简述幼儿园文学作品活动的类型。
3. 简述幼儿园文学作品活动组织的基本过程。

合作学习任务:

1. 以小组为单位,自选题目撰写小班诗歌活动方案。
2. 以小组为单位,自选题目撰写中班故事活动方案。
3. 以小组为单位,自选体裁撰写大班文学作品活动方案。

主题六
幼儿园听说游戏活动的设计与组织

学习目标

情感目标：明确听说游戏对幼儿语言教育和身心健康发展的重要性，树立课程游戏化的基本理念。

认知目标：了解幼儿园听说游戏活动的基本含义和特点，理解听说游戏与游戏的关系，掌握听说游戏活动的基本结构。

能力目标：能够根据幼儿年龄特点和个性差异设计与组织不同年龄阶段的听说游戏活动。

学习任务单

1. 完成主题资源的阅读和观看

文本资源：

（1）《传统儿歌在幼儿园听说游戏中的推介与运用——以湖南地区为例》

（2）《通过听说游戏促进幼儿语言能力的发展》

（3）《对提高幼儿园听说游戏有效性策略的思考》

视频资源：

（1）你说我猜

（2）幼儿园中班听说游戏

2. 完成主题六学习导图的绘制

相关资源

学习资讯

　　不论年纪大小，相比起照本宣科，孩子们总是愿意用"身临其境"的游戏方式来获得和了解更多的知识并且记忆下来。在游戏结束后，试着去问每一个孩子：你喜欢这个游戏吗？你最喜欢游戏当中的哪个部分呢？你喜欢的游戏是什么？你觉得我们下次应该怎么来玩游戏呢？你会获得这样那样的小惊喜！

——《游戏中的"一百种对话"》

第一节　幼儿园听说游戏活动概述

一、幼儿园听说游戏活动的内涵

幼儿园听说游戏活动是以游戏的方式进行，以提高幼儿倾听与表达能力为目标的语言教育活动，具有游戏和活动的双重属性，与游戏既有联系，又有区别。

（一）听说游戏与游戏的联系

听说游戏是以游戏为载体开展的，具有游戏的特点，是幼儿园游戏活动的一种特殊表现形式，无论是听说游戏还是其他游戏，都注重在轻松愉快的氛围中，实现幼儿身心全面发展的总目标。

（二）听说游戏与游戏的区别

1. 活动目标不同

听说游戏是以提高幼儿倾听、表达能力为目的语言教育活动，目标具体，针对性、可操作性强；而游戏的活动目标比较宽泛，且不同的游戏类别活动目标也各不相同。

2. 活动主体不同

听说游戏虽然是游戏，却是由教师设计并组织发起的，在整个活动过程中，教师要起比较强的主导作用，要调控游戏活动的基本进程；而游戏是幼儿自主进行的，在游戏过程中教师更多以旁观者、观察者的身份出现，不应主导儿童游戏的进程。

3. 活动内容不同

听说游戏有明确的活动内容，主要围绕提高幼儿发音水平、丰富词汇数量、促进句子和语法的掌握而进行；而游戏的内容是宽泛的，可以从多方面、多角度，随时随地进行。

4. 活动结构不同

听说游戏有固定的、完整的活动组织结构，教师要按照活动结构逐步开展，才能确保语言教育活动的完整性和活动质量；而游戏没有固定模式的活动结构，幼儿可以按照自己的意愿灵活、机动地开展。

二、幼儿园听说游戏活动的特点

（一）任务的明确性

听说游戏有明确的语言教育活动目标。每一个听说游戏都包含对幼儿语言学习任务的具体要求，是教师为了实现某个语言教育活动目标而组织的。如小班幼儿对"s""sh""an""ang"等音节分不清楚，因此教师就设计和组织了"山上有个木头人"的听说游戏活动："山上有个木头人，山山山，三个好玩的木头人，三三三，不许说话不许动。"通过听一听、说一说，幼儿逐渐掌握"三"和"山"的发音要领。

（二）内容的趣味性

趣味性是幼儿游戏的特点，听说游戏借助于游戏的这一特点，把语言学习活动目标和学习内容融入游戏的过程中，使幼儿在玩中学，在学中玩，从而实现寓教于乐的活动目的。

（三）活动的规则性

规则是游戏者在游戏中必须遵守的活动要求，是构成游戏的重要因素，能够调节游戏成员的行为，从而确保游戏的顺利进行。在听说游戏活动中，教师根据具体的语言教育目标，将语言学习的重点内容转化为一定的游戏规则，既有助于语言活动目标的顺利实现，又提高了幼儿的规则意识。如"山上有个木头人"游戏规则是：游戏时必须念儿歌，可以自由做动作，儿歌念完，就不许说话，不许动了，如果谁动了，就必须伸手给同伴，而同伴则拉住他的手说："本来要打千万下，因为时间来不及，马马虎虎打三下。一、二、三。"

（四）过程的练习性

由于听说游戏中包含着明确的语言活动目标，教师在组织听说游戏的过程中可以根据幼儿对任务的完成情况进行反复练习，逐步巩固幼儿听与说的技能，从而保障活动目标的实现。

第二节 幼儿园听说游戏活动的类型

幼儿园听说游戏活动主要包括语音听说游戏、词汇练习游戏、句子和语法练习游戏、练习描述的听说游戏等多种类型。

一、语音听说游戏

语音听说游戏是以提高幼儿听音、辨音和正确发音能力为目标的听说游戏活动。在游戏过程中，幼儿学习的重点是倾听和辨别某一年龄阶段或某一地区难以听清楚的、难以分辨的、难以发出的或容易发错的语音。

良好的听觉能力是准确发音的前提，因而在语言教育活动中要注意发展幼儿的听觉能力。可以借助于听说游戏，开展听音、辨音练习，保障幼儿准确地区分语音之间的微小差别，分清楚相似音、相近音，为发出规范的语音奠定基础，而清楚正确的发音是口语表达的前提条件，发音准确也是语音学习的基本要求。

由于受听觉系统发育不成熟、发音器官发育不完善或语言学习环境不规范等因素的影响，幼儿还普遍存在发音不准确的现象，教师必须在充分把握不同年龄阶段发音特点的基础上，了解本地区语音与标准语音的区别，明确幼儿在听音、辨音和发音过程中存在的困难，找出容易听混、容易发错的音节，从而确定听说游戏活动的基本内容和活动目标，通过有针对性的练习和指导，提高幼儿的听音、辨音和发音能力。

二、词汇练习游戏

词汇练习游戏是以正确运用词汇和丰富词汇数量为语言教育活动目标的游戏，在词汇练习游戏中，借助于游戏，幼儿不仅可以加深对已经学过词义的进一步理解，还可以通过相互交流掌握新词，丰富词汇数量，体验正确运用词汇与他人进行语言交流的快乐。

丰富词汇的游戏要围绕同类词扩充经验和不同类词语搭配经验而进行。

同类词扩充主要是幼儿在听说游戏的过程中，按照一定的规则组织扩展同一类词汇，如在名词的扩充上，幼儿在熟练掌握常见生活用品名称的基础上，逐渐发展到不常见的生活用品，逐渐扩大同一类词的掌握数量，常见的方式有词语接龙、词语开花等。

不同类词语搭配是由熟练使用名词、动词，到学习各种形容词、副词、量词、介词、象声词、方位词的使用方法，使两个或几个词语前后组合得当，能够更加清晰地表达语言的意义。如形容词与名词的搭配：美丽的幼儿园、宽阔的马路、漂亮的风景；动词与形容词的搭配：跳得高、飞得远、爬得慢；副词与动词的搭配：使劲地鼓掌、用力地点头、大声地唱歌。小班听说游戏活动"来来来"是练习使用动词的听说游戏，如教师说："汽车来，我们来。"小朋友说："汽车开过来，我们跑过来。"

三、句子和语法练习游戏

句子和语法练习游戏是引导幼儿在大量积累词汇的基础上，按照一定的语法规则正确组词成句，并运用各种句式、句型提高表达能力的游戏，是促进幼儿语法习得和发展的重要方式。虽然幼儿在日常生活中也有获得和运用语法的机会，但由于日常的学习不够系统，在语言表达的过程中常常出语法错误，如幼儿听到老师说："你没好好做"，会说："我做好好了。"再如有的孩子说："爸爸，你工完作就给我讲故事吧"，都存在语句表达的问题。教师要在充分了解幼儿现有句子发展水平的基础上，通过有计划、有目的、集中、专门的练习，帮助幼儿更好地把握某种语法的特点和规律，实现幼儿从不能说规范句子到能说规范句子、从短句子到长句子、从简单句到复合句的发展，并在尝试运用的过程中提高句子表达的熟练水平。

四、练习描述的听说游戏

这类游戏是训练幼儿用简单、具体、形象的语言完整、连贯地描述事物的特点，从而提高口语表达能力，需要教师在充分了解幼儿现有语音、词汇、句子发展水平的基础上进行，是一种综合的、难度较高的语言训练游戏。

参考案例

中班听说游戏：猜猜我是谁

【活动目标】

1. 体验被同伴认出的快乐情绪。
2. 学习根据声音辨别同伴，练习说疑问句并学习对自己进行描述。

【活动规则】

1. 必须将一根绳上所有结解开才能解第二根绳结。
2. 游戏开始，教师拨好定时钟，必须在规定时间内，解完3根绳结，才能贴一个苹果贴画。

【活动准备】

1. 幼儿串珠用的绳子若干，每一根绳子打5～8个结。
2. 定时钟一个，苹果贴画若干。

【活动玩法】

1. 全班幼儿围坐成半圆形，请一位幼儿背对大家坐好，另一位幼儿走到他椅子后面，轻轻敲椅子背三下，坐着的幼儿问："是谁敲我的门呀？"敲门的幼儿说："是我，猜猜我是谁？"
2. 如幼儿猜不出，可以再问："你是什么人？"幼儿要答："我是你的好朋友。"
3. 猜对了，就调换幼儿，游戏重新进行。

第三节 幼儿园听说游戏活动的基本过程

听说游戏是语言教育活动的一种形式，其基本结构也由活动名称、活动目标、活动重难点、活动准备、活动过程、活动延伸、活动反思等部分构成，其中活动过程是主体部分，一般包括五个环节：

一、创设听说游戏情境

这是听说游戏活动开展的初始环节，主要是通过创设宽松愉快的游戏氛围，激发幼儿产生参与活动的强烈愿望，通过学习，实现听说游戏活动的目标。创设游戏情境的方法很多，大致归纳为如下几种：

（一）用具体事物创设游戏情境

由于幼儿的认识具有直观性的特点,教师运用与幼儿生活紧密相关的具体事物如实物、图片、玩具等创设游戏的情境,会调动幼儿已有的知识经验,迅速把儿童带入熟悉的游戏氛围中,激发幼儿的好奇心,产生参加听说游戏的强烈愿望,促进活动的深入进行,从而取得良好的活动效果。

（二）用肢体动作创设游戏情境

教师的动作和表情是实现教师与幼儿有效互动的重要手段。听说游戏活动中,教师通过自己生动形象的动作表演,让幼儿想象出游戏的角色、游戏的场所,产生游戏的情境气氛,不仅能培养幼儿的想象力,还能激发幼儿的好奇心,促使他们迅速进入游戏情境。如小班听说游戏活动"谁来了",游戏开始时,教师模仿袋鼠跳、小虫爬、小鸟飞的动作,再加上生动形象、富有启发性的语言,让幼儿猜测:是谁来了？幼儿在教师的引导下,产生了积极愉快的情绪,然后一起开展游戏。

（三）用生动形象的语言创设游戏情境

教师对语言的运用是一门艺术,能够直接影响活动的效果。游戏之初,教师通过自己生动、有趣、直观、形象的语言,可以唤醒幼儿的好奇心,感染幼儿的情绪,营造充满憧憬的游戏气氛,引导幼儿一步步进入游戏角色。

（四）用信息技术手段创设游戏情境

随着现代信息技术的发展,PPT、动画片、视听软件等信息技术手段具有生动性、形象性、交互性、感染力强等特点,通过教师的直观演示,幼儿喜闻乐见,能够产生身临其境的感觉,从而激发参与游戏的强烈愿望。

一般情况下,游戏情境的创设不能单靠某种手段,往往是借助于实物、动作、语言、信息技术等多种手段相结合的方式进行。多种手段相互结合,所创设的游戏情境更具形象性,场景更加逼真,造型更加生动,幼儿参与游戏的积极性也会充分调动起来,为听说游戏的顺利进行打下基础。

二、说明听说游戏的规则

说明游戏的规则也就是交代游戏的具体玩法。听说游戏是规则游戏,要有规则的约束,幼儿只有明白了游戏的规则和玩法,才能保证游戏顺利进行,听说游戏目标才能顺利实现。所以,这个环节也是听说游戏的难点。教师可以通过语言说明和动作示范相结合的方式,讲清游戏的基本步骤和要求。在介绍游戏规则时,注意以下几点:

（一）语言表述要简洁

教师在表述规则时要事先进行思考和规划,组织好自己的语言,要交代哪些规则,先交代什么,后交代什么,每项规则怎样表述,都做到心中有数。说明的时候注意用词准确、表述清晰,关键节点注意恰当使用语气,把握语速,确保每一位幼儿听清、听懂每一项规则的具体要求。

(二) 游戏顺序要说清

对规则的说明要结合所开展的听说游戏活动顺序进行，交代清楚先做什么，再做什么，后做什么，每个角色做什么事情，幼儿才能在参与游戏时更好地体会游戏的角色和各个环节的任务。

(三) 动作示范要适当

正确的示范是完成听说游戏的保障，教师在语言说明的过程中，要配合示范性的动作，帮助儿童更加深刻地理解规则的意义。

三、引导听说游戏的开展

游戏开展是听说游戏活动的重点。教师交代清楚了游戏规则后，在幼儿初步理解游戏规则的基础上，可以带领幼儿开展听说游戏。在听说游戏活动初期，教师是游戏活动的引导者，尤其是在小班或难度比较大的听说游戏活动中，教师的引领作用比较重要，教师可以直接参与游戏，充当重要的游戏角色，通过与幼儿的直接互动，起到示范作用，引领活动进行，帮助幼儿熟悉玩法和规则，将游戏活动逐步引向深入。

图 6-1 教师与部分儿童示范游戏

四、支持幼儿自主游戏

在前三个环节的基础上，幼儿对开展的游戏活动已经有了清晰的感知，也积累了一定的活动经验，就可以进入自主游戏阶段。这是听说游戏活动最重要的一个环节，也是活动的难点所在。在这个环节中，教师应该从游戏的主导角色中脱离出来，成为听说游戏活动的观察者和支持者，从而培养幼儿的自主活动能力。但这并不是说教师的使命就结束了，可以脱离游戏了，而换了一种角色。教师还要密切关注游戏进程，引导全体幼儿都能积极参与游戏，从而实现听说游戏的最终目标。为此，这个环节要做好下面的工作：

(一) 关注游戏进程，及时提供活动支持

在幼儿自主游戏阶段，幼儿可以自主开展活动，但教师要以游戏旁观者的身份出现。教师在游戏活动现场，对幼儿会产生一定的激励作用，帮助他们树立完成游戏的信心，尤其是当教师对幼儿以点头、微笑、拍手等肢体语言进行互动或用语言表达欣赏和鼓励时，会更加激发幼儿活动的积极性，保持游戏的兴趣和动力。

在观察幼儿游戏进展时，教师要注意幼儿对游戏玩法、规则的掌握程度和听说活动任务完成的情况，督促幼儿遵守游戏规则，不偏离活动目标。同时，注意及时发现问题，

提供适时的支持和帮助,促进听说游戏活动顺利进行。教师也需要注意发现幼儿在游戏过程中可能出现的问题,如矛盾与纠纷等,通过对矛盾纠纷的及时解决,避免因角色分派不当或其他纠纷问题影响听说游戏顺利进行。但要注意,不要进行过多的干预和限制,要相信幼儿,注重他们在与同伴互动中成功和失败经验的获得,引导他们积累更加丰富的语言信息和活动经验。

(二)因地制宜,灵活选择游戏形式

幼儿自主游戏活动的方式可以是多样的,教师可以根据听说游戏活动的内容和具体要求,选择适当的活动形式。有的听说游戏活动内容比较简单,操作难度不大,可以以集体活动的形式进行,全班幼儿均可参与其中;有的内容比较复杂,活动难度较大,可以以小组形式开展,教师可让幼儿自由结合,选择适当场地进行活动,也可以一对一结伴的方式进行。无论采用哪种活动形式,都取决于幼儿参与活动的最佳效果,哪种方式能够促使幼儿更主动积极地参加活动,哪种形式更有利于幼儿听说练习,教师要在充分考虑、周密策划的基础上,因时因地制宜。

(三)关注幼儿个体差异,适时进行帮助

听说游戏的目的是要培养儿童语言表达能力,这个目标教师要在心中牢记,通过密切观察幼儿的游戏行为和语言能力,针对幼儿听说能力的个体差异和特点,及时采取相应的指导方式,因人施教,确保每位幼儿都能在自己原有水平上得到提高。同时,也要注意对个别不熟悉规则的幼儿进行及时指导和点拨,帮助他们尽快加入游戏,确保班级幼儿参与听说游戏活动的程度。

五、总结、评价与延伸

听说游戏虽然以游戏的方式进行,但仍是语言教育活动,要保证活动的结构完整性,总结和评价是听说游戏不可或缺的一部分。游戏结束后,教师适时、恰当的评价不仅能够能满足幼儿情绪和情感发展的需要,与儿童一同分享游戏的快乐和体验,还可以实现知识经验的迁移,激发幼儿进一步学习的强烈愿望,提高幼儿对语言的理解能力、分辨能力、表达运用能力,补偿在游戏过程中教师主导作用的不足,促进幼儿语言能力和游戏水平向更高层次发展。

需要注意的是,要营造一种良好的评价环境,教师以平等的身份与幼儿共同讨论、评价游戏的过程与活动效果,共同分享听说游戏收获的喜悦。评价方式、方法可以多种多样,因不同的年龄阶段和不同幼儿而不同。小班幼儿年龄小,评价应贯穿整个过程,最好以个别方式进行,及时发现问题、解决问题,保障小班幼儿参与游戏活动的稳定性和积极性。中班可以根据幼儿在游戏中的表现,把他人评价与自我评价相结合。大班就可以灵活地采取集体、小组、个别,自评、他评、互评等形式。评价的过程也能促进不同年龄阶段幼儿语言表达能力的提高。

学前儿童的语言教育观念是完整的,教育活动是全方位进行的,因此,某个听说游戏活动虽然结束了,但语言教育的任务不能结束,要根据幼儿在活动中的具体情况适当

进行延伸,既可以延伸到健康、社会、艺术等其他领域,体现幼儿园课程的整合性;也可以延伸到建构区、表演区、游戏区等不同的区域;还可以延伸到社区、家庭等不同的环境,让延伸活动也能促进幼儿听说能力的提高。

第四节　幼儿园听说游戏活动的核心经验

听说游戏的核心经验主要体现在早期口头语言、早期阅读的学习和应用上,围绕谈话、讲述、说明、辩论、早期阅读等活动方式,把活动目标融入游戏中,在轻松、愉悦的氛围中,实现语言教育目标主要体现在以下几方面:

一、关注幼儿的个性特点,创造想说、敢说、有机会说的条件

幼儿语言学习与发展的核心任务是能够积极理解语言、运用语言,幼儿能够根据活动的需要,选择适合的方式,进行恰当的表达。听说游戏活动是语言教育开展的特殊形式,教师要充分了解每位幼儿的个性特点,有针对性地开展活动。

第一,要清楚每个年龄阶段儿童的兴趣特点,为他们提供适当的活动内容,让每位孩子都有想说的愿望。《指南》指出:"儿童的发展是一个持续的、渐进的过程,同时也表现出一定的阶段性特征",不同年龄段幼儿喜欢的游戏是不同的。小班幼儿喜欢简单、趣味性强的游戏;中班幼儿喜欢探索性强的游戏;大班幼儿喜欢带有竞争性质的、有一定挑战度的游戏,教师所选择的语言活动的内容要符合幼儿年龄阶段的特点,投其所好,以满足不同年龄段幼儿语言学习的兴趣。

第二,对每位幼儿的个性差异做到心中有数,鼓励每个幼儿都有敢说的勇气。幼儿具有与生俱来的气质特点,不同的家庭背景受到的教育要求不同,所形成的个性特点也与众不同,外向的幼儿敢说、爱说,内向的幼儿不敢说、不爱说,教师要充分了解班级中每位幼儿的个性差异,游戏活动开展前要有充分的预案设计,对敢说、爱说的幼儿如何进行点拨,促进幼儿语言发展再上新层次。对不爱说、不敢说的幼儿怎样进行激励,让他们能够开口大胆表达。

第三,提供充分的展示平台,给每个幼儿提供说的机会。每位幼儿的发展是教师开展活动所追求的终结目标,听说游戏活动设计的出发点就要着重考虑每位幼儿是否都能参与其中,每个环节是针对哪些幼儿设计的,每个问题是针对哪位幼儿提出的,只有渗透着教师智慧的设计,才能在游戏过程中帮助每位幼儿展示出自己的智慧,使听说游戏活动面向每一位幼儿,让所有的幼儿都受益,促进每个幼儿都能在自己原有基础上得到发展。

二、创设适宜的活动情境,积累愉悦的听说活动体验

活动情境是教师在活动过程前或过程中创设的情感氛围。教育家叶圣陶先生说:

"作者胸有境，入境始与亲。"幼儿园中的"情"既是教师对幼儿的关爱、呵护，教师与幼儿在互动的过程中建立起的师幼关系，也是幼儿对教师的依恋与热爱。幼儿园的"境"是既是幼儿学习与生活的环境，也是幼儿学习兴趣的源泉，学习智慧产生的动力。

古语说："知之者，不如好知者，好知者，不如乐知者。""乐知""乐学"不仅是情感活动目标的落脚点，也是知识、能力获得的原动力。幼儿在游戏中乐此不疲，正是因为游戏满足了他们身心的愉快，听说游戏既承载了语言的活动目标，突出了课程游戏化的特点；又不同于普通游戏，它注重通过对活动情境的创设，在宽松愉悦的氛围中，激发幼儿参与活动的积极性，发挥幼儿活动的主体性，落实"以幼儿为本"的教育理念，使幼儿按自己的方式进行游戏，直接体验学习的快乐，充分感受与人合作、交流的乐趣，在轻松愉快的氛围中学习语言，积累愉悦的活动体验，为终身学习奠定基础。

三、及时进行角色转换，提升幼儿听说自主学习能力

著名心理学家埃里克森说："自由在哪里止步或被限定，游戏便在哪里结束。"幼儿游戏的突出特点在于它的自由性，幼儿游戏的目标就是为了玩，就是为了获得快乐，一旦有了目标，游戏就变成了任务，快乐的成分便大打折扣，但是听说游戏是有目标的游戏，组织听说游戏的艺术就是如何把活动目标隐蔽于游戏活动中，让幼儿在潜移默化的情境中，不知不觉地实现成长和发展。游戏中的规则也是这样，强调游戏的自由性并不是否认规则，而是强调没有外在的多余的规则，外在的多余的规则是成人对游戏的过多干涉，幼儿游戏的规则来源于幼儿内部，是他们自己提出的，教师对游戏干涉越少，幼儿游戏的兴致越高，想象越丰富，基于这样的出发点，在游戏活动中，教师不再是教师，不再主导活动的进程，教师的角色要随着游戏进行的步伐及时进行转换。

当幼儿玩得尽兴时，教师是幼儿听说游戏的观察者。通过观察了解幼儿在游戏过程中的真实状况和心理差异，知道幼儿对该游戏的兴趣和游戏活动中存在的各种问题，才能捕捉蕴含在游戏中的学习价值和探索倾向。

当活动需要推进的时候，教师要做游戏活动的参与者。教师是游戏的一个成员，与孩子一同游戏，参与活动的过程，以游戏者的身份，针对问题选择恰当的时机，与幼儿一同探索，一起操作，发现问题，讨论问题，解决问题，幼儿是花朵，教师是绿叶，于无声中，实现教师的作用和价值。

当游戏角色不足的时候，教师是合作者。善于把握时机，以某种身份或某种方式进行点拨，让游戏活动得到暗示和启发，推动游戏向更高、更深层次发展。

当幼儿有需要的时候，教师要做游戏的支持者。摒弃功利性的思想，不过分拘泥于活动目标的实现，珍视和保护幼儿自发性的创意，多站在幼儿角度思考问题，多为幼儿听说活动的开展提供自主游戏的环境和丰富多彩的材料，鼓励幼儿大胆展开想象，充分自由交往，敢于进行创新，使幼儿听说的需要得到满足，听说的情感得以激发，听说的能力得以培养，从而全面提升幼儿听说自主学习能力。

四、注重各类活动有机结合，促进幼儿的全面发展

学前儿童语言教育的目标是完整的、全面的，最终目的就是促进幼儿的全面发展。

听说游戏活动就是把语言教育各种活动如讲述、谈话、文学作品、早期阅读等形式有机整合,落实"全语言教育"的宗旨,发展幼儿听、说、读等全面的语言能力。

从活动目标上来看,听说游戏可以把听说、早期阅读的情感、认知与能力目标都融入游戏活动中,借助于游戏的途径和手段,在自由宽松的语言交往环境中,实现幼儿与教师、同伴或其他人交谈的目的,体验语言交流的乐趣。

在活动的组织上,讲述、阅读、谈话、文学作品等各种语言活动方式都可以把听说游戏作为载体,以游戏化的方式进行,从而把语言学习任务整合为一个完整的、有机的系统,借助各活动之间的相互影响、相互作用实现学前语言教育目标。

从活动的性质来看,《指南》强调:"儿童在活动过程中表现出的积极态度和良好行为倾向是终身学习与发展所必须的宝贵品质。"所以,听说游戏强调以活动的方式组织幼儿的语言学习过程,注重活动过程中全体幼儿的积极性和主动性的调动,强调在活动过程中为幼儿提供充分的操作语言的机会,在亲身体验中增强幼儿使用语言的积极性,获得积极的学习体验,提高幼儿动脑思考、动手操作、动口表达的机会,从而促进幼儿的全面、和谐、持续发展。

实训活动

实训1 小班听说游戏活动的设计与组织

实训目标:学会根据小班幼儿的年龄特点和语言发展规律,设计和组织小班听说游戏活动。

听说游戏以趣味性和游戏化的特点,成为提高小班幼儿听说能力的重要途径,也是小班幼儿语言学习的主要方式。

一、小班听说游戏活动内容的选择

小班幼儿听说游戏活动内容要围绕语音、词汇和句子练习等方面进行。

(一)语音练习

小班语言练习要符合小班幼儿的年龄特点,由于小班幼儿的发音器官发育不够完善,听音、辨音、发音的能力比较弱,常出现听音不准、辨音不清、发音困难的现象,所以,语音学习的难点主要集中在翘舌音 zhi、chi、shi、r 等音节上,如在生活中常把"知道"说成"鸡到",把"吃饭"说成"稀饭",把"湿了"说成"撕了",把"日子"说成"意子";而且舌尖音 g、k、l 常用 d、t 等音代替,如"姑姑"发成"嘟嘟",把"渴了"发成"喝了",把"姥姥"说成"咬咬"。所以要结合听说游戏活动,加强对这些音节的练习,为幼儿提供充分的听音、辨音、发音的机会,帮助幼儿更快地掌握发音要领。在练习的过程中,要遵循循序渐进的原则,每次练习的音节不要多,以免产生混淆,同时还要及时进行巩固,通过反复的听说学习,逐步掌握发音要领,实现听准、辨清、发对的语音学习目标。

参考案例

小班听说游戏活动:买东西

【活动目标】

1. 体验听说游戏的乐趣,愿意参加游戏活动。
2. 学习分辨相似音"ji"和"xi",听清指令,并能按指令做事。

【活动准备】

设置娃娃家商店游戏区,准备小公鸡的卡片若干张。

【活动玩法】

教师扮演售货员,小朋友扮演顾客,教师问:"商店开门了,谁来买东西?"小朋友说:"我来买东西。"教师问:"你要买什么?"小朋友说:"我买小公鸡。"

【游戏规则】

幼儿必须清晰地发出"小公鸡"的字音,教师才能够把卡片"卖"给他,并清晰地说出:"给你小公鸡。"如果小朋友发音不准,或发错,必须及时更正,发准确后再给小公鸡的卡片。

该活动针对小班幼儿不易区分"ji""xi"这两个相似音、相近音的现象开展游戏,借助于游戏过程的趣味化,实现幼儿对"ji""xi"的听音、辨音和发音练习。

(二) 词汇练习

小班幼儿学习词汇的积极性非常高,词汇量也迅速增加,大约能掌握 1 000—1 200 个的词汇,但主要以名词、动词为主。所以,听说游戏活动的开展一方面应重视名词和动词的扩展和运用,继续丰富幼儿对名词和动词掌握的数量,同时也加强形容词、副词、量词的学习和使用。

(三) 句子和语法练习

小班幼儿虽然能够用词组成句子,但句子多以简单句为主,句子的成分也较笼统、混沌,因此在听说游戏过程中要立足简单句的学习,引导幼儿由学说完整的简单句,逐渐发展到摆脱对语言情境的依赖,练习说完整句。

参考案例

小班听说游戏活动：谁来了

【活动目标】

1. 体验边做动作边学习词汇的快乐。
2. 学习根据不同的动物选择不同的动词，会用跑、跳、飞、爬等动词描述动物的动作。

【活动准备】

画有兔子、虫子、鸟、鱼、马等动物的卡片若干张，魔术口袋一个。

【游戏玩法】

教师拿出魔术口袋，请小朋友抽取一张卡片，如抽到虫子的卡片，教师示范说："小虫爬来啦。"儿童边说"小虫爬来了"，边做爬的动作。如果小朋友抽到小鱼，就说："小鱼游来了"；抽到小狗，就说："小狗跑来了"……如果抽卡片后，用错了动词，就不能再继续抽卡片了。

【游戏规则】

游戏中，动作必须与说出来的动词一致。

二、小班听说游戏活动设计意图的表述

设计意图主要是阐述听说游戏活动开展的原因，围绕"为什么在小班开展这个活动"展开，表述的时候，注意说清楚两方面内容：一是所选择的听说游戏内容，对于小班幼儿所具有的学习价值；二是小班幼儿具有完成这个活动的哪些经验与能力。

参考案例

小班听说游戏活动：小动物的音乐会

【设计意图】

1. 动物是人类的好朋友，与动物和平相处是人类文明的表现和发展的需要，从小形成爱护动物的思想意识，对培养幼儿形成良好的环保意识与保护动物的情感有重要价值。幼儿非常喜欢小动物，而且生活和故事中，蕴含着丰富的小动物的形象，小班幼儿已经积累了关于小动物的丰富经验，通过对小动物声音的模仿，可以进行听音的练习，提高听音、辨音能力。

2. 小班幼儿思维具有直观行动性的特点,他们喜欢在对动作进行模仿的游戏情景中学习。而且,幼儿对小动物的不同叫声具有强烈的模仿愿望。因此,设计"小动物的音乐会",在游戏中幼儿通过模仿各种小动物的声音,可以学会各种小动物的叫声,并能模仿小动物的动作。在整个游戏活动中,幼儿能够保持活泼、愉快的积极情绪,实现玩中乐、玩中学。

三、小班听说游戏活动目标的制定

听说游戏主要是在听、说的活动过程中,实现幼儿倾听与表达能力的培养目标。《指南》对幼儿倾听与表达能力的发展都做了具体、明确的要求,其中对小班的要求如表6-1所示:

表6-1 小班幼儿听说能力的目标

层次	目标	具 体 要 求
目标1	认真并能听懂常用语言	1. 别人对自己说话时能注意听并做出回应。 2. 能听懂日常会话。
目标2	愿意讲话并能清楚地表达	1. 愿意在熟悉的人面前讲话,并能大方地与人打招呼。 2. 基本会说本民族或本地区的语言。 3. 愿意表达自己的需要和想法,必要时能配以手势动作。 4. 能口齿清楚地说儿歌、童谣或复述简短的故事。
目标3	具有文明的语言习惯	1. 与别人讲话时知道眼睛要看着对方。 2. 说话自然、声音大小适中。 3. 能在成人的提醒下使用恰当的礼貌用语。

根据《指南》的要求,小班听说游戏活动的目标可以分解为:

1. 愿意参加听说游戏,体验听说游戏活动的乐趣;在集体中,能安静地听老师和小朋友说话,不大声喊叫,讲话有礼貌,愿意遵守游戏的规则,乐于改正自己不正确的发音,并学习准确地发音。

2. 明白老师的要求和指令,在倾听游戏中,学习倾听、发出难发的音节和按一定规则说话。

3. 能听懂游戏规则;会用简短的句子表达自己的请求和愿望;能在老师的示范下,按照要求参加游戏活动;当自己发音不准、表达不清或游戏行为不规范时,能按照老师的要求进行改正。

结合总目标和活动目标的具体要求和表述方式,活动中教师可以制定每个活动的具体目标。

参考案例

小班听说游戏活动：小动物的音乐会

【活动目标】

情感目标：体验集体听说游戏的快乐，养成认真倾听的好习惯；集体游戏中，愿意遵守游戏的规则。

认知目标：认识不同小动物和它们发出的"喵""汪""嘎""呱"等音。

技能目标：会说小动物的名称，能模仿小动物的叫声并协调地模仿小动物的动作。

四、小班听说游戏活动重难点的确定

小班幼儿听说游戏重难点主要围绕三方面确定：一是听清楚、辨别出、能发出不同的音节，掌握名词、动词、形容词的用法和完整地使用简单句。二是突出小班幼儿对游戏规则的理解和掌握。三是幼儿良好倾听习惯的养成。教师在重难点的处理上要注意通过简单清晰的语言、生动形象的直观教具、准确的行为示范、及时的练习巩固，突出重点，突破难点。

五、小班听说游戏活动的准备

蒙台梭利认为：教育就是要为幼儿创造一个"有准备的环境"。只有做好充分的准备，才能保障活动的顺利进行。小班听说游戏活动的准备主要从以下两方面进行：

（一）物质和环境的准备

由于小班幼儿注意力集中的时间比较短，非常容易分心，环境要求相对稳定，避免无关刺激对儿童的干扰。小班幼儿思维具有直观性、行动性的特点，要多提供能够直接感知和实际操作的活动材料，让幼儿在看一看、摸一摸、做一做的过程中感知事物的属性。所以活动准备主要以图片、实物、模型或色彩鲜艳、内容简单的 PPT 为主。事先充分了解幼儿的喜好，玩教具的数量要充足，避免幼儿因某一物品而发生争执，同时还要注意把握玩教具出示的时机，避免因过早出示而分散幼儿的注意力。

（二）知识经验的准备

由于小班幼儿知识经验不足，听说游戏活动进行之前要做好相关知识经验的铺垫，为听说游戏的顺利开展奠定基础。如小班听说游戏活动"山上有个木头人"，游戏之前，教师就要借助图片或玩具交代清楚木头人的特点，幼儿在游戏的过程中才能更好地理解游戏规则。

六、小班听说游戏活动的步骤

（一）创设游戏情境

由于小班幼儿年龄小,活动的主动性较差,因而游戏情境的创设应有助于引发与促进幼儿听说游戏活动的开展,使幼儿在情境中产生强烈的参加游戏的愿望,变被动地参与为主动地学习,情境创设应遵循"情绪愉快—主动学习—养成习惯"这样的线索,创设的活动情境要符合小班幼儿直接感知、实际操作的认知特点,注重物质性、参与性和操作性,通过对玩教具的实际感知和操作、教师充满神秘色彩的语言表述、生动形象的示范动作等,儿童产生身临其境的感觉,从而激发幼儿参加游戏的强烈愿望。如小班听说游戏活动"神奇的魔法棒",游戏情境的创设是这样的:

教师:"小朋友,我有一只神秘的魔法棒,我的魔法棒可神奇了,它能变出好多东西呢！猜猜它能变出哪些东西？变变变,看老师变出了什么？"这样的导入使幼儿迅速感受魔法棒的好玩与奇妙,产生了参与游戏的强烈愿望。这个游戏情境就是在幼儿实际经验的基础上,通过直接感知创设的,所以具有良好的效果。

（二）介绍游戏规则

小班听说游戏规则的提出要符合幼儿的接受特点,关注幼儿是否能够听懂,并记得住游戏的规则。所以,规则不能过于复杂,要求不能太多,数量一般以2个左右为宜。教师在表述规则的时候,语言要简单明了、浅显易懂,用较慢的语速讲解,并适当进行动作的示范。在游戏进行时,教师也要结合具体的情况,巩固幼儿对规则的理解,帮助儿童真正明白在游戏活动中要怎样说、怎样做,才能不违背游戏规则,确保活动顺利实现提高幼儿语言发展水平的目标。如小班听说游戏活动"山上有个木头人"的游戏规则是:念儿歌时可以自由做动作,儿歌念完后,不能再做动作,也不能发出声音。

（三）引导游戏开展

小班听说游戏过程中,教师要以游戏参与者的身份与全体儿童一同游戏,在游戏活动中要承担主要角色,以便随时调控游戏的进程,不断激发幼儿活动的积极性,鼓励幼儿参与游戏的行为。待幼儿对游戏活动进一步熟悉后,教师可以与部分能力较强的小朋友一起游戏,为其他小朋友示范。在幼儿全部熟悉规则后,可扩展到全体幼儿的游戏活动。

（四）自主游戏

小班儿童自主游戏的能力还比较弱,活动坚持的时间比较短,常常容易分心。因此,教师应参与、陪伴整个游戏活动的进程,在游戏中起主导作用,注意幼儿游戏水平和个性特点的差异,对脱离游戏活动、不能进行游戏或不愿意进入游戏活动的儿童要及时发现,以适当的方式进行引导,帮助他们清楚自己的角色,加入游戏活动,从而保障听说游戏活动目标的实现。

在最后游戏的评价时,要关注小班幼儿积极性和自信心的培养,为日后进一步参与游戏活动提供支持。

七、小班听说游戏活动的延伸

活动延伸的目的是把活动进一步引向深入,以巩固活动的效果或进一步激发游戏的兴趣。但是,由于小班幼儿注意转移的能力比较弱,游戏活动后,向相对安静的领域延伸比较困难,因而要把握延伸的灵活性。可以考虑把游戏延伸到相对宽松的、自由的空间,以实现对活动进一步拓展的目的,如把小班听说游戏活动"木头人"延伸到社会领域,鼓励幼儿与家长一起做做"木头人"的游戏;也可以延伸到区域活动中,建议小朋友一起在娃娃家中做一做"木头人"的游戏,从而进一步巩固听说游戏的活动效果,并促进幼儿社会关系的发展。

参考案例

小班听说游戏活动:可爱的小动物

【活动目标】

1. 敢在集体面前响亮发音,喜爱玩游戏,体验游戏的快乐。
2. 能说出小动物的名称,并发出"呱""汪""唧""咕"等音;听懂游戏的玩法,知道遵守游戏规则。

【活动准备】

PPT背景(有草地、蓝天、白云、池塘、森林),小鸡、小鸭、小猫、小狗、小兔等动物的头饰和卡片。

【游戏玩法】

教师出示小动物卡片,小朋友要说出小动物的名字,并发出小动物的叫声。

【游戏规则】

说出小动物名字后要发出小动物的叫声,名字与叫声一致,发错了,就需要做一遍小动物的动作。

可爱的小动物

小鸽子,咕咕叫;

小鸭子,叫呱呱;

小公鸡,唧唧唧;

小花猫,喵喵喵。

小班听说游戏活动:小雨伞

【活动目标】

1. 愿意与老师和小朋友们一起游戏,懂得游戏时要遵守规则。
2. 学习发"伞""三"等音,会根据"伞"的颜色,用相应的词进行形容,有机智、灵活的应变能力。

【活动准备】

各种各样的儿童雨伞,下雨的活动情境。

【游戏玩法】

边说儿歌,边玩小雨伞,回答老师的问题,说出自己小雨伞的颜色。

【游戏规则】

当老师问小朋友"什么伞"时,小朋友要根据手中伞的颜色来回答,回答错了,就要把伞收起来。

小雨伞

一、二、三,小雨伞;
下雨啦,要打伞;
什么颜色的小雨伞?
小花伞、小红伞……

小班听说游戏活动:开汽车

【活动目标】

1. 养成轮流、等待等行为习惯,感受帮助和被帮助的快乐。
2. 学习人称代词"你""我""他"的用法,会用"你""我""他"说完整的简单句。

【活动准备】

玩具方向盘若干个。

【游戏玩法】

游戏开始时由老师当司机提问,待熟悉后,换成小朋友。司机说:"呜呜呜,开汽车,谁要上汽车?"小朋友说:"我要上汽车。"司机说:"请你上汽车。"小朋友要接在老师的后面,抓住老师的衣服,活动接着进行:"呜呜呜,开汽车,谁要上汽车?"车下的小朋友说完"我要上汽车"后,车上的小朋友齐说:"他要上汽车。"上来的小朋友抓住前面小朋友的衣服,游戏继续进行。

【游戏规则】

车上的小朋友齐说完"他要上汽车"后,问话的小朋友才能上来。

小班听说游戏活动:送南瓜

【活动目标】

1. 喜欢参加游戏活动,感受游戏中的乐趣,锻炼反应能力。
2. 练习发出n、l两个音;听懂简单的游戏规则,学习使用"您"与"您好"等礼貌用语。

【活动准备】

拐杖、围裙、头巾、南瓜教具若干,篮子3—5个。

【游戏玩法】

首先由教师扮作老奶奶,头上扎着头巾,腰间系着围裙,手中拿着拐杖,面向全体幼儿,采用集体和个别练习的方式与幼儿相互问好。如老奶奶说:"小朋友们好。"儿童答:"奶奶好。"幼儿练习发准"奶奶"的发音,接着继续以老奶奶的口吻说:"我年纪大了,请小朋友把南瓜送到我家,好吗?"送南瓜的小朋友要说:"老奶奶,给您南瓜。"待游戏熟悉后,"老奶奶"由小朋友轮流扮演,教师对个别说不好的儿童进行辅导。

【游戏规则】

幼儿如果说对了,就可以拥有"南瓜",送"南瓜",说不对,就不能继续拥有"南瓜"了。

小班听说游戏活动:听指挥

【活动目标】
1. 养成认真倾听的好习惯,听从指令,按照指令完成任务。
2. 锻炼倾听能力,学会集中注意倾听,倾听与动作能协调一致。

【活动准备】
动物叫声的录音带,布置草地、森林的活动背景。

【游戏玩法】
儿童听到录音机中小动物的声音,就要做相应的动作,如听到小鸟的叫声,就要做出"飞"的动作。如教师说:"小耳朵,听声音,听得清,做得对,听听这是谁来了?"小朋友听小鸡、小狗、老牛、小鸟等声音的录音,老师提问后,小朋友说出动物名字,并做出该动物的动作。

【游戏规则】
听声音做动作,没有听出声音,或动作做错了,就要与老师一起做一遍。

小班听说游戏活动:我的五官

【活动目标】
1. 体验一起游戏的快乐,大胆说话,敢于模仿,知道要爱惜自己的身体器官。
2. 练习使用"我的"说话,学习"听""说""闻"等动词,知道自己五官的用途。

【活动准备】
带有五官的卡片若干张,用于奖励的小红花若干。

【游戏玩法】
当教师或幼儿指到某个五官时,其他幼儿说出这个器官的用途。如:这是我的眼睛,眼睛看东西;这是我的鼻子,鼻子闻气味;这是我的耳朵,耳朵听声音;这是我的嘴巴,嘴巴讲故事……

【游戏规则】
手口一致,说出哪个器官,手指就指到相应位置,并说出这个器官的用途,做对了,就可以获得老师奖励的小红花,做得不对,就继续做。

小班听说游戏活动:变脸

【活动目标】

1. 养成认真观察和倾听的好习惯,乐于参加集体游戏,感受游戏的快乐。
2. 学习用"笑""哭""生气""高兴"等词语形容各种各样的表情。

【活动准备】

各种表情的脸谱道具若干;变脸的短视频一个,用于感受活动情境。

【游戏玩法】

教师或幼儿出示相应的变脸卡片,幼儿用相应的词形容表情。如教师说:"变、变、变,我来变,你来说。"幼儿问:"变什么?"教师拿出一张"哭"的表情卡,幼儿说:"变成哭脸,呜呜呜……"

【游戏规则】

说出的表情要与脸谱道具一致,如果一致,角色进行对换;不一致,则不对换。

小班听说游戏活动:捉迷藏

【活动目标】

1. 愿意与同伴合作,体验与小朋友一起游戏的快乐。
2. 学习"里""外""前""后"等方位词,并练习说完整的句子。

【活动准备】

对班级的区角和各种设备进行调整,便于幼儿躲藏,保障幼儿的安全。

【游戏玩法】

起初由教师扮演兔妈妈寻找藏起来的兔宝宝,边找边说:"××藏到哪里了?"××说:"我在××的后边(前边、里边等)。"随着游戏的深入,引导幼儿做兔妈妈,自主开展游戏。

【游戏规则】

说对的幼儿就可以做兔妈妈,说错了就不能做兔妈妈,只能做兔宝宝。

实训2　中班听说游戏活动的设计与组织

实训目标:学会根据中班幼儿的年龄特点和语言发展规律,组织中班听说游戏活动。

一、中班听说游戏活动内容的选择

随着年龄的增长,中班幼儿不仅熟悉了幼儿园的学习环境,各方面能力也随之提高,参与听说游戏活动的积极性进一步提高,听说游戏活动的内容也比较丰富了。

(一)语音练习

中班幼儿基本上能够掌握本民族的全部语音,语音练习的任务主要是巩固已经习得的语音,进一步提高辨音、发音水平,学习区分相似音,念准平翘舌音,提高说普通话的能力和语音意识,能够发现别人发出的不正确的音节。为此,可以开展丰富多彩的模仿音游戏、发音游戏等,如通过打电话、绕口令、听音找东西、悄悄话、模仿秀等游戏活动,引导儿童通过认真倾听,提高区分音节的能力。

(二) 词汇练习

中班幼儿掌握的词汇数量迅速提升,在听说游戏活动中,重点在学习动词、形容词、副词、代词、方位词、副词、介词、连词等词汇,提高对词义的理解水平,重点练习动词和形容词的用法,能够分清楚中心词与被修饰词,提高词汇使用的准确性。如中班游戏活动"民警叔叔帮我找朋友"就是练习用动词与形容词描述任务的听说游戏活动。还可以通过词语接龙、同类词练习、正确搭配词语、连环词等活动,丰富和扩展词汇类型,提高词汇运用的准确程度。

(三) 语句练习

中班幼儿的独白语言发展水平较快,但是,语句表达还不完整,缺乏条理性,复合句的使用还比较困难,所以,听说游戏活动要围绕儿童语句的完整性进行,引导幼儿学说完整句。可以通过你问我答、句式练习、快乐造句等活动进行练习,如中班语言游戏活动"他有什么",活动目的是让幼儿学会使用"我有……你有……他有……"的句子,完整地表达自己的想法。

二、中班听说游戏活动设计意图的表述

中班听说游戏活动设计意图的表述,要围绕中班儿童语言发展的年龄特点和中班幼儿具有的语言学习经验,以及本次游戏活动对中班幼儿成长所具有的价值进行说明。

参考案例

中班听说游戏活动:数数歌

【设计意图】

《纲要》指出,幼儿是活动的积极参与者,活动内容必须符合儿童的兴趣和接受能力。绕口令读起来朗朗上口,非常押韵,是中班儿童非常喜欢的语言形式,也能锻炼幼儿语言表达的准确性。同时,中班幼儿具备了一定的表达基础,通过练习能够说出"鹿""虎""鼠""兔"等词,也能够把"山上一只虎""洞中一只鼠""草中一只兔""林中一只鹿"等句子说清楚,并能够通过"听一听""说一说"的活动体验游戏和学习的乐趣。

三、中班听说游戏活动目标的制定

《指南》对中班幼儿倾听与表达能力发展的要求如表 6-2 所示:

表6-2　中班幼儿听说能力目标

层次	目标	具　体　要　求
目标1	认真听并能听懂常用语言	1. 在群体中能有意识地听与自己有关的信息。 2. 能结合情境感受到不同语气、语调所表达的不同意思。 3. 方言地区和少数民族儿童能基本听懂普通话。
目标2	愿意讲话并能清楚地表达	1. 愿意与他人交谈，喜欢谈论自己感兴趣的话题。 2. 会说本民族或本地区的语言，基本会说普通话。 3. 少数民族聚居地区儿童会用普通话进行日常会话。 4. 能基本完整地讲述自己的所见所闻和经历的事情。 5. 讲述比较连贯。
目标3	具有文明的语言习惯	1. 别人对自己讲话时能回应。 2. 能根据场合调节自己说话声音的大小。 3. 能主动使用礼貌用语，不说脏话、粗话。

结合听说游戏的活动特点，中班听说游戏活动的目标应围绕以下方面制定：

1. 喜欢参加听说游戏；认真倾听老师提出的游戏规则；对词汇和句子的学习感兴趣；活动中积极表现自己，愿意回答别人的问题；不说脏话，讲话文明礼貌。

2. 知道认真倾听游戏规则；了解不同词汇的基本意思和使用方法，按照游戏规则完成活动任务。

3. 能听懂并理解多重游戏规则；会用带修饰的词汇进行表达；能说连贯、完整的句子；能机智、灵活地完成活动任务。

四、中班听说游戏活动重难点的确定

中班幼儿听说游戏的重难点要围绕对难以发出的音节的巩固练习，对形容词、动词、方位词、副词、量词等的准确运用，对完整句子的表达能力以及对比较复杂游戏规则的理解等方面确定。

五、中班听说游戏活动的准备

中班幼儿思维具有具体性和形象性的特点，要为活动的开展多准备生动形象、内容丰富的卡片、图片、模型、多媒体手段等，数量要充足，以便满足幼儿根据自己的需要和兴趣进行选择。活动之前要充分了解幼儿知识经验的差异性，以便准备的材料有所侧重，使活动开展更有针对性。

六、中班听说游戏活动的步骤

（一）创设游戏情境

中班幼儿的活动性较强，由于幼儿对幼儿园环境比较熟悉，在游戏情境的创设方面可以引导幼儿共同参与，不仅能调动幼儿参与游戏的积极性和主动性，而且有助于提高各方面的能力。在创设过程中要遵循"尝试体验—积极探索—提高能力"这个线索。如在听说游戏活动"改错"中，教师开始就说："今天早晨，我起床早了，没吃晚饭，就梳了脸,洗了头,下班来了。"话还没说完,幼儿笑作一团,见此情境,教师趁机提问:"你们为什么笑啊? 我哪些地方说错了? 应该怎么说才是对的?"在幼儿七嘴八舌的争论中,巧妙地进入了游戏的情境。

(二) 介绍游戏规则

中班幼儿已经具备了一定的规则意识,游戏规则也要相应复杂,可以有 3 个左右,而且规则之间可以稍作变换,提高活动趣味性的同时,也提高幼儿活动的灵活性。对规则的介绍要简明扼要,交代清楚规则所强调的重点,以及违背规则应承担的后果,以便提高幼儿认真倾听的能力和对规则的理解能力。如听说游戏活动"小鸡吃米",开始的时候,教师扮演母鸡,幼儿扮演小鸡跟着母鸡寻找食物,找到能吃的食物卡片后,说出"吃水果""吃米饭"等,并做出相应的动作即可。重复几遍,当幼儿对这个规则熟悉了以后,就调整规则,要求幼儿必须听清楚母鸡所说的话。母鸡说的东西能吃,小鸡说出名称,并做相应的动作;母鸡说的东西不能吃,小鸡就不能说,也不能做动作,否则就违反了规则,不能继续参加游戏。活动规则的变换,不仅提高了活动难度,也提高了对幼儿认真倾听的要求,锻炼了幼儿活动的机智性、灵活性,也增加了游戏的趣味。

(三) 引导游戏的开展

对中班幼儿来说,老师介绍规则和玩法以后,可以先请部分能力强的幼儿尝试游戏的玩法,为其他幼儿做示范,这样既可以检验幼儿对游戏规则理解的程度,便于发现问题,及时纠正,又可以提高幼儿自主活动的能力。但是,在布置任务的时候,教师对幼儿的能力差异要做到心中有数,既要促进能力强的幼儿的发展,又要给弱势幼儿发展和进步提供机会。

(四) 自主游戏和活动评价

在中班幼儿自主游戏的开展中,教师的角色从最初游戏活动的发起者变为观察者和支持者。主要观察幼儿在游戏过程中对游戏玩法和规则掌握的情况,对个别不熟悉规则的幼儿及时进行个别指导。当游戏开展遇到困难的时候给予适当支持,当出现矛盾和纠纷的时候及时进行解决,对违规的现象进行及时处理。因此,自主游戏中教师要进行间接调控,不能过多干预和限制幼儿的活动,而是做儿童自主游戏的促进者。

在进行活动评价的时候要注意客观公正,点评幼儿在游戏活动中表现出的优点和不足,并注意引导幼儿进行相互评价。幼儿在提高思维能力、分辨能力、评价能力的同时,口语表达能力也得到全面提升。

七、中班听说游戏活动的延伸

中班听说游戏活动可以延伸到不同的活动领域,如家庭、区角活动、社区活动等,但无论延伸到哪个领域,都不能背离语言教育的总体目标,都是把幼儿在班级活动中的所看、所学、所说变为幼儿真正的所做、所用、所行,实现"知行统一"的最终目标,促进幼儿语言能力的提高。

参考案例

中班听说游戏活动:词语开花

【活动目标】

1. 喜欢学习新词汇,愿意与老师和小朋友一起参与活动。
2. 会用形容词和副词,学习用复合句表达自己的想法。

【活动准备】

绘有各种常见事物或四季景色的卡片若干张,小奖品若干份。

【游戏玩法】

教师出示画有苹果、宝宝、雪花等形象的卡片,幼儿用合适的形容词、副词进行修饰。例如:教师出示绘有苹果的卡片,幼儿说:"老师,老师,我来说,'苹果香喷喷'。"教师出示雪花卡片,幼儿说:"老师,老师,我来说,'雪花沙沙下'。"

【游戏规则】

教师拿出卡片后,幼儿要说:"老师,老师,我来说,'××××××'。"用词准确、说话完整的幼儿会获得小奖品。

中班听说游戏活动:小鹦鹉,学说话

【活动目标】

1. 对活动感兴趣,当别人说话的时候仔细听,养成注意倾听的好习惯。
2. 能听懂别人说的话,会比较完整地转述给别人的话。

【活动准备】

小鹦鹉道具若干个,有关于小鹦鹉学说话的知识经验。

【游戏玩法】

班级幼儿分成四组,老师跟每小组的第一个幼儿说一句话,然后依次向后传话,老师询问的时候,由最后一个幼儿告诉大家,再由第一位幼儿点评大家传的"话"正确与否。熟悉游戏玩法后,可以由幼儿自己进行游戏,也可以改变方向,由后向前进行。

【游戏规则】

1. 传话要悄悄进行,不能让别的小组听到,别人听到了,就输了,游戏就不能进行了。
2. 要原样复述,当老师问的时候,小组最后一个幼儿才能告诉老师。第一个幼儿对他听到的内容进行评价,如果不对,就算输了,不能进行游戏了。最后留下的小组获得"鹦鹉学话"的冠军。

中班听说游戏活动:动物运动会

【活动目标】
1. 对学习说话感兴趣,有较强的表达愿望和参与活动的积极性。
2. 会使用相应的动词描述小动物的动作,并练习说较长的完整句。

【活动准备】
动物头饰若干张,动物开运动会的情境。

【游戏玩法】
教师创设小动物开运动会的游戏情境,幼儿自愿选择不同的动物头饰戴在头上,教师点到相应的小动物的时候,带有该动物头饰的幼儿要说出描绘该动物动作的动词,并做出相应的动作。如老师先说开场白:"运动会,真热闹,小动物们,快快来报道!小马怎样来报道?"戴有小马头饰的幼儿说:"小马跑着来报到",并做"跑"的动作。老师说:"小鸟怎样来报道?"戴有小鸟头饰的幼儿说:"小鸟飞着来报道",并做"飞"的动作,如此依次进行,熟练后由幼儿主持游戏。

【游戏规则】
教师点到的动物才能在运动会上表演,表演时不仅说出动词,还要做出相应的动作;动词用错了,或动作做错了,就输了,只能退出运动会,做观众。

中班听说游戏活动:请客

【活动目标】
1. 喜欢与老师和小朋友做游戏,懂得别人说话的时候要认真倾听,等别人说完了,自己再说。
2. 能知道普通话声调的不同变化,练习发准四种声调。

【活动准备】
娃娃家情境,各种烹饪道具和带有四个声调的蔬菜、鸡蛋、肉等道具。

【游戏玩法】
教师示范去别人家做客的情景,引导幼儿通过对话的方式自己开展游戏,游戏过程中练习四种声调。先一起学说儿歌《今天我当家》:

今天我当家,
锅铲手中拿,
忙上又忙下,
饭菜做好啦!
当当当,敲门声。
主人:有客人来了,你是谁呀?
客人:我是×××。
主人:欢迎你来我家,请问你想吃什么?
客人:谢谢,我想吃……

【游戏规则】

必须准确说出卡片上食材的名称；游戏要轮流进行，幼儿都要有机会做主人。

中班听说游戏活动:找朋友

【活动目标】

1. 喜欢交朋友，感受有朋友一起玩的快乐。

2. 学习量词的用法，能比较准确地把量词与相应的对象进行配对。

【活动准备】

带有生活用品图片的卡片（单只）或道具。

【游戏玩法】

每人选一张卡片，选好后，开始寻找与自己手中卡片一致的朋友，两个或几个幼儿成为好朋友，完整说出自己小组物品的名字，如一副手套、一双鞋、三只松鼠、一对枕头等。

【游戏规则】

在指定的时间内完成任务，没有找到朋友就输了；要用准确的量词表达。

中班听说游戏活动:蹲蹲魔法

【活动目标】

1. 愿意参加集体游戏，感受与人合作的快乐。

2. 结合图谱学习儿歌，能按口令玩游戏，发准字音，会根据儿歌的规律交换水果的位置，替换动词，创编儿歌。

【活动准备】

魔法棒、儿歌图谱、水果头饰、水果拼盘。

【游戏玩法】

幼儿选择水果头饰，根据自己戴的"水果魔术卡"分组站好，念"魔法"儿歌，听从指令，被念到名字的"水果"要做出相应的动作。起初由教师当魔法师，带领幼儿边念"魔法"边玩游戏，幼儿熟练游戏以后，把游戏还给幼儿，教师对活动中动作不够协调或没有念到动词时就开始做动作的幼儿进行针对性的指导。

苹果蹲

苹果蹲，苹果蹲，苹果蹲完梨子蹲，

梨子蹲，梨子蹲，梨子蹲完葡萄蹲……

【游戏规则】

1. 要边念"魔法"边做游戏；被念到的"水果"组做相应的动作，没被念到，不能做动作。

2. 根据幼儿游戏情况增加难度，如换动作，把"蹲"换成"跳"等。

中班听说游戏活动：美妙的味道

【活动目标】

1. 丰富味觉生活经验，喜欢与人合作，有竞争意识，愿意对事物进行探索。
2. 知道有不同的味道，会用正确的词汇描述味道，提高活动反应能力。

【活动准备】

歌曲《懒洋洋当大厨》，相应的表情图若干张，酸甜苦辣咸的食材道具若干份，玩具筐或篮子。

【游戏玩法】

幼儿自由组成酸、甜、苦、辣、咸小组，然后拿着玩具筐或篮子去寻找表情卡片和食材道具，把属于自己小组的味道道具和表情卡片放到自己小组的筐或篮子里，最后由小组成员依次说出"××是××的"句子，并做出卡片上的表情，如"柠檬是酸的"，"苹果是甜的"，"苦瓜是苦的"……

【游戏规则】

在指定的时间内找到对应味道的食材道具和表情卡片；说句子的时候，要做出表情卡上的表情，找对数量最多的小组为冠军组。

中班听说游戏活动：开火车

【活动目标】

1. 敢于在集体面前大胆说话，养成别人说话的时候认真倾听的好习惯，体验轮流参与活动的乐趣。
2. 学说地名，会用"请"礼貌完整地表达自己的想法。

【活动准备】

画有火车头的头饰若干个。

【游戏玩法】

教师示范与幼儿一起玩"开火车"的游戏，教师与幼儿分别扮演司机与乘客，进行对话，熟悉后将幼儿分组进行游戏，并进行角色互换。

司机：嘿嘿嘿，我的火车就要开。

乘客：火车往哪开？

司机：火车往北京开。

乘客：请你等一下，我要上北京。

司机：请你快上来。

【游戏规则】

司机与乘客进行对话，变换地名，乘客与司机的地名要一致，对答流利，如果被问住了，或出错了，就不能当司机，只能当乘客；一个地名只能"上车"一位幼儿，其他幼儿要等待。

实训3　大班听说游戏活动的设计与组织

实训目标:学会根据大班幼儿的年龄特点和语言发展规律,设计和组织大班听说游戏活动。

一、大班听说游戏活动内容的选择

(一)语音练习

大班幼儿语音意识进一步提高,不仅能够发现别人发音不规范的情况,还能对自己语音表现的缺欠产生害羞的心理,所以要充分利用这一时机,提高幼儿的语音意识,尤其是方言比较严重的地区,教师要鼓励幼儿大胆纠正别人不标准的发音,大力推广普通话,促进幼儿语音发展向新水平迈进。同时,也要提醒幼儿在发音的时候,注意把握音量和音色,引导幼儿感受语音的美妙,提高发音的准确性和艺术性。

(二)词汇练习

大班幼儿掌握的词汇比较丰富,重点要练习词汇使用的准确性以及运用词汇的灵活性,用恰当的语词来表情达意,如词语开花、正话反说、扩字游戏、词语变换等游戏,就是由教师或幼儿提出一个词,其他幼儿说出与这个字相关的词,说出的越多越好,如教师说"风",儿童可以说"大风""刮风""微风"等。游戏活动不仅能够丰富幼儿的词汇数量、词汇类型,还能促进思维的发散,为进一步理解书面语言奠定基础。

(三)语句表达

大班幼儿语句表达能力发展迅速,能够表述的句子结构也日趋复杂,句子成分逐渐完整,句子的长度也有很大发展,陈述句理解和掌握比较好,需要加强对结构复杂的句式和疑问句、祈使句、感叹句的练习,学习被动句与主动句转换的规律,可以借助于说话接龙、句子专项练习等游戏活动进行,提高语句表达流畅性和完整性的同时,提高语言表达能力。

二、大班听说游戏活动的设计意图的表述

大班听说游戏活动设计意图的表述要突出:通过活动的开展,幼儿在语言发展上的收获、对游戏规则领悟的情况以及创造能力的培养,强调活动中幼儿能力的提高。如大班听说游戏活动"盖楼房"设计意图为:大班幼儿语言表达能力发展很快,已经不满足于使用简单句表达自己的思想,而是尝试使用更加复杂的复合句,但是准确使用复合句还需要经过练习,本活动通过教师示范"风越刮越大""狗越跑越快""花开得越来越鲜艳"等句式,启发儿童用"越……越……"进行造句,并学会清楚表述事物发展的过程。

三、大班听说游戏目标的制定

《指南》对大班幼儿倾听与表达能力发展的要求如表6-3所示:

表 6-3 大班幼儿听说能力目标

层次	目标	具体要求
目标 1	认真听并能听懂常用语言	1. 在集体中能注意听老师或其他人讲话。 2. 听不懂或有疑问时能主动提问。 3. 能结合情境理解一些表示因果、假设等相对复杂的句子。
目标 2	愿意讲话并能清楚地表达	1. 愿意与他人讨论问题,敢在众人面前说话。 2. 会说本民族或本地区的语言和普通话,发音正确清晰。 3. 少数民族聚居地区儿童基本会说普通话。 4. 能有序、连贯、清楚地讲述一件事情。 5. 讲述时能使用常见的形容词、同义词等,语言比较生动。
目标 3	具有文明的语言习惯	1. 别人讲话时能积极主动地回应。 2. 能根据谈话对象和需要,调整说话的语气。 3. 懂得按次序轮流讲话,不随意打断别人。 4. 能依据所处情境使用恰当的语言,如在别人难过时会用恰当的语言表示安慰。

所以,大班的听说游戏活动目标可以围绕如下几方面制定:

1. 养成认真倾听指令和别人说话的好习惯,愿意参加集体活动,喜欢与同伴游戏和讨论问题,敢于在班级或他人面前发言。

2. 明白游戏规则的作用,在游戏中学习正确运用量词、连词、反义词等比较复杂的词汇,学习用完整句和复合句进行表达。

3. 能够听懂比较复杂的语句,掌握和传递有细微差别的信息,能快速理解比较复杂的游戏规则,并按照游戏规则快速组织语言;能用合适的语气和音调,流畅、完整地表达比较复杂的内容。

四、大班听说游戏活动重难点的确定

大班幼儿听说游戏的重难点要围绕这些内容而定:普通话使用的情况,对不同词的灵活运用程度,使用复合句连贯、完整地表达想法的水平,在语言表达过程中语音、语气使用情况及语言表达过程中的文明礼貌情况等。

五、大班听说游戏活动的准备

在大班听说游戏活动的准备中,要围绕幼儿语言教育发展目标,多层次、多侧面地提供多元化的游戏活动材料,使幼儿在活动中能够保持对材料的新鲜感,增强选择材料的积极性,愿意动手实践、动脑思考。在准备工作中最好鼓励儿童积极参与,让他们与教师一同参与活动的准备和环境的创设,引导幼儿思考为了活动开展的有趣、好玩,需要哪些材料?需要布置什么样的环境?通过提供具有启发性的材料,创设具有启发性的环境,不仅能够提高幼儿动手能力,激发幼儿参与游戏的积极性,也能激励幼儿积极思考、积极创造。

六、大班听说游戏活动的步骤

（一）创设游戏情境

大班听说游戏情境的创设要吸引幼儿的参与，教师与幼儿共同创设具有启发性、问题性、创造性、寓教于乐的游戏情境，遵循"自主创设—主动探索—实践创造"的线索，提高儿童的综合表达能力。如大班听说游戏活动"花婆婆"的情境创设：活动之前，教师让每一位幼儿与家长一同准备好生活中常见的各种各样的花，并与幼儿一起用这些花布置活动室，把活动室布置成了"花房"，幼儿在自己的"花房"里，根据游戏规则的要求，介绍自己花房的名称、与自己的花房相关的词语等，通过这种方式，能够让幼儿在实物情境中更好地感受到花的美好，学会使用与"花"相关的词语和句子，幼儿思维灵活性也在实物的情境中得以激活。

（二）介绍游戏规则

大班幼儿理解能力增强，也掌握了一些认识事物、解决问题的方法，游戏规则可以相对复杂，并注意引导幼儿通过讨论自己制定规则，在讨论的过程中提高幼儿语言运用能力、思辨能力。同时，由于规则是幼儿自己制定的，也有助于幼儿提高对规则的进一步理解和执行的力度。在执行规则的过程中，启发幼儿深入思考规则的可行性，允许对不合理的规则进行修改或随着活动的深入，逐步提高规则的难度，还可以引入适当的竞争机制，提高听说游戏活动的效果。

（三）引导游戏活动的开展

由于大班幼儿合作的意识比较强，因而，明确了活动规则后，可以引导幼儿自由分组开展游戏活动，这样不仅能锻炼幼儿自己组织游戏的能力，给儿童相互之间的交流和学习提供机会，还能促进同伴关系的发展。在自由分组的过程中教师可以适当地进行引导，确保每个幼儿都能参加游戏活动。对于能力比较弱的或不喜欢参与活动、有特殊需要的幼儿，教师可以与其结伴，顺其自然地将其带入游戏活动之中。

（四）自主游戏和活动评价

在大班自主游戏阶段，教师要以观察者和促进者的身份出现，观察游戏活动的进展，捕捉幼儿在游戏过程中创造性的想法，促使这种想法及时变成创造性的行为，推动游戏活动向更高层次发展。同时，也要重视游戏结束后的评议环节，鼓励幼儿在集体或小组中大胆对自己或他人游戏活动的优点和不足进行点评，这样，不仅能满足幼儿敢说、愿意说的情感要求，培养幼儿良好的总结与反思的习惯，而且能提高幼儿评价和自我评价的能力，增强活动的自信心，今后更加乐于参加集体活动。

七、大班听说游戏活动的延伸

大班活动延伸的领域更加多样，教师可以根据这一段时间幼儿园的培养目标、幼儿在活动过程中遇到的问题、值得进一步探讨的热点等多角度进行延伸，值得注意的是，要借助于活动的延伸，为幼儿提供更广阔的活动空间，使活动延伸具有灵活性、启发性、探索性、合作性的特点,为进一步巩固语言游戏的活动效果,促进幼儿相互之间的语言交流,形成幼儿对语言学习的稳定兴趣而服务。

参考案例

大班听说游戏活动:让我猜一猜

【活动目标】

1. 对动脑筋猜谜语感兴趣,体验猜到结果的快乐情绪。
2. 能遵守游戏规则,学习对不同动物进行语言描述,提高反应能力。

【活动准备】

小动物的头饰若干张,警察帽子道具2—3个。

【游戏玩法】

幼儿自由选择动物头饰,请2—3位幼儿扮作警察,把守城门,入门的幼儿要对自己扮演的小动物进行描述。如守门的"警察"说:"城门关,城门开,想要进城来,让我猜一猜。"入城的"小动物"要描述"我会汪汪叫""我的尾巴像剪刀""我走路蹦蹦跳"等,守门的"警察"猜到了,会说:"××,××请进门。"

【游戏规则】

想入城的"小动物"描述对了,守门的"警察"猜到了,就能进城,猜错了,就进不去城;如果"小动物"描述对了,守门的"警察"没有猜到,就要换入城的人做"警察"并说"口令"。

大班听说游戏活动:我的小红马

【活动目标】

1. 体验与小朋友们一起做游戏的快乐,明白遵守游戏规则的重要性。
2. 练习"嘚儿驾""喔""吁"等音的发音。

【活动准备】

创设树林、草原的游戏情境;小红马卡片人手一张,小竹棍人手一根。

【游戏玩法】

幼儿一手拿着小红马的卡片,一手拿着小竹棍,做骑马的样子,边骑马,边听老师的指令,与老师一起念儿歌:"我有一匹小红马,长长的脖子大尾巴,嘚儿驾,嘚儿驾,穿过树林奔草原,带着我去看妈妈。"当说"嘚儿驾"时,小朋友就一起向前"骑马";当听到"喔"的时候就要转弯,当听到"吁"的时候就必须要停下。

【游戏规则】

游戏过程中要根据老师或小朋友发出的指令变换动作方式,没有听清指令,或动作做错了,就要退出游戏做观众;其他幼儿要边做动作边说儿歌。

大班听说游戏活动：词语开花

【活动目标】

1. 有学习新词的兴趣，愿意学习新词语。
2. 能够听清楚要求，会根据教师提供的词进行拓展练习。

【活动准备】

丰富的道具或卡片。

【游戏玩法】

教师把班级幼儿分成"风""雨""雷""电"或"春""夏""秋""冬"四个小组，两个小组以竞赛形式开展词语拓展活动。如，风可以扩展为刮风、大风、春风、微风等。

【游戏规则】

词语要与道具或卡片相对应；在限定的时间内，哪个小组说的词汇多，哪个小组就获胜，获胜的小组有一次给其他组出题目的机会。

大班听说游戏活动：正话反说

【活动目标】

1. 对学习反义词感兴趣，有参加活动的积极性，敢于在集体面前大胆发言。
2. 能够理解反话的含义，会说出相对应的反话，提高思维的敏捷性。

【活动准备】

性质相反的实物、道具或卡片若干。

【游戏玩法】

教师导入游戏："有个地方真好笑，绿色的太阳当空照，公鸡孵出鸡宝宝，母鸡打鸣喔喔叫，松鼠地上吃青草，小羊树上来回跳，蝴蝶水中学游泳，金鱼空中跳舞蹈。"教师提问幼儿出了什么问题，哪个地方不对，请幼儿一一指出。教师总结："哦，是我说反了，今天来学习说反话。"当幼儿拿着实物、道具或卡片说："我的××是×的"的时候，另一位幼儿要找到与他相反的东西，并说"我的××是×的"，如一位幼儿拿出西瓜卡片说："我的西瓜是大的"，另一位幼儿要找到的苹果卡片，并说："我的苹果是小的。"

【游戏规则】

必须说反义词；必须用"我的××是××的"句式说完整的话；说词汇的同时要做动作，动作与词一致；谁接的越快，说的越多，谁就是冠军。

大班听说游戏活动：词语接龙

【活动目标】

1. 养成认真倾听的好习惯，敢于迎接挑战。
2. 能够听懂游戏规则，根据问题，快速反应，对接上相应的词汇。

【活动准备】

可以传递的工具一个，具有激励性的背景音乐。

【游戏玩法】

班级幼儿围成一圈,由教师说出一个词语,幼儿一边传递工具,一边续接词语,工具传递到谁手里,谁就要说出续接的词,如"新鲜—鲜花—花儿……",没接上词的小朋友要表演节目,并出下一轮题目。

【游戏规则】

续接的词的第一个字必须与上一个词的最后一个字的发音一致;必须在限定的时间内接上;词语接上了,手里的工具才能传出去,词语接不上,工具在手里停留五个数,就算输了,要给大家表演一个节目。

大班听说游戏活动:我问你答

【活动目标】

1. 提高主动参与活动的积极性,愿意认真思考,积极回答问题。
2. 能够用恰当的形容词描绘相应的事物,有快速反应的能力。

【活动准备】

绘有各种情境的图片若干张,装在"百宝箱"中,分成平均四份。

【游戏玩法】

将班级幼儿分为四个小组,每个小组发一只装有游戏卡片的百宝箱,小组围成一圈,老师先提出问题,幼儿迅速在自己的"百宝箱"中,找到能对答问题的卡片,并表述完整,如教师问:"什么白?"幼儿回答:"大雪白","白云白"……教师问:"什么热?"幼儿回答:"夏天热","馒头热"……

【游戏规则】

找出卡片,说出句子,卡片与句子描述一致,用词正确;找出卡片最多的小组胜出,并负责下一轮出题。

大班听说游戏活动:丢手绢

【活动目标】

1. 提高学习语言的积极性,愿意主动表达自己的意愿。
2. 能够进行仔细观察,会按照一定顺序,用适当的语词描述事物。

【活动准备】

生活中常见的物品或各种小动物道具若干个。

【游戏玩法】

班级小朋友围城一圈,席地而坐,一位小朋友负责敲鼓,鼓声开始,由老师先拿出一个道具,绕圈跑,鼓声停止后,老师就放到某位小朋友的后面,由小朋友到圈中央介绍老师丢给他的道具,要用"我的朋友是……,它的头……,它的身体……,它的尾巴……"的句式,介绍完后,再由这位小朋友进行下一轮的丢手绢。

【游戏规则】

1. 敲鼓的小朋友要蒙住眼睛。

2. 鼓声停的时候,手中的道具必须放到某位小朋友的身后。
3. 描述的小朋友要按照顺序进行或由上向下,或由下向上,不能跨越某个部分。
4. 完成描述任务的小朋友有权换道具,开始下一轮游戏。

课后任务

自主学习任务:
1. 简述听说游戏活动的特点。
2. 简述听说游戏活动的类型。
3. 简述游戏情境创设的方法。
4. 简述如何交代听说游戏的基本规则。
5. 论述听说游戏活动组织的基本过程。

合作学习任务:
1. 以小组为单位,自选题目撰写小班语音游戏活动方案。
2. 以小组为单位,自选题目撰写中班词汇游戏活动方案。
3. 以小组为单位,自选题目撰写大班句子游戏活动方案。

主题七
幼儿园早期阅读活动的设计与组织

学习目标

1. 情感目标:形成幼儿园早期阅读活动的正确认识,能够积极主动地设计和开展早期阅读活动,并在活动中树立做好早期阅读活动设计与组织的信心;

2. 知识目标:掌握幼儿园早期阅读活动的基本含义和特点,掌握早期阅读活动设计方法;

3. 技能目标:能够根据不同幼儿的年龄特点和个性特征设计与组织幼儿园早期阅读活动。

学习任务单

1. 完成主题资源的阅读和观看

文本资源:

(1)《世界图画书阅读与经典》

(2)《图画书应该这样读》

(3)《亲近图画书》

(4)《带领大人入门的图画书》

相关资源

视频资源:

(1) 应彩云《我的名字叫克里桑斯美美菊花》《猜猜我有多爱你》《鼠小弟的背心》《藏在哪里了》《永别了袜子》等优质公开课。

(2) 祝晓隽《花娘谷》《汤姆的小妹妹》等优质公开课。

2. 完成主题七学习导图的绘制

学习资讯

> 幼儿的阅读是从包括图画的图像开始的。对幼儿来说,图像没有文字语言的障碍,但是,真正想要读懂那些图画,也是要经过学习,不断获得经验的积累才能够做到的。
>
> ——朱自强《亲近图画书》

第一节 幼儿园早期阅读活动概述

一、早期阅读活动的内涵

阅读是人依靠脑中已有生活经验,对书面语言及其他书面语言符号的辨认、感知与理解,积极主动地获取信息、获得意义的心理活动过程。研究表明,人的阅读活动可以分为两个层面:一是获得阅读能力的学习;二是通过阅读活动,学习获取信息的方法和能力。学前儿童通过早期阅读活动掌握基本的阅读能力,而这些能力是学习的基础,是一个人未来从事各项工作的基本条件。

《纲要》把早期阅读纳入幼儿语言教育目标体系,要求"培养幼儿对生活中常见的简单标记和文字符号的兴趣","利用图书、绘画和其他多种方式,引发幼儿对书籍、阅读和书写的兴趣,培养前阅读和前书写技能"。因此,早期阅读是幼儿凭借图像、文字、符号、色彩与成人的形象解读,理解以图为主的低幼儿童读物内容;培养幼儿浓厚学习兴趣和良好学习习惯;帮助其从口头语言向书面语言过渡的前阅读准备、前识字准备和前书写准备;促进幼儿视觉、听觉、触觉、口语表达,以及观察能力、想象能力和思维能力全面发展的活动过程(见图7-1)。

二、早期阅读活动的特点

(一)早期阅读活动需要丰富多样的阅读环境

幼儿与成人不同,幼儿阅读往往需要特定的阅读环境。为幼儿提供丰富的阅读经验是早期阅读活动的重点。因此,光线适宜、环境温馨、阅读材料丰富仅仅是最基础的物质方面的要求,而早期阅读活动的环境包括精神环境和物质环境,更加详细具体的内容我们会在后面的章节具体介绍。

图7-1 幼儿园中认识符号

(二)早期阅读活动与讲述活动紧密联系

讲述活动与早期阅读活动关系密切,它能帮助幼儿理解书面语言,提高幼儿的讲述水平。不管是讲述生活中的符号、图像的意思,还是理解图画书中某一页表述的内容;不管是幼儿自言自语的自主阅读,还是教师讲完故事后幼儿的复述;不管是幼儿课堂上的角色扮演,还是区角游戏中的阅读内容延伸,都可以发展幼儿的讲述能力。而幼儿通过讲述行为,反馈其对早期阅读内容的理解与掌握程度(见图7-2)。

图7-2 阅读与生活紧密结合

(三)早期阅读活动是一种综合性教育

早期阅读活动是一种综合性教育活动。它不仅仅是提升幼儿语言能力的活动,从内容上来讲,它涉及健康、社会、艺术、科学等领域,同时它又打破各个领域之间的界限。

如李欧·李奥尼的图画书《小蓝和小黄》(见图7-3),故事通过两个好朋友小蓝和小黄之间的奇幻之旅,借助色彩、布局的变化,折射出人与人之间彼此融合,又各自独立的关系,而这本书不能单纯讲它是语言活动的素材,它有艺术、科学领域的内容,又有社会领域的内容。在活动开展过程中,早期阅读活动可以不同程度地提升幼儿的观察能力、判断能力、推理能力、口语表达能力、理解能力、动手操作能力、表演能力等多种能力。

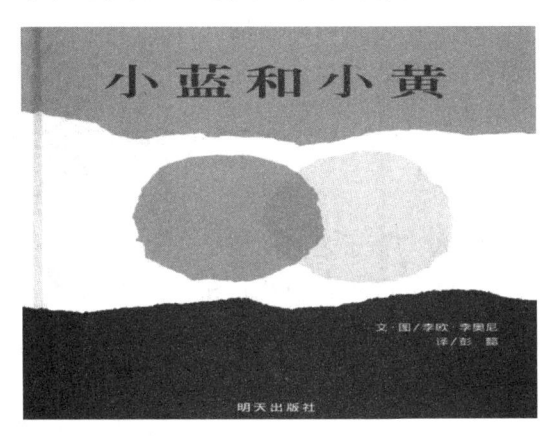

图7-3 绘本《小蓝和小黄》

三、早期阅读的价值

(一)早期阅读能促进幼儿语言的发展

在早期阅读的过程中,幼儿通过对图画、符号、简单文字的阅读,加深对书面语言的理解,通过多元的阅读形式,积累各类词汇。转变口语表达形式,接触不同的语言表达方式,在书面语言的阅读环境中,创造性地运用语言,通过"画一画,说一说"等形式,提升语言表达能力。听说读写等形式相互配合,有助于幼儿在玩中思考和尝试表达,使幼儿产生阅读的愿望,为其正式学习书面语言打好基础。

(二)早期阅读能够促进幼儿思维的发展

从形象思维到抽象思维需要复杂的思维活动参与其中,而早期阅读为幼儿思维形式的拓展提供了契机。大量直观形象的图画和符号刺激幼儿的直观形象思维,而早期阅读中较为复杂的词语、句子、故事情节、意义主旨等,都需要调动幼儿更高的思维过程加以感知和理解。随着阅读的深入,幼儿理解的内容也会更加深入而全面。

(三)早期阅读能培养幼儿的阅读预备技能

早期阅读丰富幼儿前阅读经验、前识字经验和前书写经验,而这些经验的获得,正是幼儿从一幅图一幅图的理解开始。幼儿观察海报上的图画,找到对应实物和名称的关系;观察和分析书页中主要角色和其他角色直接的关系;通过指示符号,找到方位关系;发现图画书中的细节,观察书中的秘密,思考解决方案,发表自我见解等,都为幼儿未来阅读做好准备。同时正确地翻书、看书,找到书页中的节奏和阅读的顺序,爱护图书等,也是幼儿需要掌握的阅读预备技能。

第二节 幼儿园早期阅读活动的类型

早期阅读活动形式多样,教师应该结合幼儿的具体情况与早期阅读素材内容,选择合适的内容与形式开展早期阅读活动。

一、家庭中的早期阅读

家庭中的早期阅读以父母与孩子之间的亲子阅读为主,结合当前国内家庭中祖辈看护幼儿和二胎政策放开等情况,家庭阅读中的早期阅读还包括爷孙辈阅读活动和大带小的兄弟姊妹间阅读活动(见图7-4)。

二、幼儿园中的早期阅读

幼儿园的早期阅读活动包括阅读区的早期阅读活动和有计划的早期阅读活动。

图7-4 二胎家庭亲子阅读

(一)阅读区的早期阅读活动

幼儿的学习是一个连贯整合的过程,所以从幼儿入园开始,就已经在进行各种学习。而幼儿的语言学习也不仅仅通过课堂上单一的语言活动实现,它需要贯穿到幼儿的一日生活中。幼儿园的阅读区是最主要的早期阅读活动场所,它为幼儿听、说、读、写等活动提供物质与环境保障(见图7-5)。

幼儿园阅读区应该设置在光线充足、相对安静的室内,配置适宜高度的书架,图画书封面朝外放置图书。当然,不同年龄班级的阅读区,应该结合幼儿的年龄特点、身心发展状况,与幼儿的兴趣爱好、幼儿园主题活动等内容配置图书,并定期更换图书。

有条件的幼儿园,可以开展班级与班级之间的图书漂流活动,尝试班与班之间进行阅读借阅活动,通过教师推荐、幼儿推荐、阅

图7-5 幼儿园中的阅读区角

读分享会等活动,让阅读区活起来(见图7-6)。

图7-6 绘本推荐活动

(二)有计划的早期阅读活动

幼儿园中开展的有组织、有计划的早期阅读活动可以系统地培养幼儿的阅读态度和形成良好的阅读习惯,使幼儿掌握早期阅读的基本技能。教师通过集体阅读、小组合作、个别指导等形式,在阅读中融合音乐、美术、科学、健康、社会等内容,帮助幼儿在玩、体验、感悟、想象和再创造中学习图画书阅读技能,潜移默化地掌握阅读的内容,丰富自我情感,感受阅读的教育意义。

三、社会中的早期阅读

幼儿的早期阅读活动不仅仅是图画书的阅读,它还包括生活中、社会中的随机的阅读活动。如商场里的安全出口标志,道路上的交通指示标识,社区或者景区里的路线图,花园里"不踩花草"、湖泊边的"水深危险,禁止游泳"(见图7-7)等符号标识,因其特定的含义与造型,同样具有阅读的意义。

随着社会的发展,全民阅读在社区活动、书店、绘本馆等场所如火如荼地开展。幼儿可以在这些场所感受到不一样的阅读氛围和阅读形式(见图7-8)。

图7-7 禁止游泳标志

图 7-8　幼儿参加阅读社团活动

第三节　幼儿园早期阅读活动的基本过程

一、阅读前准备性活动

（一）准备阅读材料

幼儿早期阅读活动需要阅读哪些内容，需要准备哪些教具，都需要提前计划。如小班图画书阅读活动"我的连衣裙"，教师要提前阅读文本，准备幼儿阅读的书籍，准备师生共读时需要用的集体挂图或电子照片，配合活动的开展准备不同图案的贴纸，为了活动的拓展，准备纸偶、木偶或画笔等工具。

（二）阅读经验准备

前期阅读经验，教师与幼儿同样需要。教师首先要了解班级幼儿的实际情况，依据学习目标选择阅读的文本材料，全面了解阅读内容，设计多元的阅读活动，准备前期素材。幼儿在早期阅读活动前，需要掌握最基础的知识，可以通过早期阅读活动，提高自身阅读能力，丰富阅读经验。如《跑跑镇》（见图 7-9），故事很简单，讲的是两种不同的生物跑得太快相撞，就会变成一种新的生物。这个故事如果给小班幼儿看，他看到的是故事的神奇。如果给中班幼儿看，他可以看出事物的变化，理解事物与事物的联系，或者是其他事物由何而来。而如果给大班幼儿看，他还能看出故事呈现出来的幽默感，通过变身后的事物表情，感受事物的喜怒哀乐。看懂图画书，体会书中的创意与幽默，都要在幼儿前期经验的基础上。

图 7－9 《跑跑镇》

二、师幼共读

教师与幼儿共同阅读一本书,幼儿理解图书中的内容,体会故事传递的情感,潜移默化中教师传递阅读技巧,幼儿逐步养成良好的阅读习惯。

对于小班的幼儿,教师可以带领幼儿一页一页地理解书中的内容;对于大班的幼儿,可以通过画面的分析、悬念的揣测、结尾的预测等形式,完成师幼共读。

(一) 从头到尾一页一页地读

这是一种传统的阅读方式,老师带着幼儿一页一页从头到尾地阅读。这种共读方式适合小班年龄段的幼儿和图画书内容中间不能被打断的情况。从封面到封底,教师带着幼儿原原本本地阅读,完整地理解故事情节,体会图画书中传递的情感。

(二) 共读关键页

对一些震撼人心的画面分析,对隐藏着细节的画面的探秘,对有深度的情节的理解等,都是早期阅读师生共读关键页活动的展开形式。当然,关键页可以是分开的一页、两页,也可以是连续的几页,教师带领幼儿阅读、分析、思考,举一反三,逐步丰富阅读经验(见图 7－10)。

(三) 共读结尾

图画书的结尾有时充满哲理,有时滑稽搞笑,有时耐人寻味,有时是另一个故事的开始,教师带领幼儿读出结尾的深度与趣味,让阅读行为不止步在一次活动中,而是延伸到幼儿未来的学习生活中。

图 7－10 依据学习重难点选取关键页开展活动

三、围绕重点开展活动

对于幼儿来说,早期阅读不仅仅是读图画书的文本,还需要通过多元的活动,丰富幼儿的阅读经验,丰富幼儿的情感体验。教师依据学习目标,确定阅读内容,围绕重点环节开展丰富多彩的活动。

(一) 听说读写等形式按需选择

早期阅读活动的开展,不是花样越多越好,所有活动一定要指向目标,都是为了幼儿更好地完成各项早期阅读活动,达到目标的要求。所以,围绕重点内容开展的重点活动,一定要按需选择。当然,生动有趣的活动形式便于调动幼儿学习的积极性与参与度。复述、讲述阅读的内容是幼儿园早期阅读活动中常见的形式。

1. 不同年龄阶段要求不同

表7-1 不同年龄阶段讲述要求

小班	中班	大班
幼儿根据画面说出画面中有什么、发生了什么事等。	幼儿说出大致的故事情节,讲述图书的主要内容。	幼儿在讲述主要内容的基础上,根据故事的部分情节和细节线索猜测故事的后续发展,续编、创编故事。

2. 积极引导幼儿,关注个体差异

幼儿看到的、理解的内容和成人有很大不同,幼儿之间也存在差异,鼓励幼儿讲出来,成人才能知道幼儿真正的想法。当然,因为幼儿的表达水平有限,幼儿说出来的和他真正想表达的内容又存在一定的差异性。教师要鼓励幼儿大胆想象与表述,理解并欣赏幼儿对阅读内容的表达,提高幼儿"说"的兴趣与积极性。教师要根据不同幼儿的阅读能力与表达能力,提出不同的要求,努力让每一位幼儿都获得阅读表达的成就感。

(二) 阅读活动与其他领域活动结合

早期阅读活动是一门综合的活动,为了更好地帮助幼儿掌握阅读的核心经验和阅读技巧,教师往往会把各个领域的知识、技能渗透到阅读中,如《小蓝和小黄》中,可以通过配色的游戏,让幼儿感受色彩的物理变化;《我们一起捉狗熊》中,教师可以带着幼儿走到室外探险,在体育锻炼中,感受冒险与互助的快乐。

(三) 引导幼儿归纳阅读内容

表7-2 不同年龄阶段幼儿归纳能力

小班	中班	大班
能够从前往后一页页地理解单页单幅画面的内容,并能用一段话归纳图书的主要内容。	能在教师问题的引导下理解2~3个单页单幅画面或一个单页多幅画面的主要内容,能为图书命名。	能在教师的帮助下,将一本情节复杂、内容丰富的图书按情节的发展分成几个部分,用一句话归纳图书内容,并预测图书情节的发展。

四、引导幼儿自主阅读

教师引导幼儿自主阅读可以分为课前读、课中读与课后读。

（一）课前读

课前读，可以看作活动准备阶段的内容，阅读的图画书事先放在图书角，个别幼儿提前接触相应内容，或者阅读的材料幼儿事先有所了解。课前读可以为幼儿学习早期阅读活动的内容，做好心理准备，引起幼儿的共鸣。

（二）课中读

教师带领幼儿开展早期阅读活动时，要提供契机，让幼儿亲自感受纸质书的阅读乐趣，从一页一页的翻阅与探究活动中，查找书里的秘密，答一答老师针对书中的内容提出的问题，谈一谈故事的完整内容等，完成幼儿的课中自我阅读。

（三）课后读

课后阅读活动是对课上内容的复习和巩固、对阅读能力的提升、对阅读领域的延伸过程。课后开放性阅读便于幼儿了解同一种风格，或同样的内容，或同一位作者的图画书作品之间的关系，全面提升幼儿的阅读经验（见图 7-11）。

图 7-11　课后教师引导幼儿阅读宫西达也作品

第四节　幼儿园早期阅读活动的核心经验

幼儿园早期阅读活动的核心经验主要体现在幼儿通过早期阅读活动形成良好的阅读习惯，养成积极的阅读行为；能够理解阅读的内容，形成阅读策略；能够依据阅读内容进行评判与反馈。实现语言教育目标，在组织活动的过程中注意把握以下几方面要点：

一、养成良好的阅读习惯和行为

养成良好的阅读习惯是影响幼儿终身阅读的关键因素。对于幼儿来说，了解什么是图画书，怎样在阅读中养成良好的阅读习惯，怎样读懂书中的内容，是幼儿通过早期阅读活动需要解决的问题。初期阶段，幼儿通过触摸和翻阅，对图画书有了最初的认识，知道哪里是书的封面，按照什么顺序翻页，控制手部力量翻书，不损坏图书，不乱撕乱扔图书等。中期阶段，幼儿会反复看自己喜欢的图书，并能根据提示熟练地翻到指定的页面，了解每一页画面都有一定的含义。后期阶段，幼儿熟悉图画书的结构，可以非常专注地阅读图画书，了解书的环衬、扉页在图画书中的作用，知道文字符号表明一定的意义，每一页连起来讲述一个完整的故事，每天都要翻阅图画书。

二、理解阅读内容和形成阅读策略

幼儿能够通过看到的图画书画面，理解画面的内容。初期阶段，幼儿通过阅读封面，了解图画书中的主要角色，通过故事的推进，对主要角色动作、表情、行为方式等有所了解和感知，完成画面中"谁"发生了"什么事"的理解过程。中期阶段，幼儿能主动观察图画书中的主要角色，并对主要角色的行动路径、事件的结果等感兴趣，完成连续多幅图中"谁"具体做了"什么事"的理解过程，并随着作品产生相应的情绪反应。后期阶段，幼儿能细致观察画面中的主要角色，通过对动作、表情、姿态的理解，推测主要角色的情绪和想法，甚至可以根据前面几页的提示，推测出故事的发展和大致走向，完成图画故事中"谁"做了"什么"且"为什么这样做"的理解过程。

三、进行阅读评判与反馈

从最初的成人讲故事、读图书，到自己能够专注地阅读，幼儿对早期阅读的接受过程也由被动接受变成主动思考，对阅读内容的评判与反馈也更加多样化。初期阶段，幼儿会在成人的提示下做出与图画书内容相符的动作或表情，口头语言叙述图画书内容时，逻辑性不强，表述不完整，每幅图之间的联系不明确，喜欢用涂涂画画表达一定的意思。中期阶段，幼儿可以根据自己的理解，表达图画书的情节，乐意把自己喜欢的图书内容讲给别人听，能够对感兴趣的角色产生共情，愿意用符号表达自己的想法。后期阶段，幼儿可以用书面语，清晰、完整、连贯地叙述图画书内容，较为准确地表达自己对图画书中角色的看法，并与他人讨论，愿意用一些特定的文字符号表达图画书的内容和理解。

第五节　幼儿园早期阅读活动环境创设

一、创设适宜的阅读环境

光线明亮、柔和是对阅读环境最基本的物质要求，除此之外，幼儿园早期阅读环境还有着自身独特的物质与精神环境要求："提供丰富、适宜的低幼读物，经常和幼儿一起看图书、讲故事，有利于丰富其语言表达能力，培养良好的阅读兴趣和习惯，进一步拓展学习经验。"

（一）物质环境

1. 为幼儿提供丰富、适宜的阅读材料

幼儿早期阅读以图画书阅读为主。幼儿识字有限，不能自主阅读以文字为主的文学作品。他们通过阅读图画，判断、推测、概括阅读的内容。不论是区角的指示牌、园内各区域的标识，还是图画书都是幼儿阅读的对象。而图画书以图画为主，文字为辅，文图配合，表达故事的情节，塑造角色形象，符合幼儿思维特点，被广大幼儿接受和喜爱。

图画书是一系列连续的画面，图画讲一个故事，文字讲一个故事，文字与图画结合，让故事更加丰富。幼儿通过听赏，了解文字的故事，配合图画理解画面的含义，根据配色、框线、构图等，感受艺术的美，通过细节感知角色塑造。如《母鸡萝丝去散步》，文字叙述了一只母鸡出门散步的内容，画面中除了母鸡萝丝，还有一个主要角色——一只狐狸，而狐狸的滑稽行为与母鸡的淡定形成鲜明的对比，让故事情节紧张又有趣（见图 7-12）。

图 7-12　《母鸡萝丝去散步》

幼儿早期阅读要符合幼儿年龄层次。每个年龄阶段幼儿，因为其认知的发展、所处生活环境、感知和领悟能力的不同，对早期阅读内容的理解有着差异性。不过，同年龄阶段、生活环境相似的幼儿，对早期阅读文本的理解又有着相似性，有规律可循。所以，教师提供给幼儿的阅读文本，既要符合幼儿年龄层次，又能发挥幼儿主观能动性，便于幼儿阅读和理解。如《我爸爸》《我妈妈》的主题贴近小班幼儿生活，能够满足幼儿的想象与联想,通过阅读活动的开展,把生活中的亲子感情带入文本中,有助于幼儿更好地理解文字与画面的意思。同样是讲亲情,《长大做个好爷爷》就适合大班幼儿阅读,不管是对语言的理解,还是对故事情节的把握,大班幼儿在长期积累的生活经验中,有了一定的关于死亡的认识,在生命教育中引入死亡的内容,大班幼儿做好了心理准备,也会在故事中体会到祖孙情的真谛。

幼儿早期阅读拓展幼儿阅读视野。早期阅读活动可以拓展幼儿的阅读视野,让幼儿看到没有见过的东西,感受没有经历过的故事,想象出超越现实的情境。为了激发幼儿的阅读兴趣,拓展幼儿的阅读广度和深度,往往可以配合其他阅读媒介,如电子书、动画片、动画电影、手工材料、拼图、广告图示等一切可以帮助幼儿理解、感知语言符号的形式。

2. 为幼儿提供舒适的阅读空间

在幼儿园中,每个班级的阅读区角是最直接、便利的阅读空间。班级阅读角应当设置在教室中较为偏僻的地方,或者和较为欢闹的区角分开,这样便于营造一个相对安静的阅读环境。阅读区书架不能高过幼儿头顶,书的封面对外,便于幼儿取放图书。阅读区可以放置一些坐垫,供幼儿坐卧,但是不能放置玩具,分散幼儿的注意力。阅读区的图书要定时更新,还要布置借阅指南和借阅规则,帮助幼儿更好地使用阅读区。当然,有条件的幼儿园会设置园本图书馆,结合幼儿园的风格布置图书馆的场景,也要遵循舒适自然的原则,让幼儿乐于走进图书馆进行图书借阅。幼儿园的墙面、盥洗室、室外活动场地等,处处可以出现幼儿阅读的内容,这里的阅读不再局限为书本的阅读,可以是图画、符号、文字等,内容更为活泼、丰富,形式多样。

(二) 精神环境

1. 创设宽松、自由的阅读氛围

幼儿早期阅读活动需要营造一个宽松、自由的阅读氛围。对幼儿来说,不怕犯错,没有指责,被积极引导的阅读环境,是放松的、安全的、无压力的,更是一种心理上的舒适。成人对其关注、鼓励、表扬,同伴间的讨论、讲述、推荐等,都能成为其阅读的动力。建立阅读规则,如不大声喧哗,进入阅读区换鞋或脱鞋,在阅读区的插牌上放置名牌,控制阅读区人数,不撕书,书页损坏及时报告,看完及时归还到原处等都是一些幼儿园阅读区的规定,当然还有班级内部幼儿协商的不成文的规定,需要教师在幼儿使用阅读区之前告知。有些内容需要制作出公告,张贴在阅读区内,这样张贴的公告也变成了幼儿早期阅读的材料,供幼儿阅读。

2. 提供幼儿早期阅读策略

幼儿不是生来就会阅读的,不会翻书,不知道图画的意思,不知道一幅图该怎样观察,不明白图画书应该从什么方向翻页,听到的文字和图画无法一一对应等,不同年龄阶段的幼儿,需要掌握的阅读策略不同,教师应该依据幼儿的年龄特点与接受水平,提供相应的阅读策略。如小班幼儿,教师要指导幼儿一页一页地翻页,一般图画书从左往右看,知道一本图画书由封面、正文、封底几部分组成。封面上的大字是题目,封面上的画面和故事内容有很大关系。通过一页一页地翻书,知道每一页有什么内容,图画书主要讲了谁的故事,或者讲述了什么故事等。通过"说一说""读一读""演一演""画一画"等形式,帮助幼儿理解阅读到的内容,体会故事的意义。对于大一些的幼儿,可以通过复述故事情节、预测故事结尾等形式,加深对故事内容的理解。当然,仿编、续编、表演等形式的运用,可以加入阅读活动中,帮助幼儿深入理解故事内容(见图7-13)。

图7-13 潜移默化引导幼儿自主阅读

实训活动

实训1 小班早期阅读活动的设计与组织

实训目标:学会根据小班幼儿的年龄特点和语言发展规律,组织小班早期阅读活动。

一、小班早期阅读活动内容的选择

幼儿早期阅读的意义在于培养幼儿对书面语言的兴趣和敏感性,获得书面语言的阅读经验,使得幼儿在早期阅读的过程中,积累经验,建立阅读意识和技能。

对小班幼儿来说,可以在一个自由宽松的环境中,阅读贴近幼儿生活且轻松有趣的图画书,至关重要。所以小班幼儿早期阅读活动选取主题较为简单、贴近幼儿生活、易于幼儿理解的内容,让幼儿可以在轻松的氛围中,理解故事。

在活动安排上,教师应该努力营造可供幼儿想象的情境,开展适宜小班幼儿听、说、读的活动。

参考案例

小班早期阅读活动：秋叶飘

【活动目标】

1. 从秋叶飘落到不同的地方带来秋天的讯息的情节中，感受故事阅读的乐趣。
2. 读懂故事，知道秋叶飘落到了哪些地方，和小动物有哪些互动，理解故事的内容。
3. 乐意与同伴分享阅读，根据画面提示能够说出发生了什么。

【活动准备】

PPT、音频、头饰若干。

【活动过程】

1. 导入：谈话活动。

教师：今天来幼儿园的时候，发现道路上都是落叶。小朋友们，你们知道落叶是从哪里来的吗？

幼儿：大树上。

教师：今天的落叶那么多，以前为什么没有那么多的落叶？

幼儿：刮大风了。下过雨了。天冷了。秋天到了。

教师：我刚才听到有小朋友说，天冷了，秋天到了。是的，在我们北方，秋天到了，树叶就飘落下来，你们在哪里见到过落叶？

幼儿：花园里。大树下。幼儿园里。

教师：它们飘啊飘啊，飘到了很多地方，老师带来一本书，记录了落叶飘到了哪里，小朋友和老师一起看看，它们都飘到哪些地方了吧。

2. 师幼共读。

教师带幼儿阅读文本。

3. 围绕重点开展活动。

教师：(出示图片)小朋友看看，它们都飘到哪里了呢？

幼儿：水里。地上。院子里。

教师：它们在地上遇到了谁呢？

幼儿：小虫。

教师：小虫和树叶说了什么话？

幼儿：你当我的屋子吧。

教师：小虫爬过来说："树叶，你当我的小屋，好吗？"我们现在都是小虫，小朋友们一起对树叶说……

幼儿：树叶，你当我的小屋，好吗？

教师：树叶怎么回答呢？

幼儿：好的。

教师：树叶说："好的好的。"小虫躺在树叶下面，好舒服！

4. 幼儿自主阅读。

教师：我们再来看一遍故事，苹果组重点看树叶落在地上，草莓组重点看树叶落在河边，橘子组重点看树叶落在河里，西瓜组重点看树叶落在院子里。等一会儿，我们开小火车，分段把故事讲给其他小组听。

幼儿跟随老师提示，回忆复习故事内容。

【活动延伸】

教师：我们找一个小朋友当树叶，苹果组戴上小虫的头饰，草莓组戴蚂蚁的头饰，西瓜组戴小鱼的头饰，橘子组戴小燕子的头饰，我们来表演一下这个故事。

二、小班早期阅读活动设计意图的表述

小班幼儿还处于口语表达阶段，日常口头用语规范逐渐建立，但是从口头语言到书面语言过渡的过程中，往往会出现语音、语法错乱，表达不清楚、不明确、不完整等问题。早期阅读可以帮助幼儿提高语音、语法的敏感性。

小班幼儿能够主动要求成人讲读图画书，爱护图书，不乱撕乱扔，对于简单的内容，多次阅读后，能够根据画面的提示跟读，或讲给成人或其他幼儿听。小班幼儿早期阅读活动意图，需要围绕小班早期阅读活动目标确定，从以下几个方面进行：

第一，提高幼儿学习书面语言的兴趣；

第二，帮助幼儿建立口头语言与书面语言的对应关系；

第三，培养幼儿对书面语言的视觉感知、辨别能力；

第四，培养幼儿成为流畅阅读者的策略预备能力等。

参考案例

小班早期阅读活动：鼠小弟的小背心

【设计意图】

《鼠小弟的小背心》是一本内容有趣的图画书，故事简单，画面干净，便于小班幼儿理解故事情节。语言"小背心真漂亮，让我穿穿好吗"与"有点紧，不过还挺好看吧"，不同小动物出现时说着相同的话，反复出现的语言，不是机械的重复，而是依据剧情配合角色的表情，有助于幼儿对书面语言的理解，提升小班幼儿对问句的敏感度。同时，有趣尴尬的动物表情、出人意料的创意性结局，让故事生动幽默，吸引幼儿阅读。教师可以推荐《鼠小弟》系列图书，增加幼儿的阅读量，延伸幼儿阅读活动。

三、小班早期阅读活动目标的确定

早期阅读主要是在阅读活动过程中,实现幼儿阅读与书写准备能力的培养目标。《3—6岁儿童学习与发展指南》对儿童阅读与书写准备能力的发展做了具体、明确的要求,其中对小班的要求概况为:

表7-3 小班早期阅读能力目标

层次	目标	具 体 要 求
目标1	喜欢听故事,看图书	1. 主动要求成人讲故事、读图书。 2. 喜欢跟读韵律感强的儿歌、童谣。 3. 爱护图书,不乱撕、乱扔。
目标2	具有初步的阅读理解能力	1. 能听懂短小的儿歌或故事。 2. 会看画面,能根据画面说出图中有什么,发生了什么事等。 3. 能理解图书上的文字是和画面对应的,是用来表达画面意义的。
目标3	具有书面表达的愿望和初步技能	1. 喜欢用涂涂画画表达一定的意思。

根据《3—6岁儿童学习与发展指南》的要求,小班早期阅读活动的目标可以分解为:

1. 喜欢看书,知道看图画书时要一页一页、从前往后翻。
2. 能初步看懂单幅图画书的主要内容,能理解图画书上的文字和画面是对应的;对文字感兴趣,能在成人的启发下认读简单的文字。
3. 能以描画图形的方式练习基本笔画。

结合总目标和活动目标的具体要求和表述方式,活动中教师可以制订每个活动具体目标。

参考案例

小班早期阅读活动:啊呜

【活动目标】

情感目标:在故事情景中感受故事人物的心理变化,知道要勇敢。
认知目标:学习新词汇:又大又圆、雪白雪白和血红血红,根据已有经验说出相关物品。
能力目标:能根据故事提供的线索,大胆想象猜测"啊呜"是什么。

四、小班早期阅读活动重难点的确定

小班幼儿早期阅读活动重点主要围绕三方面确定：一是对图画或符号感兴趣，能够根据书面语言内容，对应图画或符号；二是掌握基本的阅读策略；三是便于幼儿形成良好的阅读习惯。早期阅读活动需根据具体的活动情况确定难点。

教师要明确，阅读习惯的养成是一个长期的过程，不是一两次活动就能够完成的，幼儿园小班重在培养幼儿的阅读兴趣，努力营造宽松自由的阅读环境，让幼儿在阅读中感受到愉悦、轻松和舒适，通过阅读了解一定的阅读策略。教师可以通过书本的翻阅、对画面的讲述、对后一页内容的猜测等示范行为，在潜移默化中影响幼儿，突破重难点。

五、小班早期阅读活动的准备

物质准备：图片、图画、符号、图画书，甚至是动画片、电子绘本、音频故事等都可以成为早期阅读的物质准备内容。对于小班幼儿来说，准备的材料越立体，越形象，越能够利用幼儿的具体形象思维。不过过于花哨的道具会影响幼儿的注意力，所以在投放物质材料时要注意适宜性。一切以完成目标为前提，所有准备的教具应该为完成目标服务。

经验准备：小班幼儿知识经验较少，在进行早期阅读时，尽量选取贴近幼儿生活的文本内容，或者幼儿前期有所接触的内容，便于幼儿理解。否则就需要教师进行大量的前期经验的铺垫，才能较好地完成早期阅读活动。如《大卫不可以》，初读这本书，会觉得其内容简单，文本语言仅有"大卫，不可以"，便于小班幼儿跟读。细读文本可以看到，由于小班幼儿心智发展程度不够，生活经验不足，幽默感弱，书中大卫的行为，小班幼儿看不到其有趣，反而成为模仿的内容，影响正常的幼儿教育活动。而关于本书的阅读活动就会变成行为规范教育活动，影响幼儿对图画书的阅读兴趣。

六、小班早期阅读活动的步骤

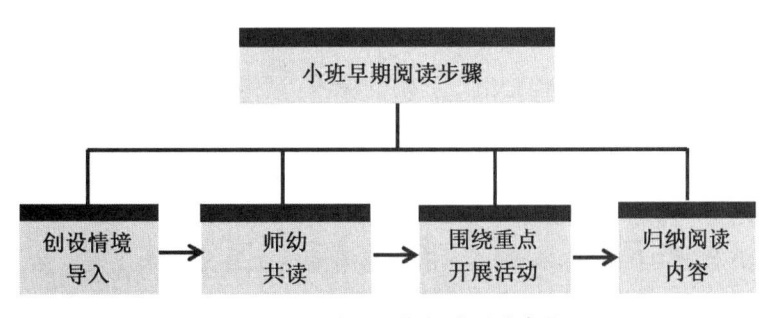

图 7-14　小班早期阅读活动步骤

（小班早期阅读步骤：创设情境导入 → 师幼共读 → 围绕重点开展活动 → 归纳阅读内容）

（一）创设情境导入

为了更好地开展正式的阅读活动，教师需要创设一个与活动相关的情境，带领幼儿走进阅读活动，引起幼儿的阅读兴趣。展示一幅图、观察相关的实物，或者听一段音频

内容,把幼儿带入阅读活动中。对于小班幼儿来说,创设情境首选实物,在实物提供不了的情况下,选择图片,最后才是较为抽象的音乐。当然,电子书或相关动画也是不错的选择。如:《好饿的小蛇》(见图7-15)。

教师:"小朋友,今天老师带来了许多种水果(实物),谁来说一说,它们都叫什么名字?有一条小蛇,它特别喜欢吃水果,一天,它出门散步,走啊走啊,走饿了,吃了一个又一个的水果(出示图片),小朋友看一看,你能猜出它吃了哪些水果吗?说出你的理由"。

图7-15 《好饿的小蛇》

(二)师幼共读

幼儿对所要阅读的图画书有所了解之后,教师就要带领幼儿共同学习所要阅读的内容,让幼儿从整体上明白阅读的内容是什么,里面出现了谁,发生了什么事情等。由于小班幼儿年龄较小,教师可以一幅图一幅图地带领幼儿阅读,也可以两三幅图一个段落,设置提问帮助幼儿理解。在提问时,教师往往询问图画书中较为形象具体的内容,让幼儿观察、寻找,如:

(1)图画书有谁?

(2)谁在干什么?

(3)你觉得谁的表情怎么样?

对于小班幼儿,语言较为匮乏,有时形容不出图画中角色的表情,教师可以用选择的问句,如"图中的小蛇是开心的样子,还是伤心的样子?你是怎么看出来的?"等。

(三)围绕重点开展活动

图画书的情节是连贯的,但是由于篇幅的原因,又是跳跃的,有时幼儿并不能完全理解图画的意思,教师就要开展相应的活动,或帮助幼儿连接上下文,或体会重难点,或把握书中的情绪情感等,让幼儿可以深入理解图画书内容,体会图画书主旨。如:《谁藏起来了》(见图7-16)。

教师:"小动物们捉迷藏,我喊1,2,3,大家看看这次谁藏起来了呢?右上角的是谁呢?有着一对大角的,有的小朋友不记得了,没关系,我们请猜到的小朋友说一说。"

教师:"老师手里有一些带颜色的玻璃纸,我分到各个小组,我们各个小组试试看,看看盖上红色的玻璃纸,哪些小动物藏起来,盖上棕色的玻璃纸,又有谁藏起来了呢?都试一下,想一想,为什么小动物们会在不同的玻璃纸下面捉迷藏呢?"

图 7-16 《谁藏起来了》

（四）归纳阅读内容

教师引导幼儿，总结图画书的主要故事情节。对于小班幼儿来说，如果不能用一句话归纳，教师可以引导幼儿说出每一幅图的内容，再由小朋友归纳几幅画的内容，或教师结合阅读活动，总结出关键点，引导幼儿说出图画书是关于什么的故事。如：《好饿的小蛇》。

教师："小蛇吃了香蕉，吃了饭团，还吃了一棵大树。小朋友，小蛇为什么连树都吃了？（小朋友回答）是啊，小蛇太饿了。我请一位小朋友说说看，小蛇还吃了哪些食物。（小朋友说）哪位小朋友总结一下这个故事讲了小蛇干什么的故事？"

七、小班早期阅读活动的延伸

对于小班幼儿的早期阅读活动来说，它可以延伸到故事的续编、领域的渗透、区域的转移、家园共建等几个方面（见图 7-17）。

图 7-17 阅读延伸活动

（一）故事的续编

对于幼儿来说，一次阅读活动停止了，但是对此次阅读的思考还没有停止，故事还可能怎样发展下去呢，值得幼儿思考。如《好饿的小蛇》，第二天，小蛇又出来散步，它可能吃到哪些食物，变成什么样子呢？

（二）领域的渗透

各领域之间是紧密联系的，特别是语言领域和艺术领域的关系更为紧密。早期阅读本身就是读图，从语言领域到艺术领域的渗透，更是常见的现象。

对小班幼儿来说，建立初步的书写能力，也是从涂涂画画中发展起来的，会握笔，能用简单的符号表达一定的意思等，对幼儿思维的发展有很大帮助。

如图画书《长长的》，教师可以引导幼儿比较长短，哪些是长长的，哪些是短短的。还可以延伸到哪些是圆圆的，哪些是扁扁的等，注意通过观察比较，让幼儿在观察中发现，培养幼儿的科学思维。

（三）区域的转移

早期阅读活动，从集体的阅读活动，到阅读区角的幼儿自我阅读，再到其他活动区角的延伸，是一种阅读行为的深化过程，教师应该积极鼓励幼儿，把阅读活动渗透到适宜的区角活动中。

（四）家园共建

对于小班幼儿来说，把看到的故事回家讲给爸爸妈妈、爷爷奶奶听是最常用、最便捷的活动延伸方式。亲子共读也是提高幼儿阅读兴趣的有效途径，幼儿在与父母长辈的阅读中，感受温馨的陪伴，有时比故事本身还要重要。

小班幼儿在家庭中的活动延伸形式也是多样的，如父母讲给幼儿读，幼儿讲给父母读，幼儿复述简单的情节，甚至是结合阅读内容，亲子间表演图画书的内容，都是不错的家园共建的方式。

参考案例

小班早期阅读活动：好饿的小蛇

【活动目标】

1. 情感目标：喜爱听故事，能够感受到小蛇吃东西时的满足与快乐。
2. 知识目标：知道故事的名称，了解故事中发生了什么事情。
3. 能力目标：能够根据画面的提示，说出每幅图中小蛇做了什么。

活动准备：
图画书、PPT、水果模型若干、小蛇头饰若干。

【活动过程】

1. 实物导入。

教师:小朋友,今天老师带来了许多种水果(实物模型),谁来说一说,它们都叫什么名字?有一条小蛇,它特别喜欢吃水果,它出门散步,走啊走啊,走饿了,吃了一个又一个的水果(出示图片),小朋友看一看,你能猜出它吃了哪些水果吗?我们一起读故事《好饿的小蛇》,看一看,小蛇到底吃了哪些食物吧。

2. 初读文本——PPT展示。

教师带领幼儿阅读图画书,在阅读时有意识地提示幼儿:小蛇吃了什么。

(1) 教师:这本书叫什么名字?出现了哪只小动物?它吃了哪些食物?

(2) 教师:小蛇为什么吃了那么多的食物?

3. 围绕重点研读文本——图画书。

(1) 教师带领幼儿观察图画书。

教师:小蛇肚子很饿,除了吃食物,它还吃了什么东西呢?

教师:吃完东西,小蛇的表情怎么样?

教师:小朋友觉得小蛇为什么会有这样的表情?

(2) 演一演。

教师:小朋友学一学小蛇,吃饱了之后开心、满足的表情怎么做?

教师:小朋友说一说自己在什么时候也会有这样的表情。

4. 引导幼儿自主阅读。

(1) 幼儿读一读,说一说,小蛇吃了哪些东西。

(2) 幼儿依据图画提示,说一说小蛇做了什么事情。

【活动延伸】

1. 故事续编:小蛇肚子又饿了。

教师:第二天,小蛇又出去散步,这次它来到了一个大超市,小朋友,你觉得小蛇会吃掉哪些东西呢?

2. 区角阅读。

实训2　中班早期阅读活动的设计与组织

实训目标:学会根据中班儿童的年龄特点和语言发展规律,组织中班早期阅读活动。

一、中班早期阅读活动内容的选择

中班幼儿的认知有了一定的发展,心智更加成熟,对早期阅读的形式有了一定的了解,基本掌握了图画书的翻阅方法,能够在阅读中掌握图画书文图对应的关系。这一阶段的幼儿,对图画书选择有了自己的喜好,教师在早期阅读活动时依然要选择贴近幼儿生活的图画书作品,兼顾幼儿关注度高的作品。同时,这一时期的幼儿开始关注生活中常见的标识符号,并努力想要知道它们的意义,教师要抓住这一特点,选择并设计相应的阅读活动。

参考案例

小班早期阅读活动:花园迷宫

【活动目标】

1. 情感目标:通过阅读,发现符号标识的趣味。

2. 知识目标:理解《花园迷宫》中符号标识的含义,并根据符号提示帮助国王走出迷宫。

3. 能力目标:正确理解符号的意思,尝试设计符号。

【活动准备】

1. 经验准备:生活中见过各种符号和图标。

2. 物质准备:图画书、符号若干、画笔、画纸。

【活动过程】

1. 导入:情境导入。

教师:今天,我们要帮助一位国王闯迷宫。不过,在走迷宫之前,国王要测一下,小勇士们的理解能力,请看下面几幅图,猜猜看,它们有什么含义?(出示符号:笑脸/哭脸符号、男/女厕所标识、安全出口标识、禁止通行标识)测试结果,国王很满意,他现在要出发了,小勇士们,你们做好准备了吗?

2. 教师带来幼儿阅读文本。

教师:国王走到了一个花圃旁,发现前面有两条路,一条旁边的符号是"水",一条旁边的指示牌符号是"小桥",小朋友,你说国王该走哪一条路呢?

教师:国王钻过山洞,眼前是三道门,国王该选哪一个呢?(禁止通行、火、逃生通道)。

教师:国王见到王后正在出口等他呢,谢谢各位小勇士的帮忙。

3. 围绕重点开展活动——出示图片。

教师:国王经历了哪些磨难?

教师:探险中出现了哪些标志?

教师:这些标志都是什么意思?

教师:生活中,你还见过哪些标志?

四、活动延伸:找一找生活中的标志。

图 7-18 《花园迷宫》

二、中班早期阅读活动设计意图的表述

幼儿早期阅读活动意图需要围绕早期阅读活动目标确定。中班幼儿,开始对生活中的符号标志感兴趣,理解不同的符号具有不同的意思。中班幼儿能够理解图画书的内容,反复看自己喜欢的图画书内容,并乐在其中,还可以根据连续的画面提供的信息,说出故事的主要情节。

参考案例

中班早期阅读活动:小猴卖"○"

【设计意图】

生活中,中班幼儿开始关注身边的符号,开始接受并理解常见符号,有时开始探究符号的意义。《小猴卖"○"》是一本关于符号"○"的图画书,一个简简单单的"○",在故事中被赋予了许多不同的意思。"○"可以是一个游泳圈、一个甜面圈、一个铁圈、一个足球,或者是其他别的东西。中班幼儿在阅读中,感受符号的魅力,通过丰富的活动,设计并赋予符号新的含义和生命。通过这样的阅读活动,让幼儿逐渐意识到,我们的汉字,在发展过程中,也是被设计和赋予特定含义而产生的。

三、中班早期阅读活动目标的确定

早期阅读主要是在阅读活动过程中,实现幼儿阅读与书写准备能力的培养目标。

《3—6岁儿童学习与发展指南》对儿童阅读与书写准备能力的发展做了具体、明确的要求,其中对中班的要求为:

表7-4 中班早期阅读能力目标

层次	目标	具 体 要 求
目标1	喜欢听故事,看图书	1. 反复看自己喜欢的图书。 2. 喜欢把听过的故事或看过的图书讲给别人听。 3. 对生活中常见的标识、符号感兴趣,知道它们表示一定的意义。
目标2	具有初步的阅读理解能力	1. 能大体讲出所听故事的主要内容。 2. 能根据连续画面提供的信息,大致说出故事的情节。 3. 能随着作品的展开产生喜悦、担忧等相应的情绪反应,体会作品所表达的情绪情感。
目标3	具有书面表达的愿望和初步技能	1. 愿意用图画和符号表达自己的愿望和想法。 2. 在成人提醒下,写写画画时姿势正确。

根据《3—6岁儿童学习与发展指南》的要求,中班早期阅读活动的目标可以分解为:

1. 能用口头语言大致说出多幅图画的主要内容。
2. 懂得爱护图书,知道图书的构成,对模仿制作图画书感兴趣。
3. 初步了解汉字的由来和简单的汉字认读规律,有主动探索汉字的愿望。
4. 喜欢描画图形,尝试用有趣的方式练习汉字的基本笔画。

结合总目标和活动目标的具体要求和表述方式,活动中教师可以制订每个活动具体目标。

参考案例

中班早期阅读活动:不要再笑了,裘裘!

【活动目标】

1. 情感目标:在阅读中了解负鼠装死的生活习性,体会爱和笑带来的愉悦心情。
2. 知识目标:理解书面语言"闻来闻去""戳来戳去""晃来晃去"等词语的含义,并学着使用这些词语。
3. 能力目标:能够在游戏和表演中,掌握故事,感受故事的幽默有趣。

四、中班早期阅读活动重难点的确定

对于中班幼儿来说,早期阅读活动的重点难点可以围绕以下内容设计:一是能够根

据多幅图画的内容,大致说出故事情节;二是主动探索符号、标志和简单汉字的意义,尝试用有趣的形式设计并练习汉字基本笔画。

五、中班早期阅读活动的准备

物质准备:对于中班幼儿来说,虽然已经可以理解一些抽象的内容,但是由于其知识水平较低,能力和经验不足,所以准备的物质材料,还应该尽可能形象具体,便于幼儿理解和思考。图片、画册、符号是较为直观的材料,背景音乐、教师营造的故事意境是稍微抽象的材料,这些都可以被中班幼儿接受。

经验准备:中班幼儿在阅读的过程中,已经有了一定的经验,可以自主翻阅,对图画书文图对应的关系有所了解,能够基本掌握阅读的技巧,通过听、看等行为,基本可以理解图画书的故事大意。这一时期的幼儿,有了自己的阅读喜好,喜欢搞笑有趣的内容,教师可以准备幼儿喜闻乐见的阅读材料,用活泼多样的阅读形式,帮助幼儿理解和掌握图画书内容,提升阅读策略。同时,中班幼儿开始关注故事中角色的情绪情感,教师需要在幼儿可以理解的范围内,做好幼儿情绪情感的准备。

六、中班早期阅读活动的步骤

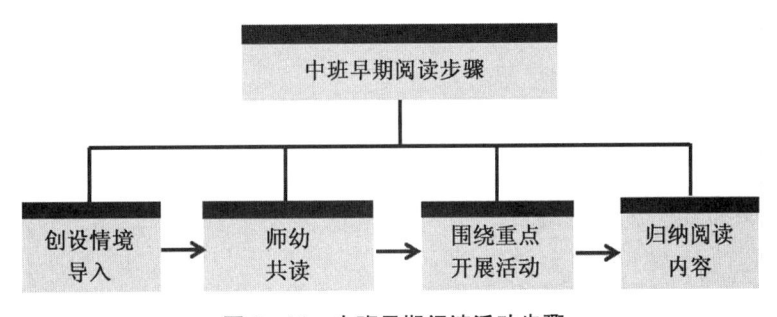

图 7-19 中班早期阅读活动步骤

(一) 创设情境导入

对于中班幼儿来说,图片导入、谜语导入、情景导入都是不错的导入方法。在进行情境导入的时候,可以配合图片、音乐等,增强幼儿感受的直观性。如:《点点点》(见图 7-20)。

教师:在鲜花王国里,住着一群美丽的玫瑰仙子,红玫瑰仙子能把玫瑰变成红色,黄玫瑰仙子能把玫瑰变成黄色,蓝玫瑰仙子能把玫瑰变成蓝色,还有一位白玫瑰仙子,她是红、黄、蓝三位仙子的守护神,四位仙子都拥有神奇的魔法。

可是,在一次意外中,红、黄、蓝玫瑰仙子的魔法突然消失了,守护神白玫瑰仙子听说,只要找到红黄蓝三种颜色的魔法源,她们的魔法就能回来。而三种颜色的魔法源就在点点王国的子民那里,被放了在他们随身携带的魔法盒中。

白玫瑰仙子一直在寻找点点子民们的踪迹,她找呀找呀,竟然找到了我们中一班这里。不过需要请我们班的小朋友玩游戏,你们愿意帮助白玫瑰仙子吗?

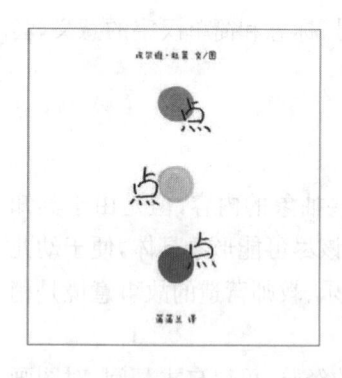

图 7-20 《点点点》

(二) 师幼共读

对于中班幼儿来说,能够根据连续画面提供的信息,大致说出故事的情节,并随着作品的展开,产生喜悦、担忧等相应的情绪情感反应,能够体会作品所表达的思想内涵。在前面掌握了一定的作品内容之后,可以是教师带着幼儿阅读图画书,也可以是一名幼儿带领其他幼儿阅读,当然,还可以是多个阅读能力较强的幼儿,轮流带领大家阅读文本,让师幼共读形式多样有趣。

在提问时,教师往往询问中班幼儿图画书的人物、内容,并带领幼儿通过画面感受到人物的情绪,如:

(1) 图画书讲了谁的故事?
(2) 谁做了哪些事情?
(3) 你觉得谁的心情怎么样,从哪里看出来的?

如:《苏菲生气了》(见图 7-21)。

教师:苏菲为什么生气呢?你怎么看出来她生气了?

图 7-21 《苏菲生气了》

(三) 围绕重点开展活动

中班幼儿能够联系前后画面,看懂故事的内容;发挥想象力,依据画面内容,推测故事下面可能出现的内容;能够观察到书中的部分细节;根据角色的表情变化、事件的发生发展，判断角色的情绪情感，较为全面地理解图画书主旨。如《母鸡萝丝去散步》（见图 7-22）。

教师：《母鸡萝丝去散步》中，还出现了一只狐狸。小朋友们看一下，狐狸的眼睛看着谁的？

教师：猜猜看，它为什么一直看着母鸡萝丝呢？

教师：狐狸想吃母鸡，它跟着母鸡来到了干草堆，小朋友猜猜看，它吃到母鸡了吗？

教师：狐狸压塌了干草堆，自己被埋在了下面。小朋友觉得这个时候，狐狸的心情是什么样子的？

教师：狐狸很生气，很不甘心又一次吃不到母鸡，那下面它会怎么做呢？

图 7-22 《母鸡萝丝去散步》

（四）归纳阅读内容

教师引导幼儿，总结图画书的主要故事情节。对于中班幼儿来说，教师引导幼儿用一段话阐述发生了什么事情，对于能力较强的幼儿，可以引导他们用一句话概括。同时，教师组织开展说一说、聊一聊的活动，让幼儿分享读完故事的感受，喜欢故事中的哪个角色等。如：

教师：我们每个小组的小朋友们，互相说说看，刚才我们读了一个什么故事，你喜欢这个故事吗？

七、中班早期阅读活动的延伸

对于中班幼儿的早期阅读活动来说，它的延伸活动同样可以延伸到故事的续编、领域的渗透、区域的转移、家园共建等几个方面。

（一）故事的续编

中班幼儿，已经可以根据多幅连续的画面，说出故事的主要情节，并且能够根据前面内容的提示，推测出后面的故事情节，猜测故事的结尾。对于一些开放度较高的图画书，教师可以依据故事的结尾，引导幼儿仿编出一个新的故事。如：《别让鸽子开巴士》（见图 7-23）。

教师：《别让鸽子开巴士》中，小鸽子特别想开巴士车，可是没开成。嘟嘟嘟，这时来了一辆红色的大货车，小鸽子居然不想开巴士了，它想干什么呢？小朋友想一想，根据前面故事的提示，编一编，编出一个新故事来，看看小鸽子最后能不能心想事成。

图 7-23 《别让鸽子开巴士》

（二）领域的渗透

中班幼儿已经可以正确地握笔，在画纸上有力地涂抹，通过简单的图画、符号表达自己的想法，赋予一些符号特殊的含义。艺术领域的渗透，依然是早期阅读活动延伸的常见形式。由于中班幼儿阅读量提升，有时可能阅读一些跨领域的图画书，这时就可以往科学、健康、社会等领域渗透。如讲到《苏菲生气了》，就可以引申到情绪情感的控制上；讲到《艾玛》，就可以引申到同伴之间的交往上等。

（三）区域的转移

娃娃家是幼儿把学习到的东西模拟演练的场所。课堂上阅读的内容，除了延伸到阅读区外，中班幼儿已经可以合作完成一些内容，把阅读到的剧情，融入娃娃家的扮演游戏上，通过扮演、表演活动，巩固和深化学习的内容。

（四）家园共建

中班幼儿家园共建的形式就变得多样了。"回家讲给爸爸妈妈听"已经不能满足中班幼儿的需求。教师可以通过活动道具制作、道具使用、情景表演、家庭剧场等形式，延伸中班早期阅读活动。

参考案例

中班早期阅读活动：不要再笑了，装装！

【活动目标】

1. 情感目标：在阅读中了解负鼠装死的生活习性，体会角色的情绪情感，理解爱和笑带来的愉悦心情。

2. 知识目标：理解书面语言"闻来闻去""戳来戳去""晃来晃去"等词语的含义，并学着使用这些词语。

3. 能力目标：能够在游戏和表演中，掌握故事，感受故事的幽默有趣。

【活动准备】

绘本PPT、游戏音乐。

【活动过程】

1. 谈话导入，阅读封面。

（1）教师：小朋友，你们喜欢笑吗？遇到什么事时会开心地笑？

（2）教师：出示封面裘裘，认识负鼠，模仿负鼠裘裘笑。

（3）教师：出示封面裘裘妈妈，猜猜妈妈为什么难过。

2. 阅读绘本，欣赏故事。

（1）阅读绘本1～11页。

播放课件，教师讲述，并插入提问：

① 负鼠妈妈要教裘裘一个什么本领？为什么要学这个本领？（装死，逃避敌人的猎捕）

② 你觉得怎样才算装死呢？

③ 妈妈要教裘裘的装死本领是什么样的？裘裘学会了吗？（不能笑，不能叫，不能动）

④ 裘裘没有学会装死，妈妈心里怎么样啊？

（2）游戏："123 木头人"。

幼儿玩"装死"游戏。

（3）欣赏绘本第12页至最后。

播放课件，以问题引导幼儿观察、模仿。

① 发生了什么事情呀？大熊在哪儿呢？它想干什么呢？

② 大熊出现了，裘裘会怎么办呢？

③ 那个大熊在干什么呢？（闻来闻去、戳来戳去、晃来晃去）

④ 看到负鼠一动也不动，大熊怎么了？大熊为什么哭了？

⑤ 小朋友们也来教大熊笑一笑。

⑥ 这次，小负鼠有馅饼吃了吗？

⑦ 裘裘的朋友们为什么要装死？他们装死的时候是什么样子？（有的趴着，有的朝上躺着，有的缩着身子）

⑧ 故事讲完了，故事里小负鼠学会了什么？大熊学会了什么？

3. 故事表演。

这个故事真有趣，真好玩。咦，我们也来当一回负鼠。我是负鼠妈妈，小朋友就是小负鼠，我们一起跟着音乐玩游戏，当音乐发生变化时，就有可能是敌人来了，敌人来的时候我们要怎么办？

4. 活动延伸：区角阅读。

实训3　大班早期阅读活动的设计与组织

实训目标:学会根据中班幼儿的年龄特点和语言发展规律,组织大班早期阅读活动。

一、大班早期阅读活动内容的选择

大班幼儿已经能够较好地掌握图画书的阅读策略,能够根据图画书内容,进行合理的想象。不仅对自己感兴趣的图画书反复阅读,对于一些稍微脱离自身生活经验的内容,可以调动原有经验,进行作品的迁移,愿意通过意志努力,理解情节更加复杂、道理深奥的内容。同时,大班幼儿喜爱把阅读的内容与他人分享。有趣的作品依然是其选择的重点,富有哲理的或寓意深刻的图画书也是他们的选择,他们希望通过情感的体验、深刻的思考,了解更多的知识和内容,体会更加丰富的情感。

参考案例

大班早期阅读活动:朱家故事

【活动目标】

1. 情感目标:通过故事内容的阅读,理解作品的含义,懂得家中的事情要共同承担。

2. 认知目标:能够读懂故事,理解起初画面中为什么妈妈没有表情,故事结尾才出现妈妈的表情。

3. 能力目标:通过观察画面,捕捉细节,发现书中的秘密,通过大胆推测,体会故事表达的含义。

【活动重难点】

活动重点:通过图画中细节的表达,理解情节的变化,懂得做家务活是每个家庭成员应该共同承担的责任。

活动难点:对故事内容展开大胆的想象和表达。

【活动准备】

物质准备:PPT、图画书、生活图片。

经验准备:了解家中家务活的分工情况。

【活动过程】

1. 情境导入。

教师:今天老师和大家一起走进一个家庭——朱家。大家看图片(生活实景图片),你觉得这个家怎么样?(干净整洁)这是在收拾之后,原来可不是这样,我们一起来看一下(脏乱)。你觉得谁在为这个家付出呢?我们一起来看一看,这个家发生了什么吧。

2. 观察封面。

发现朱家照片的与众不同。

教师:这是一张朱先生家的照片,他家里有些谁?你觉得这张照片有什么特别的地方?

3. 文本研读。

观察图片,理解朱太太不快乐的原因。

(1) 阅读绘本的前半部分,模仿朱家父子的对话。教师引导幼儿看看朱家父子在做什么,朱太太又在做什么。

教师:朱先生和两个儿子张大嘴巴,在说什么?此时朱太太又在做什么呢?

(2) 幼儿回忆自己家的家务分担情况。

那你们家的家务都是谁做的呢?(幼儿用送爱心的方式选择)

教师(小结):通过调查表可以看出,在家里妈妈和奶奶承担了更多的家务,爷爷、爸爸和小朋友要加油咯!

4. 自主阅读,感受朱太太离开家后朱家的变化。

(1) 倾听故事,理解朱太太离开的原因。

教师:直到有一天,朱先生和孩子像平时一样打开家门,可是没有人迎接他们,家里静悄悄的。壁炉上留着一封信,写着"你们是猪……"

教师:朱太太为什么说朱家父子是猪?

教师(小结):原来朱太太觉得朱家父子三人太懒惰了,简直跟猪一样,所以生气地离开了家。

(2) 通过阅读,感受没有朱太太的朱家生活。

教师:朱太太离开家后,朱家父子三人的生活会有什么样的变化呢?

(3) 交流分享,感受朱家的变化。

教师:朱家发生了什么变化?(主要讲述环境、人物的变化)画家为什么要把朱家父子全都画成猪的样子?

教师(小结):朱太太离开家后,朱家的生活全乱套了,家里又脏又乱,就跟"猪"的家一样。

(4) 大胆表达,初步体会"共同承担"的意义。

教师:这时他们最希望谁回来什么?他们会怎样挽留朱太太?他们到底是怎么做的?

教师:父子三人共同承担家务,这时他们的心情怎样?

(5) 联系生活实际,表达"我也会分担"。

教师:你会帮爸爸妈妈分担哪些事情呢?

教师(小结):你们也会做家长的小帮手,真棒!全家人一起分担家务,相信你们的家也是幸福快乐的。

5. 幼儿讲述故事。

【活动延伸】
1. 把故事讲给家人听。
2. 自己的事情自己做。

图 7-24 《朱家故事》

二、大班早期阅读活动设计意图的表述

大班幼儿对语言符号感兴趣,进入文字敏感期,更想了解文字背后的含义。他们喜欢和他人一起讨论图画书的内容,有了自己的观点,勇于说出自己的看法。通过阅读,他们想要了解的不仅仅是知识,还有情感和哲理,大班幼儿已经能初步感受文学的魅力。

参考案例

大班早期阅读活动:花婆婆

【设计意图】

大班幼儿拥有强烈的是非观念,希望通过自己的努力做出一件"大事",证明自己不是小孩子了。怎样才是大事,怎样才是长大,引起幼儿的思考。图画书《花婆婆》通过一个普通而美好的故事,告诉幼儿,这件"大事"其实可以很简单,但是很美好,"做一件让世界变得更美丽的事情",花婆婆会种鲁冰花,那自己会做什么事情呢?教师通过一个又一个的活动,引起幼儿探讨和思索。

三、大班早期阅读活动目标的确定

早期阅读主要是在阅读活动过程中,实现幼儿阅读与书写准备能力的培养目标。《3—6岁儿童学习与发展指南》对儿童阅读与书写准备能力的发展做了具体、明确的要求,其中对大班的要求为:

表 7-5　大班早期阅读能力目标

层次	目标	具 体 要 求
目标 1	喜欢听故事,看图书	1. 专注地阅读图书。 2. 喜欢与他人一起谈论图书和故事的有关内容。 3. 对图书和生活情境中文字符号感兴趣,知道文字表示一定的意义。
目标 2	具有初步的阅读理解能力	1. 能说出所阅读的幼儿文学作品的主要内容。 2. 能根据故事的部分情节或图书画面的线索猜想故事情节的发展,或续编、创编故事。 3. 对看过的图书、听过的故事能说出自己的看法。 4. 能初步感受文学语言的美。
目标 3	具有书面表达的愿望和初步技能	1. 愿意用图画和符号表现事物或故事。 2. 会正确书写自己的名字。 3. 写画时姿势正确。

根据《3—6岁儿童学习与发展指南》的要求,大班早期阅读活动的目标可以分解为:

1. 能根据故事的部分情节或图画书的线索猜想故事情节的发展,或续编、创编故事。

2. 能与同伴合作制作图画书,进一步了解图画书的构成。

3. 积极学、认常见的汉字,进一步了解汉字认读的规律,能有意识地在生活中运用已获得的书面语言。

4. 知道基本的书写姿势,在有趣的图形练习中做好写字的准备。

参考案例

大班早期阅读活动:我的名字叫克里桑丝美美

【活动目标】

1. 情感目标:在阅读过程中不断产生自我认同感,正确认识自己的名字,不自卑,不骄傲。

2. 知识目标:了解故事的大致内容,体会父母对克丽桑丝美美的呵护。

3. 能力目标:仔细观察图画,发现并尝试理解克丽桑丝美美的心理变化过程。

四、大班早期阅读活动重难点的确定

对于大班幼儿来说,早期阅读活动的重点难点可以围绕以下内容设计:一是能够根据部分情节或内容提示,续编、创编故事;二是积极主动探索语言文字的魅力;三是体会文学作品传递的深层含义。

五、大班早期阅读活动的准备

物质准备:对于大班幼儿来说,生活中常见的材料都可以成为其物质准备的内容,如图片、书籍、道具、音视频等。

经验准备:对所阅读的内容有兴趣,有所了解;对一些较难理解的内容,通过教师前期介绍,可以迁移生活经验。

六、大班早期阅读活动的步骤

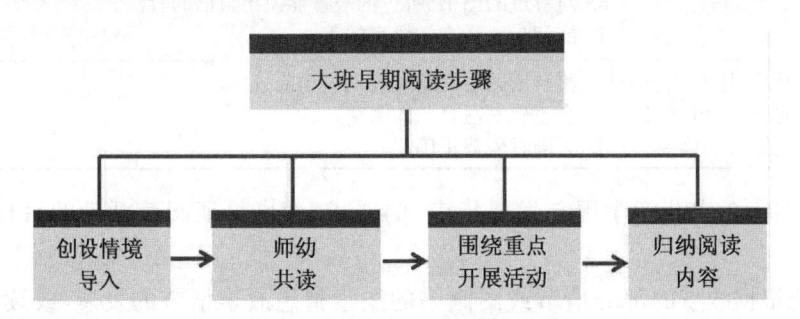

图 7-25　大班早期阅读活动步骤

(一) 创设情境导入

对于大班幼儿来说,直接进入主题,或者图片导入、谜语导入、情景导入都是不错的导入方法。如:《永别了,袜子》(见图 7-26)。

教师:"出门穿鞋、穿袜子,这是生活中再平常不过的行为,但是大家想过没有,对我们来说,袜子有什么作用呢?(保暖、护脚、好看……)其实,除了小朋友说的那些,袜子还有一个作用,就是陪伴。今天老师带给大家一个关于'袜子'的故事,不过这只袜子,不是真的袜子,而是一只叫'袜子'的兔子。"

图 7-26　《永别了,袜子》

(二) 师幼共读

对于大班幼儿来说,能够根据连续画面提供的信息,猜测推断故事后面发生了什么,并积极和别人分享作品所表达的思想内涵。教师在与大班幼儿师幼共读时,可以放手让幼儿带领大家阅读,鼓励他们大胆说出自己的想法,分析作品。

在提问时,教师往往引导大班幼儿分析人物、体会情感,说出想法,如:

(1) 你喜欢故事中的谁?

(2) 为什么喜欢这个角色?

(3) 故事带给你什么样的感觉?你喜欢这种感觉吗?为什么?

如:《娘娘腔》(见图 7-27)。

教师:"大家都说奥利弗和别的男孩不一样,小朋友我们一起来读一读这本书,看一看奥利弗怎么不一样的。个别小朋友在墙壁上写'奥利弗是个娘娘腔'的行为对不对?你觉得为什么墙壁上的字变成了"奥利弗是个明星"呢?为什么会有这样的变化?"

图 7-27 《奥利弗是个娘娘腔》

(三) 围绕重点开展活动

大班幼儿能够依据线索猜想故事情节或续编、创编故事;能与别人交流,对阅读的故事发表自己的看法;能够感受到语言文字的美。同时,大班幼儿因为阅读策略掌握得较好,可以较快地发现书中的细节变化,感受文字、图像带来的视觉感受。如:《我爸爸》(见图 7-28)。

教师:"图画书的作者安东尼·布朗是个魔术师,他在创作《我爸爸》这本书的时候,藏了好多小太阳,放在图画书里。这些小太阳是有魔法的,一直指引着安东尼·布朗,小朋友,我们一起找一找,看看他把小太阳藏到了哪些地方?你觉得,为什么作者要在图画书中藏着那么多的小太阳呢?说出你的理由。"

图 7-28 《我爸爸》

173

(四)归纳阅读内容

教师引导幼儿,总结图画书的主要故事情节。对于大班幼儿来说,教师可引导幼儿用一句话阐述发生了什么事情,结合内容命名图画书等。

七、大班早期阅读活动的延伸

对于大班幼儿的早期阅读活动来说,它的延伸活动,同样可以延伸到故事的续编、领域的渗透、区域的转移、家园共建等几个方面。

(一)故事的续编

大班幼儿已经可以根据前面的情节,猜出故事的内容,可以大胆地进行仿编、创编;乐意与别人谈话阅读的内容,并发表自己对作品的看法。如:《田鼠阿佛》见图7-29)。

教师:"《田鼠阿佛》中,你更喜欢哪只小田鼠呢?为什么?冬天很快过去了,小田鼠一家又会发生什么样的故事呢?"

(二)领域的渗透

对大班幼儿来说,涉及的知识领域更加广泛,生活经验更加丰富,他们往往不局限某一领域的渗透,有时是多个领域的延伸。如:《小威向前冲》(见图7-30)。

图7-29 《田鼠阿佛》

图7-30 图画书阅读到生命起源的问题探究

(三)区域的转移

大班幼儿在进行区域转移的延伸时,也不满足教室内区域,有时会延伸到幼儿园室外操场、社区诊所、派出所等更多更加开放、更加广阔的地方。大班幼儿可与社会联系紧密,走进小学、社区,走入社会,体验小小公民的乐趣。

参考案例

大班早期阅读活动：我的名字叫克里桑丝美美

【活动目标】

1. 情感目标：在阅读过程中不断产生自我认同感，正确认识自己的名字，不自卑，不骄傲。

2. 知识目标：了解故事的大致内容，体会父母对克丽桑丝美美的呵护。

3. 能力目标：仔细观察图画，发现并尝试理解克丽桑丝美美心里的变化过程。

【活动准备】

绘本PPT。

【活动重难点】

活动重点：让幼儿仔细观察图画，发现并尝试理解克丽桑丝美美的心理变化过程。

活动难点：在阅读过程中不断产生自我认同感，正确认识自己的名字，不自卑，不骄傲。

【活动过程】

1. 谈话导入。

教师：今天，老师也给小朋友们带来了一本书（在大屏幕上出示书的封面），有小朋友能念出它的名字吗？读着这个名字有什么感受？（名字太长了）长长的名字背后发生了怎样的故事呢？

2. 讲述故事。

(1) 讲述出生取名。

教师：鼠爸爸和鼠妈妈有了一个可爱的女儿，他们要为女儿取个好听的名字。鼠妈妈说："就用一朵菊花来给女儿起个名字吧！这个名字一定是完美无缺的。"鼠爸爸说："就叫克丽桑丝美美菊花。"

教师（出示图画），让幼儿观察，并让幼儿用完整的话说出克丽桑丝美美在干什么。

(2) 上学前。

教师：在父母的呵护下，克丽桑丝美美一天天幸福快乐地生活着（依次出示图画），仔细看，从图画中发现了什么？又感受到了什么？

提问：克丽桑丝美美有多爱她的名字呢？我们继续往下看（依次出示图画）。出示图片，让孩子们找一找克丽桑丝美美的名字在哪儿。

(3) 第一天上学。

教师：出示图片，让幼儿在PPT上找找看哪张名片是克丽桑丝美美的名片？

提问：你们怎么知道那张名片是克丽桑丝美美的名字呢？（克丽桑丝美美的名字很长……）

(4)如果幼儿的名字变长会有哪些不同的变法,逐步引导孩子们把自己的名字变长。

如:原姓名

↓

原姓名+小名:(大名+小名)

↓

原姓名+小名+幼儿喜欢的一种花的名字(如:菊花、桂花、荷花……)

↓

原姓名+小名+幼儿喜欢的一种花的名字+家长的名字

(5)看图片讲故事。

刚开始,克丽桑丝美美无比喜爱自己的名字。可是时间长了,同学们嘲笑,克丽桑丝美美很难过。

(6)再上学。

出示图片,讲故事。

教师:当新音乐老师叫起克里斯桑美美的名字时,音乐老师说:"哦,这真是一个完美无缺的名字,我也要给我的宝宝拥有一个花一样的完美无缺的名字。"

(7)幼儿自主阅读。

3. 活动开展:我的名字故事。

4. 总结与引导:每一个名字,都饱含着父母对孩子的爱与期望。

课后任务

自主学习任务:

1. 简述幼儿园早期阅读活动的基本特点。
2. 简述早期阅读活动的基本形式。
3. 简述早期阅读活动的基本过程。
4. 简述早期阅读活动材料选择的基本规则。

合作学习任务:

以小组为单位,自选题目撰写小、中、大班早期阅读活动方案。

主题八 幼儿园语言教育环境的创设

学习目标

情感目标：明确语言教育环境的创设在促进幼儿语言能力发展中的重要性，激发学习语言教育环境创设的有效策略的积极性和主动性。

认知目标：了解语言教育环境创设的基本含义、教育功能、特点、原则，了解语言教育领域对环境创设的基本要求，了解教师在语言教育环境创设中的角色，理解不同年龄阶段儿童所需要的语言教育环境也不同。

技能目标：掌握创设支持主题和课程学习的语言教育环境的方法，学会有效支持幼儿在语言教育环境中主动学习。

学习任务单

1. 完成主题资源的阅读和观看

文本资源：
(1)《纲要》中的语言教育目标
(2)《指南》语言领域目标解读
(3) 虞永平教授《幼儿园创设环境到底为了什么？》
(4) 王微丽、霍力岩《幼儿园语言区材料设计与评价》

视频资源：
(1) 区域游戏环境创设与材料提供
(2) 幼儿园区域活动指导——语言区的环境创设

2. 完成主题八学习导图的绘制

相关资源

> 在教育上，环境所扮演的角色相当重要，因为孩子从环境中吸取所有的东西，并将其融入自己的生命之中。
>
> ——玛利亚·蒙台梭利

第一节　幼儿园语言教育环境概述

一、幼儿园语言教育环境的内涵

幼儿园语言教育环境即为引导幼儿依照一定的方式和顺序来进行语言活动而创造的环境。幼儿园语言教育环境为幼儿提供适宜的视听设备、图书、图片、拼图、手偶道具等操作材料，满足幼儿听、说、读、写的需要，培养儿童对语言文字的兴趣爱好，为幼儿今后的识字、写字、倾听、阅读、口语表达和书面表达打下坚实的基础。

二、幼儿园语言教育环境的分类

幼儿园语言教育环境包括语言教育物质环境和语言教育精神环境。

语言教育物质环境为幼儿提供学习语言、运用语言等各种场所的设施、材料，它是满足幼儿各种语言活动需求，促进幼儿语言学习与发展的最基本的保障。建立符合幼儿身心成长特点以及具有幼儿园教育特色的语言教育物质环境是非常重要的。

语言教育精神环境是指符合幼儿的审美情趣，令其身心轻松愉快的、亲切温馨的语言学习与运用氛围。具体体现在教师与幼儿之间、幼儿之间、教师之间的相互作用、交往方式等方面。它虽然是无形的，但却直接影响儿童的语言、情感、交往行为和个性的发展。就幼儿的语言发展来说，精神环境是幼儿园语言教育环境中更为重要的一个方面，它与幼儿语言发展的关系非常密切。创设良好的语言教育精神环境主要包括建立融洽、和谐、健康的师幼关系。

随着学前教育的不断发展以及教育学、心理学、生态学、人类学、生理学、社会学等学科研究的深入，人们对幼儿园环境的认识也越来越深刻。如果不重视幼儿园的环境创设，就会影响儿童各方面能力的发展。因此，在3—6岁幼儿语言发展的敏感期，幼儿园应该就儿童语言发展的特殊需要对语言教育环境进行有目的、有计划的创设，使之更加符合幼儿身心成长的特点，有利于幼儿的语言知识的建构和语言经验的获取，有助于培养幼儿的倾听能力、口语表达能力、阅读能力和写作能力。

在语言教育环境的创设中需要注意的是,语言教育物质环境的创设和语言教育精神环境的创设在语言教育环境中是不能割裂的。离开了语言教育物质环境,语言教育便会成为空洞的说教活动;离开了语言教育精神环境,语言教育就会成为呆板的操作活动,体现不出语言教育的目标及价值。

三、幼儿园语言教育环境的功能

语言教育环境的功能主要为幼儿倾听、语言表达、阅读等方面的学习提供一个语言教育环境。同时,语言教育环境还有着渗透功能,对幼儿的情绪情感还起到陶冶作用。具体体现在以下三个方面:

(一)促进幼儿语言能力的发展

1. 促进幼儿倾听、语言交往能力的发展

一个自由、宽松、便于幼儿进行语言沟通、交流的语言交际环境,能引导幼儿听懂和会说普通话,支持幼儿与教师、同伴或其他人交谈;能理解日常用语,清楚地说出自己想说的事,体验语言交流的乐趣;学习使用适当的、礼貌的语言,培养幼儿的语言交际习惯,提高幼儿的语言交际能力,促进幼儿思辨能力的发展。

2. 促进幼儿阅读、理解、表达能力的发展

提供适宜幼儿阅读的图画书,引导和提高幼儿对文学作品的聆听、阅读、欣赏,激发幼儿阅读的兴趣、习惯和能力,发展幼儿的语言理解力、语言表达力和思维能力,鼓励幼儿大胆、清楚地表达自己的想法和感受,尝试说明、描绘简单的事物和过程。

3. 促进幼儿前书写能力的发展

提供丰富的书写工具,鼓励幼儿用书写、绘画的方式自由写作与表达,促进幼儿对文字和图画的阅读与感知,激发幼儿前书写的愿望和兴趣,引发幼儿的主动学习、自主学习。

(二)促进《指南》和《纲要》精神落地

通过创设语言教育环境,将《指南》和《纲要》中提出的语言领域目标及要求,转化为具体的区域活动实施方案,全面落实《纲要》和《指南》的精神。

比如,为了让幼儿在生活中自然地学会倾听,教师创设积极的交流情景,关注生活中的语言交流,多给幼儿提供一些倾听和交流的机会,让幼儿掌握正确的语音、丰富的词汇。引导幼儿讲述感兴趣的事情,主动向幼儿介绍周围的事物,和幼儿谈论他在家或外出时的所见、所闻。鼓励幼儿大胆地提问,并积极回应他们的问题,耐心地进行解答。为了让交流变得精彩,教师抓住幼儿的兴趣点,精心设计语言交流的情景,寻找贴近幼儿生活、符合幼儿年龄特点的内容,通过设置悬念、内容复述、动静结合的区域游戏活动、积极的鼓励和评价等方式,唤起幼儿听的欲望,给幼儿带来听的乐趣、听的收获。此外,为了让幼儿掌握听的技巧和说的规律,教师选择适合幼儿年龄特点的优秀读物,在空闲的时间或者睡觉前给幼儿讲述,和孩子一起讨论故事里的人物情感,猜测故事情节,设计一些小问题帮助幼儿理解故事要表达的情感和意境。

又如,为了激发幼儿对汉字的兴趣,培养幼儿前书写能力。教师有意识地创设语言教育环境,选择趣味性的游戏,激发幼儿书写的愿望,引导幼儿掌握正确的书写规则。在语言区教师投放可以用笔进行连续书写的迷宫图卡,让幼儿在个别化学习活动时自己练习书写,帮助幼儿建立由上到下、从左到右的书写规律;投放区别形近字的文字材料,引导幼儿找出区别,并模仿书写,帮助幼儿初步了解音、形、义的概念;在小组化教学活动中,让幼儿把自己编的故事画成简单的图画,教师根据幼儿的讲述添加说明性文字,制成幼儿自己创编的图画书,让幼儿知道图画和文字可以记录口语的内容,表示具体的事物。

(三)陶冶儿童的情绪情感

良好的语言教育环境,能让幼儿感到安全,使他们积极行为增多,对他们的情绪情感起到良好的支持作用,提升他们主动参与语言活动的兴趣。

1. 让幼儿有归属感

在良好的语言教育环境中,幼儿更多地感受到被接纳、被关心、被支持、被鼓励,这就是归属感。体验了归属感的幼儿知道"我被爱""我被重视""我被认可",为了更好地体验归属感,维系归属感,幼儿需要与其他幼儿建立相互尊重、相互团结的积极关系,需要主动与其他幼儿友好地沟通、交流。

2. 让幼儿有掌控感

在良好的语言教育环境中,幼儿能够自主与环境中的人和物互动,能够体验到"我能行""我能成功"的愉悦,有助于幼儿建立积极的自我概念。

3. 让幼儿有独立感

幼儿自主选择语言教育环境区域开展个别化学习活动,需要自己确定学习目标,自觉遵守区域规则和个别化学习要求,需要自我控制和规范自己行为,真正地体验到"我有能力做决定""我有能力按照自己的方式学习、游戏"。

四、幼儿园语言教育环境的特点

语言教育环境是幼儿园语言区域活动的重要组成部分。良好的语言教育环境既是幼儿语言探索活动正常开展的保证,也是培养幼儿良好学习品质的有效途径。教师应根据语言教育环境的特征以及幼儿学习语言的特点,科学、合理地创设语言教育环境,优化并提升语言教育环境的功能,努力使有限的活动空间发挥最大的教育作用。

《纲要》指出:"发展幼儿语言的关键是创设一个能使他们想说、敢说、喜欢说、有机会说,并能得到积极应答的环境。"因此,在语言教育环境创设的过程中,教师应根据《纲要》提出的要求,结合班级幼儿的年龄特征、整体发展需要及个体差异,合理地利用班级空间,为幼儿创设出科学、适宜、宽松、和谐的语言学习环境,尽可能提供趣味性强、操作性强、有目标指向的可操作的材料,让幼儿在动手操作和探究中学习,鼓励幼儿动脑、动嘴、动手,使他们在与材料的"对话"中成为语言加工的创造者,实现操作材料促进幼儿语言发展的目标。因此,语言教育环境具有相对独立性、适宜性、开放性特征。

（一）语言教育环境的相对独立性

在语言发展的提炼、吸收、内化经验过程中，幼儿需要相对稳定的操作时间和相对安静的学习空间。为了保证幼儿的探究性学习，教师们会以桌子、柜子、隔板等物体根据五大领域课程将活动室划分为语言区、美工区、科学区、表演区等各个游戏区域。各个区域具有相对独立性。在独立、宽松的语言学习空间里，投放大量适合班级幼儿发展和需要的语言操作材料，使幼儿在特定的语言环境中自主选择材料，积极地与材料互动，保证幼儿在操作、探索材料的过程中思维的连续性及完整性。为保障幼儿在语言区的活动不被打扰，教师在设置语言区时要注意不与表演区、生活区、建构区等较吵闹的区域为邻，避免相互影响。安静而独立的语言教育环境既满足了幼儿个别化活动自主选择的需要，使幼儿专注地开展阅读、书写等语言游戏，便于幼儿独立地思考，减少幼儿同伴间的攻击性行为，又能够满足幼儿自主游戏时不被打扰。

（二）语言教育环境的适宜性

"发展"是幼儿阶段的第一要务，在语言教育环境创设中，由于幼儿在年龄特点、学习能力、学习需求、自我控制、学习习惯等方面有较大的差异，因此教师科学布局语言教育环境相当重要。教师既要尊重幼儿的年龄特点、兴趣爱好、个性特征、学习特点、发展需要，又要考虑到幼儿良好学习品质、区域活动常规的养成，还要考虑与幼儿园园本文化相适宜。

1. 与幼儿年龄相适宜

幼儿语言发展过程具有明显的年龄特点。比如，3—4岁阶段的幼儿正是接受语言能力最强的时期，也是语言发展最迅速的时期。这时候教师需要创设良好的语言教育环境，对幼儿进行普通话的教育与培养，使幼儿逐步掌握标准的普通话。又如，在词句的运用方面，3岁是幼儿词汇量增长高速期，这个时候幼儿已经能用词组成简单的句子来表达自己的意思，但句子经常不完整，常出现缺少成分、用词颠倒现象，他们不会区别使用修饰词和被修饰词，这个时期，教师要不断地创设良好的语言教育环境，不断地开展语言交流实践活动，给幼儿正确的语言教育，使幼儿逐渐掌握语法规则。4—5岁幼儿已经能正确运用简单句子说明自己的意思或描述见闻了，他们掌握了丰富的词汇，语言表达能力呈现出由单句向复句发展的趋势，但句子常常省略关联词（"因为外边下雨了，不能出去。"）或者出现用词不当、逻辑混乱现象（"我有一个漂亮的娃娃，新鞋子，生日爸爸买的。"）。这一阶段，教师要有意识地创设幼儿说的机会，比如在班级设置"新闻播报""绘本播报"专区，投放播报台、麦克风、新闻宣传板、绘本等材料，利用晨谈、区域游戏、餐前、午睡前等时间引导幼儿讲述新闻、描述见闻、讲述绘本故事，对幼儿出现的语法错误，教师及时指导。6岁的幼儿能够掌握复杂的语言形式，学会使用各种连接词和复句结构，但幼儿对被动句理解比较晚，不能真正理解和灵活使用。所以这时候，教师除了鼓励幼儿在游戏时积极与同伴交流外，还应该抓住幼儿语言表达的契机，适时创设语言教育环境，让幼儿在与教师互动交流中理解、掌握被动句的表达方式。

2. 与语言学习特点相适宜

首先，语言学习是幼儿语言主动建构的过程。幼儿学习各种语言符号及其结构组织方式的过程不是完全被动的。在语言交际环境中,当幼儿有交往的需要时,他们才会主动地搜寻记忆里的词汇和句子,尝试着进行表述。而在这种有交往需要的情况下,当幼儿因词汇贫乏或语法错误引起与对方交谈产生理解障碍时,儿童才会感到学习新词的紧迫性,才会有意识地利用这种交往机会向对方学习,主动模仿新词新句。所以,教师要为幼儿提供语言交往的环境,让幼儿在与教师、与同伴语言交往成为生活中的常态,让教师的语言成为幼儿语言学习的示范,让幼儿与教师、同伴的交往中主动学习新词,从而形成主动学习语言的习惯,在主动学习中建构自己的语言。

其次,语言学习是幼儿语言个性化的过程。在幼儿学习语言的过程中,每一名幼儿都在依据已有的经验和已积累的语言与周围人交往,并从他人的语言中学习新的语言成分。幼儿喜欢谈论他们感兴趣的事物,每一名幼儿对事物的喜好和兴趣又极具个性化,这使幼儿的语言表达充满了个性化的色彩。所以,教师要为班级幼儿创设丰富的语言教育环境,满足幼儿语言表达的个性化。比如,在语言区域投放各种各样的芭比娃娃,和女孩子一起谈论芭比娃娃,指导幼儿掌握大量的描述芭比娃娃的词汇和句子;同样在语言区域投放男孩子喜欢的各种各样的车,和男孩子一起谈论关于车的话题,在谈论中丰富幼儿关于"车"的词汇和句子。又如,有的幼儿喜欢猜谜语,教师可以在语言区域投放"谜语盒",将动物或者植物的图片投放在谜语盒中,引导幼儿两两一组开展游戏,一个幼儿先抽图片,看着图片编一编谜语,让另外一个幼儿猜。两个幼儿轮流游戏,在互动中促进语言的表达。再如,有的幼儿对新闻、广告感兴趣,教师可以在试听区投放录音机,或者让幼儿利用班级数字化一体机等多媒体设备,播放幼儿感兴趣的新闻、广告,让幼儿跟着讲、念、读,让孩子在日积月累中学习语言,接受语言,积极主动与他人交谈。

再次,语言学习是幼儿语言综合化的过程。幼儿学习语言时,必然要弄懂语言的含义,也就是要理解语词所代表的事物,它反映事物的具体的特征及意义、感情等。因此幼儿学习语言的过程往往和他们认识事物的过程相联系。因此,作为教师要丰富幼儿的生活,丰富幼儿的语言环境,使幼儿有话可说。例如,让生活中的每一种情绪、每一个活动都成为幼儿体验语言的内容,在日常生活中有意识地引导、鼓励幼儿用自己的语言表达。同时,教师也可以在教室的一角创设故事场景,定期召开小小故事会,为幼儿提供表达与交流的机会,让幼儿在直观的场景中复述故事、表演故事、创编故事,提高幼儿的语言能力。

最后,语言学习是幼儿语言循序渐进、逐步积累的过程。幼儿学习和掌握语音、词汇、句子都需要一个过程,从无到有、从不理解到部分理解再到完全理解,积少成多,逐步完善。在幼儿园教育实践中,教师需要关注幼儿语言学习与发展的规律与特点,积极创设良好的语言教育环境,为幼儿的语言学习需要提供相应的社会经验支持,要通过多种活动扩展幼儿的生活经验,丰富语言的内容,增强理解和表达能力,有效促进幼儿的语言发展。比如,为了培养幼儿对文字产生兴趣,教师要在日常生活情境和阅读活动中引导幼儿关注文字,阅读文字,了解文字所代表的含义,和孩子一起做关于文字的游戏,使幼儿自然而然地对文字产生兴趣。

3. 与幼儿园园本文化相适宜

幼儿园语言教育环境创设必须充满着童真童趣,使环境中的点点滴滴都洋溢着幼儿教育独特的文化内涵,不断满足每个幼儿的需要。例如,以美术为园本特色课程的幼儿园,在语言教育环境创设时,教师应根据幼儿年龄特征,尝试分别以语言与幼儿园绘画的整合、语言与手工制作的整合为切入点开展研究,探究出"运用图画书中的故事、儿歌激发幼儿的绘画热情","运用谜语、儿歌、故事等语言形式丰富幼儿的画面,帮助幼儿将已有的形象加工成完整的、鲜明的、深刻的视觉形象","运用'彩色纸条钻山洞,一上一下,真好玩'类似形象生动的儿歌分解手工制作步骤"的学科整合教学模式,感受美术活动与语言整合带来的快乐。

(三)语言教育环境的开放性

1. 活动方式的开放性

在语言区这一教育环境中,幼儿可以选择自己喜欢的活动方式开展各种语言活动。比如,幼儿可以自主选择自己喜欢的图书,用自己喜欢的方式或坐或躺,或者邀请同伴与同伴共同阅读分享。教师只需要在语言区的图书架上为幼儿提供大量有具体意义的、形象生动的、有新意的阅读材料,通过不同的读书方式,幼儿潜移默化地接受书面语言知识,促进对文字和图画的理解,其自主阅读能力得到发展。

2. 活动内容的开放性

在语言区这一教育环境中,幼儿不仅可以利用语言区提供的图书开展阅读活动;可以利用废旧图书通过剪剪、贴贴、讲讲开展续编故事、自制绘本等活动;可以利用语言区提供的故事拼图、过塑的动物卡片、立体教具、背景图、粘磁贴、毛绒教具等道具等,采用观察操作讲述的方式,创造性地开展谈话交流活动;还可以根据阅读的绘本,利用表演道具开展富有想象和创造的童话剧表演活动等。

3. 活动空间的开放性

在学前教育课程改革的进程中边界变为了边缘,使活动空间得以共享,材料和经验得以共享。比如,表演区内幼儿正在进行《没有牙齿的打老虎》的情景表演,演着演着,孩子们忘记了故事的情节,致使表演无法进行下去。这时,一名幼儿说:"语言区有这个故事书,我去拿。"这名幼儿跑去语言区域很快寻找到了《没有牙齿的打老虎》这本故事书,把它拿回到表演区,她说:"要不,我来读故事,你们来表演吧,这样就不会忘记内容了。"说着她就边看着故事书边绘声绘色地讲起来,其他幼儿根据原来的角色分工也投入地表演起来。活动空间的开放,语言区域和表演区域阅读材料的共享,使得故事表演得以继续。

五、幼儿园语言教育环境创设的目标

(一)总目标

根据幼儿直观感知的特点,给幼儿创设条件,丰富生活内容,激发幼儿的语言兴趣,让幼儿在直接感知中认识世界,丰富知识,发展幼儿语言;为幼儿创设多听、多看、多说、多写的语言环境从而提高幼儿语言表达能力。

1. 倾听与表达

（1）创设积极的交流情境，引导幼儿学会倾听，乐于交往，学会使用礼貌用语。

（2）积极营造说话的氛围，在交流谈话中理解日常用语，引导幼儿清晰、准确地表达，表达时能够尽量使用丰富的书面化的语言。

2. 阅读与书写准备

（1）提供良好的阅读环境和条件，激发幼儿喜欢听故事、看图书的兴趣，体会文字符号的用途，培养幼儿爱护图书，养成阅读思考的习惯。

（2）创设富有情境的读写环境，激发幼儿书写的兴趣，引导幼儿大胆涂涂、画画、写写，把自己感兴趣的事情记录下来。

（二）各年龄段目标

根据各年龄段幼儿心理特点及表现行为，各年龄段语言教育环境创设的目标以及语言教育区域的游戏发展方向和价值如下：

1. 3—4 岁

表 8-1 3—4 岁幼儿语言教育环境创设的目标

名称	幼儿心理特点及表现行为	环境创设目标	游戏发展方向	价值
试听区	1. 自我意识逐渐形成，在意别人对自己的评价。 2. 能专注听别人跟自己对话并通过语言或者行动回应。 3. 能听懂本民族语言。	创设倾听的语言教育环境，在与环境和教师、同伴等互动交流中习得根据连续性指令做事情的能力，习得母语，习得成人化的语音、语调，学会听懂教师的普通话教学语言和日常用语。	1. 别人对自己说话时能注意听并做出回应。 2. 能够专心倾听录音故事。	认真倾听成人、同伴说话，喜欢倾听录音故事，培养良好的倾听习惯。
表达区	1. 有了强烈的交往需求，但表达意识不强。 2. 能够用简单的语言与人交流。 3. 能够比较流畅地进行语音表达。	创设幼儿愿意表达、乐于表达的语言教育环境，加强指导，提升幼儿表达意识，使之能够大胆、自信地表达。	1. 愿意表达自己的需要和想法，并配以手势动作辅助表达。 2. 建立主动交流的习惯，在一定的场合能够主动与熟悉的人打招呼、自然地交谈。 3. 具有良好的语言习惯。	表达意识明显提升，具有良好的语言习惯。
阅读区	1. 喜欢一遍一遍地听重复的故事。 2. 会主动挑选自己熟悉的或者喜欢的图画书。 3. 愿意认读图画书，往往能发现成人看不到的细节。	创设舒适、相对安静的环境，选择贴近幼儿生活经验、故事情节相对简单、色彩能够吸引幼儿、画面背景较为简洁的图画书以及相应的立体玩具，引导幼儿看故事书，让幼儿能够逐渐	1. 指导幼儿一页一页地轻轻翻看图书，仔细阅读。 2. 会看图画说出书中有什么，发生了什么事等。 3. 爱护图书，不乱撕，不乱扔。	喜欢听成人讲故事、读图书，共同翻看图书，培养阅读兴趣。

(续表)

名称	幼儿心理特点及表现行为	环境创设目标	游戏发展方向	价值
	4. 喜欢跟读韵律强的童谣、儿歌。	理解语言文字的含义以及所表达的思想感情,为构建幼儿丰富的世界、培养幼儿良好的阅读兴趣与习惯打下坚实的基础。		
书写准备区	1. 喜欢用涂涂画画表达一定的意思,游戏时能在纸上画出直线、圆圈等图形,喜欢给各种形状的空格图颜色。 2. 正确拿笔。 3. 在成人的指导下学习书写笔画、简单的数字。	创设适宜的书写环境,提供纸、蜡笔、水彩笔等书写工具,激发幼儿书写的兴趣,保护幼儿书写的热情,鼓励幼儿大胆地涂涂画画,提供示范榜样,培养良好的书写习惯。	1. 能够模仿图书中的形象、符号,把口语中的发音表示出来。 2. 能够大胆地涂涂画画,把自己感兴趣的事情用涂涂画画的形式表达出来。 3. 学习正确的书写姿势。	能够大胆涂涂画画,感受书写、创作的乐趣。

2. 4—5 岁

表 8-2　4—5 岁幼儿语言教育环境创设的目标

名称	幼儿心理特点及表现行为	环境创设目标	游戏发展方向	价值
试听区	1. 自制力增强,能够理解别人的感受和想法。 2. 能够短时间集中注意力听教师讲课。 3. 对与自己有关的信息能够有选择地倾听。 4. 能听出说话人的语气、语调,能结合语境理解不同的语气、语调所表达的含义。	创设良好的倾听环境,引导幼儿在群体中能有意识地听与自己有关的信息,引导幼儿结合情景感受不同语气、语调所表达的不同意思。	1. 反复播放、倾听自己喜欢的故事录音。 2. 能够与同伴交流听到的故事。 3. 交流时能够倾听别人的感受与想法。	在语言教育环境中能够养成良好的倾听习惯,提高语言的理解力。
表达区	1. 关注感兴趣的话题,喜欢问东问西,愿意听别人谈论自己感兴趣的事情。 2. 喜欢参与自主交流活动,愿意主动交流。 3. 能够用普通话进行会话。 4. 能够较好地使用名称、动词和人称代词,比较准确地谈论已经发生、将要发生的事情。	创设适宜的语言教育环境,提供丰富的物质材料,创设丰富多彩、可以互动的话题情境,组织丰富的自主交流活动,在交流中促进幼儿获取丰富、有趣的经验和信息,提高表达能力。	1. 愿意与他人交谈,喜欢谈论自己感兴趣的话题。 2. 能够用普通话进行表达。 3. 能够基本完整地讲述自己的见闻和经历的事情,讲述比较连贯。	重视幼儿正确发音,熟练地运用普通话有条理地进行口头语言表达。

(续表)

名称	幼儿心理特点及表现行为	环境创设目标	游戏发展方向	价值
阅读区	1. 开始喜欢与他人一起看书，边看边说。 2. 喜欢听故事，能够简单复述故事情节，喜欢进行故事表演。 3. 单独表演念台词还是有些困难，教师可采取小组扮演同一角色的方法，逐渐过渡到幼儿单独表演。	创设相对独立、半开放、温馨、惬意、光线明亮不刺眼、相对安静的阅读环境，减少干扰。选择一定数量各种类型及功用的书、有声读物，借助录音设备，保证幼儿自主阅读；引导幼儿仔细观察画面内容，细致了解故事线索、人物特点，自主讲述画面内容，培养阅读兴趣。	1. 反复看自己喜欢的图画书，喜欢把听过的故事或者看过的图书讲给别人听。 2. 能根据连环画面提供的信息，大致说出故事的情节。 3. 喜欢听故事，学习复述、仿编、续编故事，并能从中体会乐趣。 4. 当幼儿遇到感兴趣的事物和问题时，能运用图书查找资料，感受图书的作用，体验阅读的乐趣。	能感受文学作品中的美，喜欢阅读，在阅读中发展语言和丰富的想象，养成良好的习惯。
书写准备区	1. 愿意用图画和符号表达自己的愿望和想法。 2. 在成人提醒下，写写画画姿势正确。	创设适宜的书写环境，提供各种纸、笔，满足幼儿的书写需求，引导幼儿尝试使用各种符号表达自己对周围世界的认识和感受，学会正确的书写姿势。	1. 能够使用各种形象、符号，把口头语言用书面语言表示出来。 2. 能够通过识字、画图、模仿成人的笔画来学习书写，把自己感兴趣的事情用书写的形式表达出来。 3. 学会正确的书写姿势。	能够用图画和符号表达自己的感受，养成良好的书写、创作的习惯。

3. 5—6 岁

表 8-3　5—6 岁幼儿语言教育环境创设的目标

名称	幼儿心理特点及表现行为	环境创设目标	游戏发展方向	价值
试听区	1. 在集体活动中能注意听别人讲话。 2. 能够通过对方的言语和表情、手势理解对方说话的意思。 3. 听不懂就问。	创设良好的语言教育环境，引导幼儿在集体中专心倾听教师或者他人说话，学会质疑，学会结合具体情景理解表示因果、假设等相对复杂的句子。	1. 注意听别人讲话，不随意打断。 2. 注意倾听别人的表达，获取自己需要的信息。	培养倾听的习惯，以便更好地与人交流，更好地理解别人的语言。
表达区	1. 能够独立思考，理解力接近成人；希望与他人沟通自己的想法，喜欢和同伴、家人讨论问题。 2. 能够熟练掌握语言基本技巧，语音、语义正	创设良好的语言教育环境，鼓励幼儿使用社会化语言在众人面前说话，引导幼儿学习沟通的技巧，增强幼儿自信心和语言表达能力。	1. 愿意与他人讨论问题，敢于在众人面前说话。 2. 会说本地区的语言和普通话，发音正确清晰。 3. 能够有序、连贯、清	能够比较流畅地使用普通话与外界沟通，自如地表达自己的想法、见解。

主题八 幼儿园语言教育环境的创设

(续表)

名称	幼儿心理特点及表现行为	环境创设目标	游戏发展方向	价值
	确,能够按照正常的思维方式和语言顺序进行交流。 3. 形容词运用频率越来越多。		楚地讲述一件事情,讲述时能使用常见的形容词、同义词等,语言比较生动。	
阅读区	1. 愿意围绕一个主题进行交流。 2. 语言表达能力提高,能说形容词,能声情并茂地讲故事。 3. 能够从兴趣出发,愿意在阅读区学习、识别汉字,对图书和生活情境中的文字符号感兴趣,知道文字表示一定的意义。 4. 活动兴趣逐渐转向工具类、科普类故事的阅读,喜欢讨论自然界的现象,喜欢阅读科学家研究自然的故事。 5. 希望共同阅读,愿意和同伴讨论身边的科学现象。 6. 开始有初步的规划和想法,有自己的生活目标。	创设相对独立、开放、安静、温馨的环境,提供各类图书、修补图书的操作材料,舒适的桌子、椅子,满足幼儿喜欢阅读、学习分享交流、学习理解文字符号、学习书写、学习修补图书的兴趣与需求。	1. 专注地阅读图书,对看过的书、听过的故事能说出自己的看法。 2. 能根据故事的部分情节或者图画书的线索猜想故事情节的发展,或者续编、创编故事。 3. 喜欢与他人一起谈论图书和故事的有关内容,敢于在众人面前讲话;能有序、连贯、清楚地表述一件事情。 4. 对图书中的文字符号感兴趣,知道文字表示一定的意义。 5. 能结合情景理解一些表示因果、假设等相对复杂的句子。	1. 对文学作品(图画书)感兴趣,能理解画面表达的深刻内涵,有良好的阅读习惯。 2. 能主动认读生活周围常见的文字符号。 3. 喜欢用语言和朋友谈论他们感兴趣的话题。 4. 爱听故事,爱讲故事。
书写准备区	1. 喜欢用自己的符号、图画作品来表达内心的感想、感受。 2. 建立了音、形、义的联系。 3. 手脑的配合比较娴熟,能够写简单的字。 4. 能够遵守正确的书写姿势。	创设适宜的书写环境,提供各种纸、笔,满足幼儿用绘画语言与外界沟通的需求,引导幼儿用简单的绘画表现生动的故事,初步学习按照正确的书写顺序书写,具有良好的书写姿势。	1. 能够将自己的情感变化运用绘画作品的空间结构和画面表达出来。 2. 能够按照书写顺序书写,且书写姿势正确。	培养幼儿良好的书面表达能力,促进幼儿认知能力的发展。

第二节　幼儿园语言教育环境创设的基本原则

幼儿良好学习品质的养成离不开环境的支持。教师要为幼儿提供一个良好的倾听与表达、阅读和书写环境，促进幼儿良好学习品质的提高。在环境创设中，教师应充分考虑以下几方面的因素：什么样的语言教育环境才能激发幼儿主动探究的愿望？怎样才能体现幼儿的年龄特点和个体发展需求？如何让幼儿在语言区环境中养成倾听、表达、阅读、书写的好习惯？怎样让幼儿主动体验字符号的功能？怎样激发幼儿参与语言活动的兴趣，使其建立良好的活动常规？综合以上因素，创设语言教育环境需遵循以下几大原则。

一、目标一致性原则

幼儿园环境是幼儿园课程的一部分，在创设幼儿园语言环境时，要考虑它的教育性，应使语言环境创设的目标与幼儿园语言教育目标相一致。要注重语言环境为语言教育目标服务，应该考虑两点：

其一，语言环境创设要有利于语言教育目标的实现。幼儿园语言教育目标是促进幼儿的全面发展。根据幼儿的发展需求，在语言环境创设时，对幼儿倾听、表达、阅读、书写能力的培养都不能重此轻彼。幼儿需要阅读，就应提供各种各样的图书，开阔他们的眼界，培养阅读能力；幼儿需要倾听，就应提供录音机，富含儿歌、童谣的录音磁带或者CD机等视听设备，满足幼儿倾听的需求；幼儿需要创作，就应提供幼儿表演的道具、书写的材料，满足幼儿创作的需要。如果教师仅仅注重幼儿的阅读能力的培养，只设置阅读区，而缺少试听区、交流区、创作区、修补区、表演区等语言教育环境，则不利于幼儿语言的全面发展。

其二，要依据幼儿园语言教育目标，对语言环境设置系统规划。为培养幼儿的倾听、表达能力，阅读和书写习惯，基于幼儿的年龄特征设置满足幼儿发展需求的、幼儿感兴趣的，可以供幼儿倾听、表达、阅读、书写的语言学习与运用的环境。

二、适宜性原则

幼儿阶段是语言发展的黄金阶段，处于不同年龄阶段的幼儿，语言发展特点和需要表现出不同的年龄特征。幼儿园语言环境创设必须与幼儿的年龄特点、知识经验相适宜。即使同一年龄阶段，幼儿的兴趣、能力、学习方式等方面也存在很大差异。语言环境创设应适应幼儿的这种差异。如：3岁左右的幼儿听觉的分辨能力和发音器官的调节能力都比较弱，仍有不少幼儿不能精确分辨近似音，在发音时会出现相互代替的现象。所以教师除了提供规范的语音示范外，还要将语音训练融入幼儿一日生活当中，利用晨间谈话、学习儿歌等方法，帮助获得标准的语音。

三、幼儿主体性原则

幼儿是环境的主人,是与环境互动的主体,是幼儿园一切环境设计的出发点和服务对象。环境创设的过程是幼儿与教师共同参与合作的过程。幼儿园环境的创设教师不要包办替代,应尊重幼儿在环境中的设计、支配、管理的主体地位,要培养幼儿参与环境创设的意识,要鼓励并有效地指导幼儿参与环境的创设,要将幼儿如何有效参与环境创设作为一项微课程进行研究,不仅限于将幼儿的作品拿来作为环境的点缀,更要充分发挥幼儿在环境创设中的自主性、能动性和创造性,要让幼儿在主动探究学习中不断动态地创造环境、改变环境,让动态的环境呈现幼儿学习与发展的全过程,以便对幼儿有针对性地进行语言教育。

四、动态性原则

语言教育环境不是一成不变的,要具有过程性、变化性和生成性。要随幼儿生活经验的丰富而调整,随幼儿兴趣热点的转移而调整,随幼儿同伴互动的丰富而调整,随幼儿能力的变化而变化,随课程内容、季节、节日的变化而变化,让环境始终对幼儿保持吸引力,使孩子经常能从环境中获得新知识、新经验、新发展。

五、经济性原则

经济性原则是指创设幼儿园语言教育环境应考虑幼儿园自身经济条件,勤俭办园,因地制宜办园。给幼儿提供物质条件时,应以物质条件对幼儿发展的功能大小和经济实用性为依据,如:幼儿园仓库存了些长短不一的小木条,教师可使用木条自制多层木格,钉在班级语言区离地一米高的墙面上,木格里放置幼儿感兴趣的图书供幼儿阅读。这样的阅读环境创设既节省班级的学习空间,又节约投资成本,还方便幼儿取放图书。

六、安全性的原则

幼儿的年龄小,安全意识薄弱,语言教育环境的创设还需遵循安全性原则。

(1) 区域隔断要安全

用于隔断的桌椅应该是安全的、稳固的,边角是圆滑的、无尖锐棱角的。

(2) 购买的材料要安全

购买的阅读材料、操作材料要符合安全卫生规定,材料的使用说明应该清晰易懂,并注意仔细阅读标签信息,比如"建议四岁以上幼儿使用"、"细小部件有窒息危险"、"可水洗"、"卫生材料"等。

(3) 定期检查,消除安全隐患

使用的材料要定期检查,看看是否有破损或泄露,这些情况可能对幼儿造成伤害。如果确定玩具的破损可能造成伤害,教师应立即维修或扔弃。对于木质玩具,应将尖锐的表面磨平,去除碎片和毛刺。对金属类操作材料定期除锈,确保操作材料不会因结构脆化而产生危险。对于阅读表演区提供的道具和服装,不要有绳类或者尖锐装饰的东西，以防绳子缠绕幼儿颈部造成窒息，尖锐的装饰物刺伤幼儿。

（4）指导幼儿安全使用材料

提醒幼儿阅读完的图书、使用完的操作材料分类放置在储物箱或储物柜中，提醒幼儿使用带有细小部件的操作材料时，比如故事讲述沙盘，需注意不要让沙子进入眼睛、鼻孔，造成身体伤害；提醒倾听区里的幼儿，戴耳机倾听录音故事时音量不要太大，以防损伤幼儿的听力，观看故事视频不要超过十分钟，以防影响视力。

除以上要遵循的原则，幼儿园语言教育环境的创设还需要根据主题活动的开展和幼儿的兴趣、需求，关注语言教育环境材料的丰富性、语言教育环境的美观性等原则，满足每一名幼儿全面发展的需求。

第三节　幼儿园语言教育环境创设的基本要求

为更好地落实《指南》，支持幼儿语言学习与发展，培养幼儿语言能力，提升幼儿语言素养，教师在语言教育环境的设置中，应该结合语言领域核心经验、幼儿语言学习与发展的关键经验、幼儿的年龄特点以及阶段发展目标，从听、说、读、写等多角度创设语言教育区域环境，借助图书、图片、头饰、手偶等辅助材料，通过倾听、观察、操作、拼摆、互动、交流，引发幼儿对语言活动的兴趣，让语言活动与游戏有机结合，满足不同层次幼儿的发展需求，促进幼儿语言学习与发展关键经验的习得。

一、语言区材料的投放

（一）语言区材料的特点

1. 材料的丰富性

阅读材料的丰富。语言区最基本的投放材料即图书、图片。图书、图片的投放为幼儿阅读提供了物质条件。通过幼儿自由阅读，培养幼儿良好的阅读习惯，提高幼儿阅读兴趣和能力。在投放图书时可将图书分为童话、儿歌、社会、自然科学等几大类，供幼儿更加明确地选择。

表演材料的丰富性。语言区表演性材料必须新颖丰富，才能够吸引幼儿，如手偶、指偶、头饰、情景操作台等，幼儿特别喜欢这些材料，他们选择自己喜欢的角色，能自编自导地进行表演，可以根据故事表演，也可以自由发挥任意安排剧情，幼儿的表现能力和创造能力都能得到很大的提高。

2. 材料的互动性

幼儿主动与材料互动，增强幼儿对语言的兴趣，促进幼儿言语—语言智能的发展。可在活动室合适的位置创设小舞台、小剧场，投放录音机、自制电视机、服装道具、头饰、面具、木偶等表演材料，幼儿根据主题开展表演活动。幼儿在自由的表演中提高语言表达能力。例如，幼儿在阅读区阅读《和甘伯伯去兜风》后，自主从表演区找到了表演道具进行故事表演,通过角色的扮演、同伴间合作表演故事,在表演中幼儿的语言能力大大地提高。又如,幼儿通过自制的"新闻台",扮演电视主持人、小记者,通过新闻播报的形式学习运用语言。再如,幼儿利用自制的采访材料,扮演记者,开展主题式采访,与人交往,促进幼儿语言能力、社会性的发展;还可以投放录音机,除了让幼儿自由选择倾听自己喜欢的故事外,还可以引导幼儿将自己讲的故事、朗诵的诗歌录下来,并在午睡前、午睡后或者离园活动时播放给全班幼儿听,以增强幼儿的自信心,激发表现欲。

3. 材料的层次性

《指南》指出:应尊重幼儿学习与发展个体差异,体现"个别化教育","促进所有幼儿在原有水平上全面和谐发展是学前教育工作的目标。"每个幼儿的认知水平、经验和能力不同,因此,我们在语言区中应根据不同年龄段幼儿的身心特点投放不同层次的活动材料,注意提供难度不同的材料,按照由浅入深、从易到难的要求,使材料"细化",发挥活动材料的优势,这样便于教师对不同能力的幼儿进行针对性的指导和帮助,更好地做到因材施教,促进幼儿在原有水平上不同程度地提高。例如,投放"看图讲述图片",图片可以是单幅的,也可以是多幅的。能力较弱的幼儿可选择单幅图片;多幅的图片即排图讲述,几张内容相关、情节相连的图片经过幼儿的排列组合,可以变成多个不同的故事,这些难易不同的图片不仅培养了孩子们的语言能力和想象能力,同时也锻炼了孩子们的推理能力。在材料的设计和提供上应根据不同水平幼儿发展的需要,为不同发展水平的幼儿提供不同的材料,尽可能地促进不同水平的幼儿在原有基础上的提高。

4. 材料的可操作性

皮亚杰认为:"儿童的智慧源于操作。"通过操作,支持幼儿与活动环境的积极互动,引导幼儿根据自己的兴趣爱好对客观事物进行动手操作和动脑思考,使幼儿在语言区活动时不感到乏味。例如,提供语言情景操作箱或故事沙盘,幼儿利用故事沙盘中提供的情景操作材料,根据绘本故事进行情景创作,再根据创作的情景讲述或创编故事,动静结合,发挥了幼儿的主观能动性,而且手、脑、口并用,符合幼儿好奇、好动手的心理特点,既锻炼了幼儿的创造性思维能力,又发展了口语表达能力和创编能力。又如,中大班幼儿喜欢将自己的阅读感受通过写作的形式表达出来。教师可以引导幼儿自制绘本,让幼儿把自己想说的事画成一页一页的故事,或从废弃的图书上剪下自己需要的图片,然后帮助他们进行装订,最后再让他们进行创编、讲述。通过实践,幼儿学习的自主性大大提高,用有声语言和无声语言表达的能力大大增强。

5. 材料的主题性

充分结合主题,投放相应的语言材料。在阅读区结合主题有目的地投放一些色彩鲜艳、文字少、适合幼儿阅读的书籍。如主题活动"快乐的夏天",引导幼儿收集关于夏天的动物、植物,以及夏天的活动等书籍和图片,把这些图书、图片投入区域中,幼儿马上对其产生了兴趣,随时随地去翻阅、交流,幼儿的观察理解能力和语言表达能力均会在阅读和交流中得到发展。

6. 材料的教育性

在语言教育环境中，每一份材料都是有教育价值的。比如适宜的图书可以激发幼儿阅读的兴趣，丰富幼儿的语言，培养幼儿阅读的习惯；提供的手偶能够满足幼儿边讲述、复述、续编故事，边表演的愿望，培养幼儿语言表达能力；提供的录音设备满足幼儿倾听故事的需求，培养幼儿倾听语言、理解语言的能力；阅读关于优秀品德方面的绘本，会激发并促使幼儿向书中的优秀人物学习，在生活中会不自觉地以其为榜样并努力向其靠拢，促进幼儿品格的健康发展；幼儿在与材料的互动中，在教师的指导下能够自觉遵守材料的操作规则；在使用材料与同伴的互动中，培养幼儿文明的语言习惯，如：与他人交谈时，认真倾听，使用礼貌用语，在游戏时不大声说话，不说脏话、粗话，得到帮助说谢谢等。

7. 材料的生活化

语言材料要贴近幼儿生活。材料选择来源于幼儿生活。如：在大班"我们的幼儿园"这一主题，教师和幼儿一起搜集幼儿园中人、事、物的各类照片，做成"电子相册"，然后让幼儿介绍自己搜集到的照片，介绍幼儿园里发生的事。因为幼儿园是幼儿熟悉的环境，幼儿比较感兴趣，有话可说、有话想说，愿意拿来看并讲述。教师通过引导回忆"这是什么地方？在这儿发生了什么有趣的事？"等，鼓励幼儿讲各种经历，通过引导，启发孩子思考，发展孩子的思维能力、语言组织能力。

8. 材料的可变性

语言区材料不是一成不变的，而要根据教育目标和幼儿的发展需求，定期不定期地进行调整、更换、补充，以保持儿童的兴趣。像手偶、指偶、头饰一类的材料，每隔一段时间，向孩子们介绍来了哪几位新成员，孩子们会感到无比新奇，相同的游戏就不会因为玩过了而不再感兴趣。图书、图片也不能总是一成不变，应根据幼儿的活动情况，定时更换新的图片。又如幼儿自带图书分享，可以1—2周更换一本，幼儿给同伴讲述的兴趣就不会降低。总之，语言区材料随着幼儿游戏水平的提高，要及时进行补充调整，根据幼儿的兴趣和需要，改进或摒弃不适合的材料，开发挖掘新材料，使投放的材料更具有针对性，更符合幼儿的发展水平。

语言区材料的调整，可以分为随机性个别调整、季节性局部调整和阶段性分批调整。教师在调整材料时，要依据具体情况有针对性地选择最适合的方法。

（1）随机性个别调整

随机性个别调整是专门针对个别幼儿进行的。当班级中的某一个幼儿因为发展水平有了提高，产生了新的兴趣和需求，或该幼儿不喜欢语言领域时，教师应及时发现问题，找出材料不合适的原因，然后根据具体情况采取正确的方法，调整并更新材料。由于随机性个别调整的原因各有不同，因此教师在调整材料前进行原因分析非常重要，只有根据不同的原因开发和设计出适宜的材料进行投放，才能做到有的放矢。例如：某幼儿阅读能力非常强，已经能认识绘本上的大多文字，能够通过认读汉字阅读浅显的故事，阅读能力的发展明显优于班上的其他幼儿。针对幼儿的这一情况，教师在班级语言区投放了汉字相对多的绘本、报纸等阅读材料，该幼儿通过阅读教师提供的阅读材料，阅读兴趣得到了满足。材料的提供不仅满足了该幼儿对文字的阅读兴趣,也进一步提高了其阅读能力。

(2) 季节性局部调整

当班级的部分幼儿或群体幼儿同时有了新需求或新发展时,教师可采用季节性局部调整的方式来调整区域材料。与个别性随机调整相比,季节性局部调整的受众范围相对要广泛一些。主题活动的开展、年龄特征的出现、热点话题的引发等是产生这一需求的基本原因。当班级出现这一现象时,教师应该敏锐地抓住关键点,及时为幼儿设计、调整、投放新的材料,既使幼儿的需求得到满足,也进一步激发他们探索更高层次知识的愿望与兴趣。如:在"我是工作小达人"主题活动中,在参观了书画院,认识了书画教师,了解了书画教师这一角色和他们的书法作品、绘画作品后,班级大部分幼儿对书法等产生了兴趣,于是教师在语言区域里投放了笔墨纸砚,张贴了书法家的书法作品,投放了字帖等一系列书写区材料。这些材料投放后,受到班级幼儿的喜爱,他们争先恐后地到书写区探索材料,用材料写写、画画,幼儿前书写能力得以提高。

(3) 阶段性分批调整

幼儿从小班进入中班,或从中班进入大班,由于年龄的增长,能力会有一个大的飞跃。当出现这一情况时,教师应根据班级多数幼儿的发展、变化选用阶段性分批调整的策略,对班级材料进行大的调整。采用这种调整策略时,对材料的更换是分批进行的。此时,教师可能还需要同时对区域环境进行大的调整。

如:小班阶段,幼儿对语言中的文字、阅读、书写的兴趣与需求要弱些,因此,小班阶段语言区的面积相对会比较小,语言区材料的数量也就相应比较少;而到了中班,随着幼儿社会交往能力的提升,他们运用语言的经验越来越丰富,他们对语言区材料的需求会有一个大的变化,因此,教师会扩大语言区的面积,大量增加符合幼儿发展需要的各类语言区材料,这种调方式就是阶段性分批调整。

语言区的三种区域材料调整方式,一般情况下并不是按序进行或交替进行,它们更多的时候是重叠进行。在幼儿进行语言区域活动过程中,教师要根据自己对幼儿的观察,及时进行科学的分析,并灵活地运用各种方法来动态地调整材料,既满足个别幼儿的差异性需要,也满足全体幼儿的共同发展需要。

(二) 语言区操作材料的种类

语言区操作材料可以投放在倾听区、阅读区、写作区、操作表达区,也可以形成独立的区域。无论投放在哪个区域,都需要确保材料齐全,即有符合儿童身心发展的各个领域的材料,包括发展口语技能、语言意识和音素意识的材料,以及丰富文字知识的材料、口语能力材料和各种操作材料,有助于促进儿童口语能力的发展。

丰富、有效的语言教育区域,是幼儿享受阅读、倾听、交流、讲述、书写的最佳去处。这些活动可以在语言区这一大区域中进行,也可以将这个大区域划分为倾听区、阅读区、书写区,让每一个区域中的活动相关联系。

1. 倾听区的有效创设

创设有效的倾听区是促进儿童倾听能力发展的重要途径之一。表8-4介绍了创设倾听区的材料和注意事项。

表8-4 倾听区的创设

材料的类别	材料的名称	材料的用途	教师的支持	其他建议
视听设备	配有各种耳麦的录音机或CD机、电脑、空白磁带。	用电脑、录音机、CD机听故事，帮助儿童学习母语，或者接触了解其他语言；耳麦起到互不干扰的作用。	如果儿童还不能识别录音机或电脑操作方法，教师可以在材料旁边为幼儿提供简单易懂的操作示意图，帮助他们独立操作、使用；教给幼儿录制故事的方法，幼儿在老师的帮助下录制自己喜欢的故事。	为发展幼儿的倾听能力、正确的语言表达能力，教师要通过视听学习材料、图书、图片中的语言和生活体验，为幼儿创设丰富的语言环境。环境中需要有一个便于互动的空间，便于幼儿交流，在交流中丰富其语言。
语音材料	各种故事和活动录音磁带、手指游戏、音乐、倾听游戏磁带、影碟。	通过以下方式鼓励儿童积极倾听故事：倾听故事并和同伴讨论故事；边听故事录音边阅读相应的图书；边听歌曲，边唱歌，边做动作。	分类标记磁带盒、碟片等语音材料，便于幼儿取放；教师可以提供自己录制的故事，在故事中穿插提问，儿童遇到疑问时，可以暂停故事，与同伴讨论问题。	
阅读材料	图书若干。	便于多个儿童同时使用。	提供同本图书的多个复印本；提供的图书要适宜，适合儿童年龄特征，满足幼儿阅读的兴趣、需求。	
操作材料	木偶、绒布形象图片或其他道具。	表演故事；用若干故事图片呈现图画书中故事内容。	通过剪切书籍护封或复印书中图片的方式，自制与故事匹配的人物形象，然后塑封，并用塑料泡沫将其立起来制成纸偶。	
其他辅助材料	豆袋椅和靠垫；书写绘画材料。	保证幼儿在倾听区阅读的舒适度，方便幼儿选择坐卧阅读方式；通过写或画故事，反思听过的故事，表达自己的阅读感受。	关注幼儿在语言区的学习活动，根据幼儿学习与发展需求，适时投放其他辅助材料。	

2. 阅读区的有效创设

创设有效的阅读区，教师需要考虑该区域在教室里的位置和大小，如何增强吸引力，以及投放哪些图书和道具，具体如表8-5所示。

表 8-5　阅读区的创设

	阅读区设置的要求	用途	教师的支持
安静且采光较好的地方	阅读区属于静区,一般需远离建构区、表演区、角色扮演区等。	为阅读活动提供安静、适宜的环境,便于幼儿投入阅读活动中。	将阅读区设置在教室里安静的角落;投放带有散光的灯具,便于幼儿调节光线。
有清晰的边界	阅读区可以设置在阁楼里和错层上,或用书架和间隔物在教室里分隔出来。	分界清晰的独立阅读区,能减少干扰,使儿童进行深度阅读。	设计阅读区时,教师需要考虑该区域能容纳的儿童人数。
大小要适宜	能容纳5—6位儿童同时进行阅读。	满足幼儿独立阅读和分享阅读的需求。	设置一处小而安静、便于幼儿独处的空间,放上舒适柔软的枕头,满足单个儿童阅读。
舒适美观	有幼儿放松、舒适就座的地方,有柔和的光线。	让幼儿感到舒适,增强阅读区的吸引力,使幼儿更喜欢阅读。	教师提供枕头、豆袋椅、吊床、靠垫或沙发、柔软的地毯。
充足、高质量的图书	选择的图书要有趣,符合幼儿的身心发展特点,具有文学价值,再现故事情景;数量要充足,至少人均5—8本图书,部分图书要与主题相关;图书的主题和种类要多样,如故事类、写实类、古典文学、科幻类、科普类、反应多元文化的等,各类图画书要分类摆放;推荐的图画书尽可能为大图书;图书要经常更换,每周至少更换2—5本。	从物质条件上激发幼儿阅读的兴趣、爱好,满足幼儿不同的需求和兴趣。	小班提供同一本书的数量要多,从物质条件上保证幼儿一起阅读;图书分类时小班可以用不同颜色的点子表示,一种颜色表示一种图书的类别。中大班的图书能吸引人、不刻板,图书的分类可以用幼儿讨论后方便辨认的简单的符号。教师为了鼓励儿童阅读,可以开展图书漂流活动,提供借阅图书的机会,儿童可以将自己喜欢的图书借回家,但要签写借阅登记。此外,在4—5岁儿童的班级里,有些儿童可能刚开始阅读,他们需要容易阅读的书;有些正在学习阅读,需要可预测性图书;还有一些儿童只有相当少的阅读经验,正在学习正确使用图书的方法。
引人入胜的材料	张贴与图书有关的图片;投放与重点推荐图书内容相关的物品;投放供儿童阅读时拥抱或倚靠的大型毛绒玩具。	让阅读区吸引人;提供积极参与阅读和讲故事的机会,能使儿童积极地投入文学作品中去。	让幼儿做阅读区的主人,与幼儿一起设计阅读区环境,设计时引导幼儿关注阅读区出入口设置的适宜性,关注阅读规则的拟定、好书推荐展示的方法等。
	绒布板或磁力板	儿童可以用绒布板(或磁力板)和绒布人物(磁力人物)复述故事。	教师可以自创绒布板故事:自制故事书中的人物,然后塑封,再用砂纸、魔术贴或毛毡做衬垫。
	滚动电影	儿童可以用滚动电影讲述故事。	教师引导幼儿利用搜集来的卷纸和硬纸筒,和幼儿一起制作滚动电影。

(续表)

阅读区设置的要求	用途	教师的支持
指偶、故事手套偶、手偶、线偶和复述的面具以及与故事相关、与图画书相关的毛绒动物、人物角色形象等道具。	复述、讲述故事时边讲述边用毛绒动物或者手偶、指偶道具表演。	对于小班幼儿，教师可以边操作手偶，边使用面具人示范讲故事，引发幼儿倾听、阅读故事的兴趣，学习如何使用手偶等辅助材料讲故事；对于中大班的幼儿，培养幼儿喜欢用手偶、毛绒玩具等道具表达阅读图画书后的感受，愿意将看过的图画书用复述、讲述的方式与其他同伴分享。
各种形状、款式的帽子、头饰、围巾，各种人物、动物服饰，以及与各种故事人物、动物相关的道具。	用不同形状、款式的帽子、服装装扮幼儿，使幼儿有角色感，很快投入，成为故事的讲述者。	教师在讲故事时，可以根据故事情节使用不同的、特别的服饰，引发儿童的兴趣。
创建图书"修补箱"或"图书医院"	创建儿童修补损坏的图书的修补箱，可包括透明胶、固体胶皮和剪刀。教儿童一些基本的修补方式。将修补图书作为班级工作之一。	使破损的图书得到及时修补，锻炼幼儿手部肌肉的发展、手眼协调能力、问题解决能力。	教师提供修补材料；指导幼探究、掌握修补的方法。

3. 书写区的有效创设

表8-6　书写区的创设

材料的类别	材料的名称	材料的用途	教师的支持
就座的工具	桌椅	供儿童书写时就座。	引导幼儿学习用不同的书写材料进行书写，创编字画故事；用各种活动促进幼儿学习书写，保持幼儿的兴趣，激发幼儿书写的兴趣；根据幼儿的兴趣和发展水平开展一些有教育意义的书写活动。
写作工具	铅笔、钢笔、记号笔和油画棒、毛笔等。		
写作的材料	不同类型、不同颜色、不同尺寸、有皱和无皱的纸张、信封、卡片、信纸等，以及其他特殊的写作材料，如木头、树皮、沙盘、白板、布片、空白书等。	鼓励儿童书写；养成良好的书写习惯。	
自制图书材料	纸、图书封面材料、装订图书的材料（订书机、打孔机、线等）。	供幼儿制作自己的故事书。	
书写样板	实物图片、照片、图书；字卡、祝福卡、信件、对联、海报、报纸、自制的图书等。	激发幼儿书写兴趣，给孩子书写的样板。	
存放书写材料用具	文件夹、储物箱、储物柜、为物品分类编码用的编码条。	便于幼儿取放书写工具、书写材料，展示书写作品。	
创作区材料	班级日记、幼儿个体的日记或班级轮流日记；自制图书等。	供幼儿用书写的方法表达自己的想法。	

第四节　幼儿园语言教育环境中幼儿应获得的语言核心经验

在幼儿园语言教育环境中,幼儿应获得的语言核心经验如图8-2所示。教师了解语言核心经验,有助于引导幼儿在语言教育环境中更好地探索和学习打下良好的基础。下面对语言核心经验中的交流谈话的经验、叙事描述的经验、说明讲述的经验进行具体的阐释。

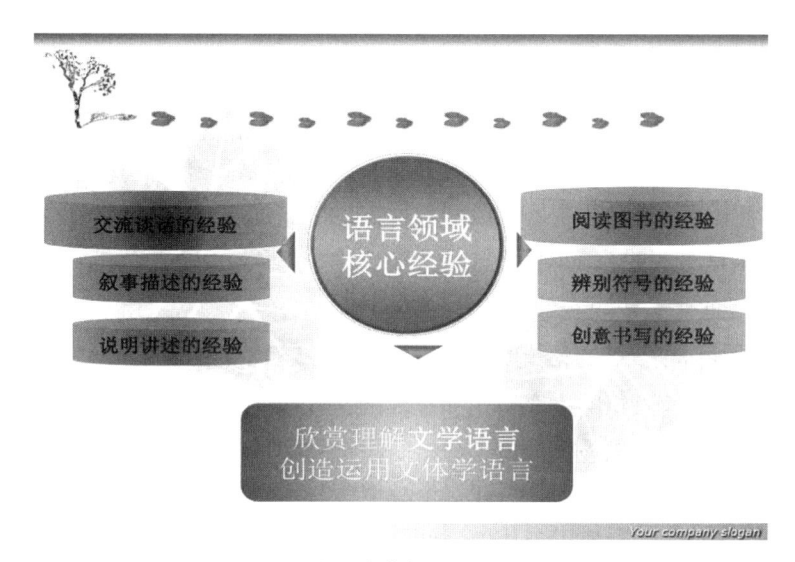

图8-2　幼儿应获得的语言核心经验

一、交流谈话的经验

(一) 语文经验

语文经验分为初始阶段、稳定阶段、扩展阶段。初始阶段为喜欢与同伴交流,愿意在集体面前讲话,能听懂并愿意说普通话,初步学习常见的交往语言和礼貌用语;稳定阶段为乐意与同伴交流,能大方地在集体面前讲话,能说普通话,较连贯地表达自己的意思;拓展阶段为能主动地用普通话与同伴交流,态度自然大方,愿意交谈,积极说话,善于表达个人想法。

(二) 形式经验

形式经验即掌握谈话规则。初始阶段为能够接应谈话,知道结束谈话;稳定阶段能在教师引导下发起谈话,知道要轮流说话,能初步使用策略维持谈话;拓展阶段能主动发起谈话,注意倾听别人,自觉地以轮流方式进行交谈,能使用策略维持和深入谈话。

（三）语用经验

语用经验即围绕主题谈话，学会倾听，学会轮流对话。初始阶段能对别人所说的话给予适当的应答；稳定阶段能用轮流的方式谈话，不抢着讲，不乱插嘴；拓展阶段能够采用策略达成交往。

（四）策略经验

策略经验即采用策略达成交往。初始阶段能对自己不同的谈话对象有意识；稳定阶段能用适合角色的语言进行交流，能使用不同的语言语调、不同的音量、不同的组词造句方法表达个人见解；拓展阶段能针对不同对象使用不同方式表达个人见解，能学会修补谈话对象的语言等方式促进谈话继续进行。

二、叙事描述的经验

（一）选用恰当的词汇讲述

选用恰当的词汇讲述即幼儿进行叙事性描述时，需要围绕主题选择恰当、丰富的词汇和句型清晰地进行讲述。初始阶段能选择正确的名词、代词说出故事中人、事、物的名称；稳定阶段能选择准确的动词描述故事中人物的动作；拓展阶段能选择合适的形容词、副词描述故事中人物的状态、感受与观点。

（二）运用不同形式的语句讲述

运用不同形式的语句讲述即幼儿进行叙事性描述时，需要围绕主题选择恰当的简单句型和复杂句型清晰地进行讲述。初始阶段会使用简单陈述句讲述一个中心内容；稳定阶段能使用系列简单陈述句讲述一个故事情节，有时能使用复合句等复杂句型；拓展阶段讲述故事时能结合使用陈述句、疑问句和祈使句等不同句型，并灵活运用简单句与复杂句型。

（三）叙述性讲述的经验分类

叙述性讲述的经验主要有完整讲述、按顺序讲述、切合语境的需要讲述、对听众具有敏感性地讲述、用不同的方式讲述、重点地讲述。

1. 完整讲述。初级阶段能讲述故事的主要事件，讲清楚谁，做了什么；稳定阶段能讲述故事中的一系列事件，讲清楚谁开始做了什么，后来又做了什么；拓展阶段能完整地讲述故事的开始、发展与结尾。

2. 按顺序讲述。初级阶段能按顺序讲述理解事情发生的时间以及顺序；稳定阶段能运用描述性的词句、如时间名词、时间副词等组织语句和段落；拓展阶段能按时间顺序或事情发生的顺序有条理地讲述故事。

3. 切合语境的需要讲述。初始阶段知道在集体和正式场合与日常谈话不同；稳定阶段能大胆自如地集体面前讲述故事；拓展阶段能依据故事内容和语境独立构思并清楚完整地讲述故事。

4. 对听众具有敏感性地讲述。初级阶段知道听众是不同的；稳定阶段知道讲故事时要想办法吸引听众的注意;拓展阶段能注意到听众的表情、动作和语言等反馈信息。

5. 用不同的方式讲述。初始阶段能用第一人称讲述日常生活中与自己有关的故事,稳定阶段能用第二人称讲述日常生活中与熟悉的人有关的故事,拓展阶段能用第一或第三人称讲述想象故事。

6. 有重点地讲述。初始阶段能围绕故事讲述,不跑题;稳定阶段能对故事中的重要信息进行判断,有目的地传达故事信息;拓展阶段能依据故事的内容和讲述的目的主次分明地讲述故事。

三、说明讲述的核心经验

(一)语文经验

语文经验即学习使用标准规范的词语,学习使用简洁、逻辑性较强的语句。初始阶段能学会用规范的名称命名事物,能将一两个词语组成短句描述特征;稳定阶段能够用恰当的词汇讲述直观的事物特征或现象,能够用简单的句子讲述;拓展阶段能够运用多种词汇准确地讲述,能够讲述有逻辑联系的内容,并开始使用复合句讲述。

(二)形式经验

形式经验即学习有重点地讲述,学习按照一定的结构组织讲述内容。初始阶段能够在成人的指导下讲述事物的某一方面内容,能够讲述直观的事物名称;稳定阶段能够分别讲述关于事物的多方面内容,能够在成人的指导下按照一定的顺序讲述事物;拓展阶段能够根据命题有重点地讲述,能够按照观察事物的顺序有逻辑地组织讲述内容。

(三)语用经验

语用经验即倾听、理解他人的讲述,简洁、清楚地讲述。初始阶段能够建立良好的倾听习惯,认真听不插话;稳定阶段能够大致理解讲述者讲述的内容,在有明确的实物或者凭借物在眼前时,能够借助手势或者指代等方式讲述;扩展阶段能够将讲述的内容与自己的知识经验结合起来理解,能够间接、清楚地讲述事物,即使凭借物不在听者面前,也能让听者理解讲述的内容。

(四)策略经验

策略经验即组织讲述内容的策略和对不同的听者用不同的方式讲述的策略。初始阶段开始建立起对听者和情境的敏感性,能够将讲述的顺序和组织讲述内容的方式迁移到相似或同类事物的讲述中;稳定阶段能够自己修补讲述内容,能够将讲述的顺序和组织讲述内容的方式迁移到不同事物的讲述中;拓展阶段能够根据听者的特点和要求调整讲述的内容和语速,能够根据事物的特点选择恰当的方式讲述。

实训活动

实训 1　小班语言区的创设和活动的组织

实训目标:学会根据小班幼儿的年龄特点和语言发展规律,利用本章学习的理论知识和环境创设的技巧设置小班倾听区、阅读区、读写区,学会组织语言区域活动。

一、小班语言区创设的目标

小班语言区域创设要紧密结合幼儿的生活经验,注重激发幼儿想说、敢说的愿望,目标主要体现在以下四个方面:

目标1:创设倾听的语言教育环境,使小班幼儿在与环境和教师、同伴等互动交流中习得根据连续性指令做事情的能力,习得标准的普通话语音、语调,学会听懂教师的普通话教学语言和日常用语。

目标2:创设幼儿愿意表达、乐于表达的语言教育环境,加强指导,提升幼儿表达意识,使幼儿能够大胆、自信地表达。

目标3:创设舒适、相对安静的环境,选择贴近幼儿生活经验,故事情节相对简单、形象,色彩能够吸引幼儿,画面背景较为简洁的图画书以及相应的立体玩具,引导幼儿看故事书,让幼儿能够逐渐理解语言文字的含义以及所表达的思想感情,为构建幼儿丰富的世界,培养幼儿良好的阅读兴趣与习惯打下坚实的基础。

目标4:创设适宜的书写环境,提供纸、蜡笔、水彩笔等书写工具,激发幼儿书写的兴趣,保护幼儿书写的热情,鼓励幼儿大胆地涂涂画画,以示范、榜样的培养方式,培养良好的书写习惯。

二、小班语言区创设的特点

小班幼儿年龄小,自控能力不强,专注力不够,容易受到周围环境的干扰,因此,小班语言区适宜创设在相对固定、相对独立的位置。

教师在规划小班区域时应考虑到种种因素,从建立活动常规、培养学习品质等方面出发,将小班的语言区教育环境围合成相对固定、独立的区域(见图8-3),让幼儿能够在安静的环境中进行学习。这样的布局使幼儿既不妨碍别人的活动,也能保证自己的学习不受别人影响。

图 8-3 小班阅读区

三、小班语言区创设的典型案例

(一) 目标要点

帮助幼儿倾听说话,懂得回应,学会使用礼貌用语,学会阅读图画书。

(二) 环境布局、设施设备与材料投放

1. 环境布局

(1) 设置场所要适宜。小班语言区设置在幼儿园活动室内或活动室附近的睡房、走廊等。由相应的桌椅、矮柜或帷幔等设备形成相对独立的空间。在设计中要注意光线充足、空气清新、环境安静,墙面和窗帘的色彩以暖调为佳。

(2) 要有明确的功能分区。要有语言活动区标志、图书陈列、语言材料陈列、独自阅读席、规则示意、交流场所等空间规划。

(3) 要有交互空间。如每日推荐栏或者阅读小明星等。

(4) 要有修补区。经常阅读图书,会有一些损坏的书籍,可以设置个小小的"图书医院"。

2. 设施设备与材料投放

(1) 阅读类:投放适宜的小班幼儿的图画书、幼儿诗歌、故事、幼儿散文、幼儿杂志、报纸、与阅读相关图片(卡片)等材料(鼓励家长捐献家中多余材料)。在阅读区可提供的设施有书架、坐垫、矮书柜、沙发垫、儿童小沙发、书袋、挂图、不同的书架搭配饰物。同时可以在区角铺上地毯,投放一些软垫、软积木、小凳子、小桌子等。

(2) 操作类:故事盒、立体移动语言材料;磁性语言教具;透明胶、双面胶、订书机、小剪刀等修补图书的材料;纸、笔、颜料等。

(3) 视听类:跟阅读类作品相匹配的 CD 或 DVD、故事机及其他多媒体设备等。

（4）表演类：可操作的故事玩偶、指偶、头饰、玩具、角色扮演服饰等。

（三）指导要点

1. 活动流程

（1）活动前：创设适宜幼儿的语言学习活动区，引导幼儿了解活动。

（2）活动中：引导幼儿主动参与活动区活动，帮助幼儿了解活动区规则并养成遵守规则的习惯，引导幼儿持续参加活动区活动，鼓励幼儿独立完整地阅读图画书，愿意用多种方式表达图画书内容。

（3）活动后：开展及时分享活动，开展及时反馈和奖励活动。

2. 活动规则

（1）根据阅读区范围大小调控人数。

（2）自由选择自己喜欢的图书。

（3）爱惜图书，不在书上乱涂乱画，不撕破图书。

（4）保持安静，看书时不大声说话、嬉闹。

（5）保持阅读区清洁卫生，不在阅读区内吃零食、丢纸屑。

（6）阅读完毕及时整理，将图书放回原位。

（7）图书损坏时，会报告老师或者协助老师及时进行修补。

四、小班语言区活动的组织案例

小班语言区关注幼儿语言倾听、理解、表述、思维等行为和能力，强调增进幼儿的互动，促进交流。小班语言区可以投放一些适宜幼儿发展的材料，开展适宜幼儿年龄特点的、满足幼儿发展需求的活动，让孩子自主地进行操作、讲述、交流。

参考案例

小班语言区幼儿讲述故事活动：投一投，说一说

【活动目标】

丰富阅读区活动操作材料，用小班幼儿喜闻乐见的方式，激发幼儿讲述故事的兴趣，培养幼儿口语表达能力、创造想象能力以及合作交往能力。

【活动准备】

1. 经验准备：阅读区已经投放关于动物的绘本三周了，大多幼儿已经阅读过相应的绘本故事，认识了许多动物，初步了解了动物的习性。

2. 环境创设：小班语言区域里更新材料托盘1个、正方体骰子4个（每个骰子面上画有幼儿熟悉的动物图片）、布艺筐1个（筐里盛有各种小动物喜欢吃的食物）。

【玩法步骤】

1. 两个幼儿玩"剪刀、石头、布"来定谁先投骰子。

2. 一名幼儿掷骰子,骰子落地后,另一个幼儿立即根据4个骰子上的动物画面,找出筐里每一个小动物喜欢吃的食物,并说一两句或者创编一个故事。
3. 交换角色继续游戏。

【设计意图】
游戏中一次次的甩出骰子后,会出现不同的画面,激发幼儿讲述欲望,发挥幼儿主动性和讲述能力,获得合作的体验和乐趣。

【活动过程】
师:小朋友们,今天阅读区增添了3组同样的新材料,看!是什么?
生:骰子、小猫……
师:这是动物骰子,看看骰子上都有哪些动物?
生:小猫、小狗、大象、兔子、乌龟……
师:这边有一个筐,看看筐里盛着什么?
生:火腿肠、馒头、青菜、胡萝卜……
师:我们来玩一个游戏(出示游戏玩法步骤图),这个游戏需要两个小朋友玩。首先,两名幼儿玩"剪刀、石头、布"来定谁先投骰子。接着由取胜的幼儿掷骰子,共掷四个骰子,一次掷一个,另一个幼儿根据骰子上面的动物在筐里找出他们喜欢吃食物,放在相应的动物旁,并根据小动物和食物说出你想说出的话,也可以讲述一个故事。等会选择阅读区的小朋友可以自己操作这组材料,把你小脑袋里有趣的想法和故事讲出来。区域游戏开始了,小朋友们按照今天的游戏计划各自选择自己喜欢的区域游戏吧。

一听完老师对材料的介绍,选择阅读区的欣欣、轩轩、贝贝、倪倪小朋友都迫不及待地进入阅读区,选择了这份材料玩起来。

欣欣、轩轩:石头、剪刀、布。(欣欣出了石头,轩轩出了剪刀)
欣欣:我赢了,我先来掷骰子。(欣欣掷出了4个骰子,分别是山羊、老鼠、小猴、小猫)
轩轩:(根据画面上的动物从筐里拿出了青草、馒头、桃子、鱼等食物)山羊喜欢吃青菜,老鼠喜欢吃馒头,小猴喜欢吃桃子,小猫喜欢吃小鱼。
欣欣、轩轩:石头、剪刀、布。(欣欣出了布、轩轩出了剪刀)
轩轩:我赢了,我来掷骰子。(轩轩掷出了4个骰子,分别是小狗、兔子、狮子、狗熊)
欣欣:根据画面上的动物从筐里拿出了骨头、胡萝卜、肉、鱼、蜂蜜等食物)小狗喜欢吃骨头,兔子喜欢吃胡萝卜,狮子喜欢吃肉,狗熊喜欢吃蜂蜜。我最喜欢狗熊了,他胖胖的、傻傻的。
轩轩:我最喜欢小兔子,小兔子长长的耳朵,最可爱。
欣欣:狮子和小兔子在一起,狮子会吃小兔子的。
轩轩:狗熊也会把小兔子吃了的。
欣欣:小兔子真可怜,我会保护它,把狮子、狗熊赶走……

欣欣、轩轩边操作材料,边你一言我一语的对话,讲得津津有味

【分析与思考】

材料的提供,从孩子的角度来看,特殊的掷骰子形式、配对游戏、自主讲述的方式都是小班幼儿喜闻乐见的。在玩的过程中,轩轩和欣欣两名幼儿,玩得很投入,愿意表达,他们凭着自己的语言经验和生活经验讲述自己知道的小动物的饮食习惯,并且尝试讲述动物的生活习性以及动物间的故事,提供的材料能被两个幼儿很好地利用。每一个动物的饮食习惯和生活习性以及动物间的事情的讲述都基于孩子已有经验的支撑,三组幼儿都能利用骰子、动物、食物材料运用语言互动交流,教师没有任何指导,幼儿在讲述遇到问题时自己讨论解决,语言能力得到了很好的提升。

实训 2　中班语言区的创设和活动的组织

实训目标:学会根据中班幼儿的年龄特点和语言发展规律,利用本章学习的理论知识和环境创设的技巧设置中班倾听区、阅读区、读写区,学会组织中班语言区域活动。

一、中班语言区创设的目标

中班语言区域创设要考虑幼儿与环境的互动性,注重通过语言区域环境的创设,激发幼儿主动与别人交流的愿望与能力,创设目标主要有:

目标1:创设良好的倾听环境,引导幼儿在群体中能有意识地听与自己有关的信息,引导幼儿结合情境感受不同语气、语调所表达的不同意思。

目标2:创设适宜的语言教育环境,提供丰富的物质材料,创设丰富多彩、可以互动的话题情境,组织丰富的自主交流活动,在交流中,促进幼儿获取丰富、有趣的经验和信息,提高表达能力。

目标3:创设相对独立、半开放、温馨、舒适、惬意、光线明亮不刺眼、相对安静的阅读环境,减少干扰,选择一定数量的各种类型及功用的书、有声读物、录音设备,保证幼儿自主阅读,引导幼儿仔细观察画面内容,细致了解故事线索、人物特点,自主讲述画面内容,培养阅读兴趣。

目标4:创设适宜的书写环境,提供各种纸、笔,满足幼儿的书写需求,引导幼儿尝试使用各种符号表达自己对周围世界的认识和感受,学会正确的书写姿势。

二、中班语言区创设的特点

中班幼儿的规则意识、任务意识已经逐步形成,学习的有意性增强,自控能力和注意力得到提高,这个时期的幼儿在语言区的探究时间较小班时延长了许多,他们能够专注地完成一些力所能及的任务。中班语言区适宜创设在半开放的空间。

教师在创设中班语言区环境时,可以采用新进式半开放的形式进行规划,用柜子等隔断物将活动区域围合成一个半开放的空间(见图8-4)。这样既能体现出教师对幼儿的尊重和信任,又能有效地抑制他们偶尔违反规则的行为,有助于其专心地完成对材料的操作。

图 8-4 中班半开放的语言区

三、中班语言区创设的典型案例

(一) 目标要点

专注倾听,捕捉信息;完整表达;坚持阅读,理解作品;文字敏感。

(二) 环境布局、设施设备与材料投放

1. 环境布局

在幼儿园活动室内专设语言活动区,在安静的光线好的角落、走廊添置图书阅读角;各区域增设图书放置架;功能分区中增加创作区、书写区和试听表演区。

2. 设施设备与材料投放

设备设施增加图画纸笔、表演小舞台、录播机、作品展示架或台。有条件的幼儿园视听角里可投放一部分电子阅读设备设施、自助录播的小设备,表演区要设计简易舞台、道具架和观众席。其他材料投放如下:

(1) 阅读类:投放适宜中班幼儿的图画书,幼儿诗、故事、幼儿散文、幼儿科学文艺、幼儿杂志、报纸、与阅读相关的图片(卡片)等阅读材料,日常生活常见标签、标记图片。

(2) 操作类:鞋盒制作的小舞台背景,插入式小动物、人物卡片等可操作材料;磁性语言教具;曲线板、走迷宫图片、连线图片、文字的拼图、积木、故事盒、语言骰子等;双面胶、订书机、小剪刀等修补图书的材料;纸、笔、颜料、涂鸦墙等。

(3) 视听类:绘本及其配套故事的 CD/DVD、故事机、录音机及多媒体设备等。

(4) 表演类:可操作的故事玩偶、指偶、手偶、头饰、玩具、角色扮演服饰、大型表演背景或各类剧种需要的道具(如皮影道具、木偶等)。

(三) 指导要点

1. 活动流程

（1）活动前：提供适宜的图书及杂志，提供其他区域配置图书的要求，与幼儿一起共同设计区域规则，与幼儿一起创设小舞台，与幼儿一起丰富语言活动区材料。

（2）活动中：能完整独立阅读图画书，并能理解故事内容；能用自己的方式设计标志；能在教师或家长的指导下进行图画书制作；能运用语言（口语和身体语言）形象地进行场景表演或讲故事。

（3）活动后：教师根据幼儿的活动兴趣、使用材料的情况进行反思和总结，并及时做好调整，为下次更加有效的活动做准备。

2. 活动规则

（1）根据语言区范围的大小调控人数。

（2）语言区的道具或材料轻拿轻放，爱护道具。

（3）能使用礼貌用语，不说脏话、粗话。

（4）角色的扮演分工明确。

四、中班语言区活动的组织案例

参考案例

中班语言区幼儿讲述故事活动：故事盒里的故事

【活动目标】

丰富阅读区活动操作材料，用幼儿喜闻乐见的阅读方式，激发幼儿阅读绘本，使用规范语言讲述故事，培养幼儿口语表达能力、创造想象能力以及合作交往能力。

【活动准备】

1. 经验准备：阅读区已经投放关于动物的绘本两周了，大多幼儿已经阅读过相应的绘本故事。

2. 环境创设：中班区域里更新两个故事盒，每个故事盒长约 60 厘米，宽约 45 厘米，盒内一个装饰成森林的背景，一个装饰成海洋的背景，故事盒旁边的小筐里放着各种小动物、人物等操作材料。

【设计意图】

利用语言区投放的材料，幼儿自主合作讲故事。

【活动过程】

师：小朋友们，今天阅读区增添了新宝贝——故事盒，故事盒里的故事可多了，有关于大象的故事，有关于河马的故事，有……这些故事呀，他们有的发生在大森林里，有的发生在大海洋里，等会选择阅读区的小朋友可以自己操作故事盒里的材料，把你小脑袋里有趣的故事讲出来。区域游戏开始了,小朋友们按照今天的游戏计划各自选择自己喜欢的区域游戏吧。

一听完老师对材料的介绍,选择阅读区的5名幼儿都迫不及待地进入了区域,争先恐后地要玩故事盒,经过幼儿自己的商量,毛毛、亮亮玩了这两份材料。毛毛、亮亮先选择了森林的背景,玩了起来。

毛毛:我们讲什么故事?(边说边扒拉着故事框里的动物材料)啊,母鸡,萝丝母鸡。

亮亮:狐狸,狐狸,我们来玩萝丝母鸡去散步的游戏吧。

毛毛:好的。哈哈,我是母鸡萝丝,我去外边走一走。

亮亮:我是狐狸大叔,我悄悄跟着你了萝丝,我要吃掉你!

毛毛:大坏蛋,我不会让你吃的,我穿过农家院子。

亮亮:我从你的身后扑了上去,哎哟,我的脚踩到钉耙了,哎哟,哎哟,我的脸。

毛毛:活该,活该,想吃掉我,没门,没门。哎哟,我又绕到哪里了,我忘了。

亮亮:我也想不起来了,我去拿书看看。(亮亮从绘本架上找来了《萝丝母鸡去散步》这本书,两人共同翻阅了起来)

亮亮、毛毛:到池塘了,池塘了。

毛毛:我又绕过池塘啦!

亮亮:别得意,我一定吃掉你。(狐狸扑了上来,可它扑了一个空,栽到了池塘里)哎哟,哎哟,身上湿透了。

毛毛:你这个大坏蛋,还想吃我,我要好好整整你,我萝丝经过磨面房时脚钩住了一根线,绊倒你。

亮亮:我就要吃掉你,哎哟,面粉面粉,浇了我一头,我的眼,我的眼,看不到了,看不到了。

毛毛:哈哈,有蜂箱,这下看你有苦头吃啦!我从箱下面走了过去。

亮亮:哎哟,我撞到蜂箱了,马蜂,马蜂,嗷嗷,嗷嗷,蛰死我了,蛰死我了!

毛毛:哈哈,哈哈,活该,坏狐狸。

毛毛、亮亮边操作材料,边讲述故事,想不起故事情景了,就翻书看一看。

【分析与思考】

这份材料从孩子的选择来看,鲜艳的颜色、特殊的形式的确吸引了中班幼儿玩的兴趣,在玩的过程中,毛毛和亮亮两个孩子语言表达能力较强,他们凭着自己的语言经验讲述自己阅读过的故事书《母鸡萝丝去散步》,故事讲述比较完整,还能够发挥自己的想象创编故事,材料能被两个幼儿很好地利用。

每一个故事的讲述、创编都基于孩子已有经验的支撑,森林是幼儿比较熟悉的故事情景,萝丝母鸡是幼儿看过的图书内容,这些基础让幼儿有讲述的话题。班级中语言表达能力强的孩子利用绘本材料、故事盒、故事角色材料,运用语言互动交流,教师没有任何指导,幼儿在讲述遇到问题时自己找已经读过的绘本去解决问题,继续进行语言操作游戏,语言能力得到了很好的提升。对于班级中语言表达能力弱的孩子来说,语言情景区是否需要相应的支撑呢?是否提供有主题的故事,引导幼儿根据已经阅读过的故事展开活动呢?

实训3 大班语言区的创设和活动的组织

实训目标:学会根据大班幼儿的年龄特点和语言发展规律,利用本章学习的理论知识和环境创设的技巧设置大班倾听区、阅读区、读写区,学会组织大班语言区域活动。

一、大班语言区创设的目标

大班语言区域环境的创设要注重启发性,能够激发幼儿从环境中找到相应话题,并进行思考、讨论,创设目标主要有:

目标1:创设良好的语言教育环境,引导幼儿在集体中专心倾听教师或者他人说话,学会质疑,学会结合具体情景理解表示因果、假设等相对复杂的句子。

目标2:创设良好的语言教育环境,鼓励幼儿使用社会化语言在众人面前说话,引导幼儿学习沟通的技巧,增强幼儿自信心和语言表达能力。

目标3:创设相对独立、开放、安静、温馨的环境,提供各类图书、修补图书的操作材料、舒适的桌子、椅子,满足幼儿喜欢阅读、学会分享交流、学习理解文字符号、学习书写、学会修补图书的兴趣与需求。

目标4:创设适宜的书写环境,提供各种纸、笔,满足幼儿用绘画语言与外界沟通的需求,引导幼儿用简单的勾勒表现生动的故事,初步学习按照正确的书写顺序书写,具有良好的书写姿势。

二、大班幼儿语言区创设的特点

大班幼儿经过小、中班的学习,已能够较好地制订计划,自主地选择活动材料来满足自己的学习需要。大班幼儿的良好学习品质已经初步形成,求知欲和动手能力有了很大的提高,区域活动经验也丰富了很多。大班语言区适宜创设在全开放的区域。

根据大班幼儿表现出来的诸多特征,教师在创设语言区环境时,可将语言区规划成一个全开放的区域(见图8-5)。全开放式语言区为幼儿提供自由交往、共同学习的平台,支持幼儿在区域中自由、自主地探究,激发幼儿深层次的学习。全开放式的语言学习环境,又能够让幼儿学会自我管理、主动学习等良好品质。

三、大班语言区创设的典型案例

(一)活动目标

理解性倾听、生动讲述、阅读习惯、多元阅读、图书创作。

(二)活动准备

1. 环境布局

在幼儿园活动室内专设语言活动区;在各区域增设图书放置台架;功能分区中完善

图 8-5 大班全开放的语言区域

创作区、书写区和试听表演区。设备设施增加涂画纸笔、表演小舞台、录播机、作品展示架或台。

2. 设施设备与材料投放

（1）阅读类：投放适宜大班幼儿的图画书；关于幼儿诗、故事、幼儿散文、幼儿科学文艺、幼儿影视文学、幼儿杂志、报纸、汉字象形字图片、卡片等阅读材料；日常生活常见标签、标记图卡；自制符号与标志、自制绘本等。

（2）操作类：插入式立体操作卡片；磁性语言教具；曲线板、走迷宫图片、连线图片、文字的拼图、积木、故事盒等；透明胶、双面胶、订书机、小剪刀等修补图书的材料；纸、笔、颜料等。

（3）视听类：绘本及其配套故事的 CD/DVD、故事机、录音机、多媒体设备等。

（4）表演类

可操作的故事玩偶、指偶、手偶、头饰、玩具、角色扮演服饰等；大型表演背景或各类剧种需要的道具（如皮影道具、木偶等）。

(三) 指导要点

1. 活动流程

（1）活动前：提供适宜阅读材料；让幼儿与同伴共同丰富语言活动区材料；让幼儿自主创设创作区、写作区和视听表演区；根据幼儿讨论需求，让他们用自己的方式做好记录；教师提出活动区达成任务 1~2 个。

（2）活动中：幼儿根据已有的经验进行活动，教师观察孩子的活动情况，并进行适时的指导；正确制作老师要求的标志符号；教师设置好书分享、故事比赛等活动，了解孩子的阅读水平，并及时给予指导；能独立仿编或与同伴共同制作图画书；能自编自导自演或讲故事活动。

（3）活动后：重点通过表演、创编、制作图书等形式，让幼儿充分展示自己综合语言能力并给予一定的激励措施；教师根据幼儿的活动兴趣、使用材料的情况进行反思和总结，并及时做好调整，为下次更加有效的活动做准备。

2. 活动规则

（1）根据语言区范围的大小调控人数的规则。

（2）要求进入区角幼儿个人或团队要完成1~2个任务；区角材料轻拿轻放，爱护道具。

（3）对积极参与丰富活动区材料者、环境创设者、分享活动者给予一定的奖励。

（4）表演基本上由幼儿根据自己的意愿选择。

（5）在活动中控制过分行为。

（6）爱护环境卫生。

四、大班幼儿语言区活动组织的案例

参考案例

大班阅读区里好书推荐活动：走进童话世界

【活动背景】

近段时间，大班语言区被冷落，阅读区无人问津。如何激发班级幼儿阅读的兴趣呢？这是摆在梵西老师面前的一个大问题。阅读指导——好书推荐是有目的、有计划地激发幼儿阅读兴趣的方法，经过阅读推荐活动最终达到"幼儿对阅读感兴趣，愿意自主投入阅读中"的目的。

谁做推荐人呢？如何推荐？梵西老师以"好书推荐《小猪唏哩呼噜》"为主题，做了尝试，在尝试中分析、反思，调整策略。

图8-7 小猪唏哩呼噜

（一）家长推荐

1. 活动目标

唤醒家长对幼儿阅读活动深层次的认识,促进家庭阅读习惯的养成。

2. 活动时间

晨谈活动时刻。

3. 活动地点

班级集体教学活动区。

4. 活动背景

梵西老师请来了妙妙妈妈,一位擅长讲绘本故事的家长,告诉了她自己的想法,希望妙妙妈妈能利用合适的时间给幼儿组织一次好书推荐活动,妙妙妈妈同意了,并进行了准备,课余时间还来幼儿园与梵西老师沟通自己的想法,在阅读区做了环境的创设。

5. 环境创设

妙妙妈妈自创好书推荐角的《小猪唏哩呼噜》故事海报、故事梗概连环画、录音磁带。

6. 活动过程

妙妙妈妈(指着画架上推荐海报):小朋友,看,今天班级里来了哪位好朋友?

幼儿:小猪。

妙妙妈妈:这只小猪叫唏哩呼噜,猜猜这是只怎样的小猪,说一说理由。

幼儿1:这是只漂亮的小猪,看它穿着漂亮的衣服。

幼儿2:这是只爱笑的小猪,它嘴巴在笑。

……

妙妙妈妈:唏哩呼噜是个爱历险、开朗、善良、勇敢、有同情心和正义感小猪,在他的生活中到处都发生着让人哈哈大笑的故事,有一本图画书《小猪唏哩呼噜》就是讲唏哩呼噜的历险和生活的故事,想去认识一下这只可爱的小猪唏哩呼噜吗,大家快来看一看吧!(妙妙妈妈出示精彩的片段插图,简介故事内容)

妙妙妈妈(介绍小猪名字由来的录音故事):唏哩呼噜是出名的一只小猪。因为他吃东西的时候,总是头也不抬地"唏哩呼噜,唏哩呼噜"一片响,所以就叫了这个名字。故事中小猪为什么叫唏哩呼噜?

妙妙妈妈(利用连环画介绍唏哩呼噜遇到的麻烦事):小猪唏哩呼噜遇到了各种各样的麻烦事,他想挣点钱给妈妈买生日礼物,可是狐狸掌柜说话不算数,让他吃了不少苦;为了还钱,唏哩呼噜给象博士当保姆看孩子,象博士"咬文嚼字"的,小猪唏哩呼噜受了不少的冤枉气……

幼儿3:小猪唏哩呼噜该怎么办呢?

妙妙妈妈:唏哩呼噜可是有名的小猪,这些麻烦事都难不倒他。

幼儿追问:那后来呢?

妙妙妈妈:想知道答案的小朋友可以到阅读区里阅读《小猪唏哩呼噜》这本故事书,也可以到倾听区去听这个录音故事。

区域活动开始了,好多孩子都争先恐后去阅读区和倾听区,但因为之前的游戏计划,事先选择到这两个区域的孩子如愿以偿,开展了有趣的阅读旅行。区域活动结束的交流环节,这几个孩子还迫不及待地给全班幼儿讲述自己的阅读体会和精彩的故事片段,引得其他幼儿纷纷表示明天也到阅读区和倾听区看故事、听故事。

6. 活动反思

在家长推荐活动中,妙妙妈妈注重营造良好的阅读环境,投放了绘本推荐海报、绘本连环画,在推荐过程中,善于与幼儿友好地互动,耐心地期待着、提醒着、启发着幼儿,并给予适时的赏识与肯定。在轻松愉悦的环境下,幼儿乐于阅读,乐于交流,乐于表达。

(二) 幼儿推荐

1. 活动目标

培养幼儿良好阅读习惯,让每一个孩子都喜爱阅读,读好书,能和其他孩子一起分享好书。

2. 活动时间

第三天晨谈活动时间。

3. 活动地点

集体教学活动区。

4. 活动过程

佳佳:大家好!我是大一班的佳佳小朋友。昨天我读了《小猪唏哩呼噜》这本图画书。我很喜欢小猪唏哩呼噜,他聪明、勇敢、小淘气、不平凡。(出示绘本插图)看,唏哩呼噜被大狼叼走,要被分成块放进小狼宝宝的肚里,他并没有怕,巧妙地逃脱了大狼的手心;唏哩呼噜为鸭太太做保镖,一个人赶夜路到城里送鸭蛋……小猪唏哩呼噜遇到了各种各样的麻烦事;他想挣点钱给妈妈买生日礼物,可是狐狸掌柜说话不算数,让他吃了不少苦;为了还钱,唏哩呼噜给象博士当保姆看孩子,受了不少的冤枉气……

师:佳佳,讲完了这个故事,还有什么要给全班小朋友说的?

佳佳:大家听了我讲的故事,喜欢唏哩呼噜吗?

幼儿(齐声):喜欢。

佳佳:喜欢的话,就到我们阅读区去读。

5. 活动反思

幼儿分享阅读是语言能力的锻炼和培养的有效举措之一,它发展了幼儿的语言运用能力。幼儿在分享的过程中进行语言交流,专题分享活动给了幼儿足够的发言自由,让幼儿大胆地表达自己的想法,促进了其语言表达的准确性和完整性;同时,分享阅读是交互式的阅读方法,使幼儿之间加强了文字和情感的交流,提高了阅读的理解能力,培养了幼儿的自信心。

基于"幼儿是活动的主人""幼儿教育要追随儿童"这些理念,为了培养幼儿的语言能力,教师利用语言口语化、非常符合幼儿心理和非常适合幼儿讲述的故事开展好书推荐活动,不仅培养了推荐好书幼儿的阅读品质、交往能力,也激发了其他倾听幼儿对阅读作品的阅读向往。

课后任务

自主学习任务：

1. 语言区环境的特点是什么？
2. 结合实例，说说语言区环境的创设的原则是什么。
3. 谈谈你认为语言区材料的投放需要注意哪些问题。

合作学习任务：

材料分析

（1）这是一所幼儿园中班语言区的设置，根据本章学习内容，请你和同学讨论区域设置得是否合理，有什么改进的建议。

（2）结合案例说说在语言区环境设置中，应注意什么问题。

图 8-10 幼儿园语言区

图书在版编目(CIP)数据

学前儿童语言教育 / 罗秋英，梁珊主编. —— 南京：南京大学出版社，2022.2
ISBN 978-7-305-24587-9

Ⅰ. ①学… Ⅱ. ①罗… ②梁… Ⅲ. ①学前儿童-语言教学-高等职业教育-教材 Ⅳ. ①G613.2

中国版本图书馆 CIP 数据核字(2021)第 122596 号

出版发行	南京大学出版社
社　　址	南京市汉口路 22 号　　邮　编　210093
出 版 人	金鑫荣
书　　名	**学前儿童语言教育**
主　　编	罗秋英　梁珊
责任编辑	丁群　　　　　编辑热线　025-83597482
照　　排	南京南琳图文制作有限公司
印　　刷	南京人民印刷厂有限责任公司
开　　本	787×1092　1/16　印张 14　字数 324 千
版　　次	2022 年 2 月第 1 版　2022 年 2 月第 1 次印刷
ISBN	978-7-305-24587-9
定　　价	47.00 元

网址：http://www.njupco.com
官方微博：http://weibo.com/njupco
微信服务号：NJUyuexue
销售咨询热线：(025) 83594756

* 版权所有，侵权必究
* 凡购买南大版图书，如有印装质量问题，请与所购图书销售部门联系调换